特急網の形成―70年の歴史と特急車両の変遷

近鉄特急

上

近鉄特急
特急列車網の形成と特急専用車の発達

「伊勢は津でもつ　津は伊勢でもつ　尾張名古屋は城でもつ……　伊勢に行きたい伊勢路が見たい　せめて一生に一度でも」と唄われる民謡「伊勢音頭」は、江戸時代に農民などの庶民の間で伊勢神宮への「お伊勢参り」が全国的大ブームとなったものの、誰もが行けるわけでもなく、「伊勢に行きたい」憧れと願いが道中唄となったものである。

時代は移り、交通の便が良くなった今日でも伊勢神宮への関心は変わることがなく、現在でも年間600万人もの参拝者が訪れている。

近畿日本鉄道(以下、近鉄)の特急列車(以下、特急)は、近鉄の前身である大阪電気軌道(以下、大軌)が大正3年(1914)に奈良線を創業の後、関係会社、参宮急行電鉄(以下、参急)を設立し、伊勢神宮をめざし、大阪～伊勢・宇治山田間の参宮急行線を昭和6年(1931)に開通・開業させ、翌昭和7年1月に特別料金を徴収しない特急列車を走らせたことに始まる。当時の最高水準の2200系電車により110km/hの高速運行によって、既存の官鉄(国鉄)線で5時間かかったものが、一気に2時間余に短縮され、日帰り参拝が可能となった。参急線の出現は、まさに当時の新幹線の出現であった。

さらに大軌・参急は昭和13年に名古屋～中川間を開通させて、大阪～伊勢間、名古屋～伊勢間の伊勢参宮輸送と大阪～名古屋間の二大都市間連絡輸送体系を完成した。伊勢へは併走する官鉄(国鉄)線を質・量ともに凌駕して、全国からの参拝者の大半の輸送を担い、「お伊勢さん」への中心的鉄道路線となった。

そして世の注目を浴びたのは、終戦後まもない、まだ生活・経済などが社会混乱の中にあった昭和22年(1947)10月に鉄道界でいち早く、大阪・上本町～名古屋間に有料の特急の運転を始めたことであった。

■

近鉄は、私鉄では最長の約570kmの営業路線を有し、特急に有利な100～200kmの中長距離路線を中心とした大都市間連絡の名阪特急列車、伊勢・志摩・京都・奈良・飛鳥・吉野等の観光特急列車、そして大阪・京都・名古屋の大都市圏内の通勤特急および圏外とのビジネス特急等々、多彩なニーズの特急網を形成し、私鉄の中でも有料特急列車

まえがき

のウエイトが大きい特異な営業体系で、まさに特急王国となっている。

　有料特急の元祖である近鉄は、運行や車両設備・サービス等に柔軟な発想により、多様なノウ・ハウを所有して特急サービスを展開しており、他社の特急列車にも少なからず影響を与えているといっても過言ではない。最大の功績は、初めは観光客や長距離客が中心であった特急を、大衆化・一般化したことであろう。朝夕の通勤時や日中は主婦の都心への買物、そしてビジネスマンの出張など短中距離区間での特急利用の常用化などは近鉄特急の特徴的なものである。

　また現在の特急専用車としては当然の仕様である、空気バネ台車、回転クロス・リクライニング座席、冷房空調装置、複層ガラスの固定式窓、車内の豪華内装等々も、近鉄特急に先進・先駆的に採用・装備されてきたものである。

　参宮急行線は、大都市圏の併用軌道線から発達した路線とは異なり、当時としては最高水準の本格的な高速路線として建設された。さらに急峻な山越えでも当時の官鉄線にも見られないトンネルの多用と、電車で登坂可能な33‰連続急勾配の採用によりできるだけ急曲線をなくすなど、今では当たり前である①標準軌、②架線電圧1500V、③高速路線形（直線と大半径曲線主体の路線形、長大・連続トンネル、曲線橋梁、道路との立体交差、33‰の連続急勾配等）、そして④高性能車両（高出力電動機、抑速電気ブレーキの採用）、⑤長距離用の全長21mの大型、豪華車両など、高速列車運転の条件を揃えた新路線の建設と車両設備を製造したことであり、これらはその後の近鉄路線の標準（スタンダード）となった。

　さらに戦後から現在に至るまで、複線化・重軌条化・路線形の改良・高架化・昇圧化そして車両定規の大型化による統一化などにより大阪線・名古屋線・奈良線・京都橿原線などの主要路線のスタンダード化の推進と新規路線の建設、さらに高性能・ハイグレードの特急専用車両の開発により電車特急のリーダー的存在となったことは特筆される。

　以下、近鉄特急の70年の歴史と現況を、上下2巻に分けてたどってみることにしたい。

12200系特急　桃園〜伊勢中川　平15.11.14　写真／清水　薫

もくじ

まえがき ……………………………………… 2
近畿日本鉄道路線図 ………………………… 6
カラーグラフ
主要ダイヤ改正にみる近鉄特急のあゆみ … 8

第1部―高速電車鉄道の建設 …… 33
Ⅰ. 創業の奈良線は「郊外電車」 …………… 34
　　大軌の創業と奈良線の開業 …………… 34
Ⅱ. 伊勢へ 本格的な長距離高速路線 ……… 38
　　参宮急行電鉄の設立 …………………… 38
　　高速路線の建設 ………………………… 40
Ⅲ. 大軌・参急の特急列車運転 …………… 46
　　名車2200系と特急ブーム ……………… 46
　　「特急」の登場 ………………………… 49

Ⅳ. 大阪・名古屋・伊勢の
　　長距離路線網の完成 ………………… 52
　　名古屋への進出 ………………………… 52
　　参急、伊勢電を合併 …………………… 53
　　名古屋へ到達 …………………………… 55
　　関西急行鉄道と近畿日本鉄道 ………… 58

第2部―特急時代を創始 …………… 65
Ⅰ. 敗戦の混乱の中、希望の特急運行 …… 66
　　名阪間に初登場の有料特急 …………… 66
　　伊勢へ区間延長 ………………………… 71
Ⅱ. 式年遷宮と新型特急2250・6421系投入 … 77
　　24年ぶりの式年遷宮 …………………… 77
　　本格的特急専用車2250・6421系 ……… 78

寄　　稿	コラム
魅力の近鉄特急 藤井信夫 ……………… 27	当時の関西の電鉄 ……………………………… 37
遠い日のお伊勢参りと参急電車 酒井福三 60	お伊勢参り ……………………………………… 41
お伊勢さんを走った路面電車	昭和初期 関西での新規開業の電鉄 ………… 45
三重交通神都線 藤井 建 …………… 85	省線の参宮快速―参急の出現に対抗して新登場 50
"奈良電"のあゆみと特急運転 津川佳巳 124	終戦後登場した他社の有料特急 …………… 76
イラストで見る	戦後の参宮快速 ……………………………… 82
近鉄特急の歴史 桜井之男 ……………129	その頃の他私鉄の新造有料特急車 ………… 84
	昭和30年代の他私鉄のデラックス特急車両 … 116
	ATS・アイデントラの設置 ………………… 154
	国鉄参宮急行の終焉 ………………………… 157

第3部―新鋭、新性能特急車の登場 … 89

Ⅰ. 東海道本線の電化と
　新性能特急車の開発 …………………… 90
　　東海道本線への対応策 ………………… 90
　　近鉄の新性能特急車両の開発過程 …… 93
Ⅱ. 名阪ノンストップ2階建て特急ビスタカー 97
　　我が国初の近代的特急専用車 ………… 97
　　狭軌の最後を飾る特急車名古屋線6431系 106
　　名阪・名伊直通特急運転 ……………… 108
　　決定版ビスタカー10100系 …………… 111
　　甲特急と乙特急の運転開始 …………… 117
　　好調の名阪ノンストップ特急 ………… 120

第4部―特急列車網の拡大・整備 … 137

Ⅰ. 脅威の東海道新幹線と特急路線の拡大 138
　　名阪特急の凋落と起死回生策 ………… 138
　　京都・奈良・橿原・吉野・湯の山線に特急新設 … 139
　　特急路線の充実 ………………………… 148
Ⅱ. 万博を機に悲願の難波・志摩乗入れ … 158
　　万国博と特急路線の拡充 ……………… 158
　　難波・鳥羽新線の建設 ………………… 159
Ⅲ. 第2世代特急専用車の大量増備 ……… 166
　　12200系グループ ……………………… 166
Ⅳ. 特急ネットワークの総仕上げ ………… 174
　　大阪線の完全複線化 …………………… 174

近鉄特急のあゆみ …………………………… 180

長谷寺を駆ける大阪発名古屋行の特急。モ2236を先頭にした2227系6両の長大編成がダブルタイフォンを山間に響かせ、33‰勾配を快速で駆け上がって行く
昭28.10.11　写真/高橋　弘

近畿日本鉄道路線図

(平成16年2月現在)

― 特急運転路線
― その他(鋼索線を除く)
--- JR線
--- 他私鉄

赤字は特急停車駅
● 工場、検車区など

10100系

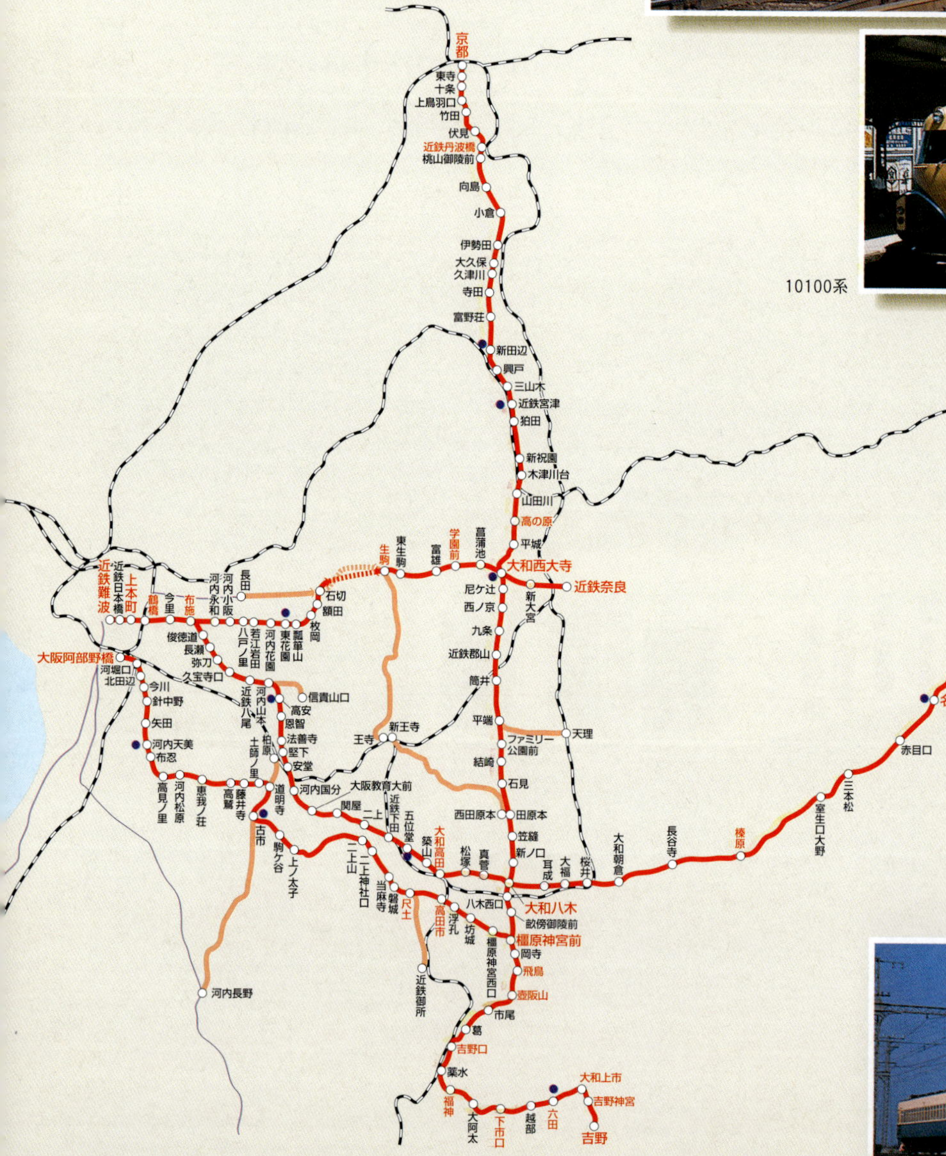

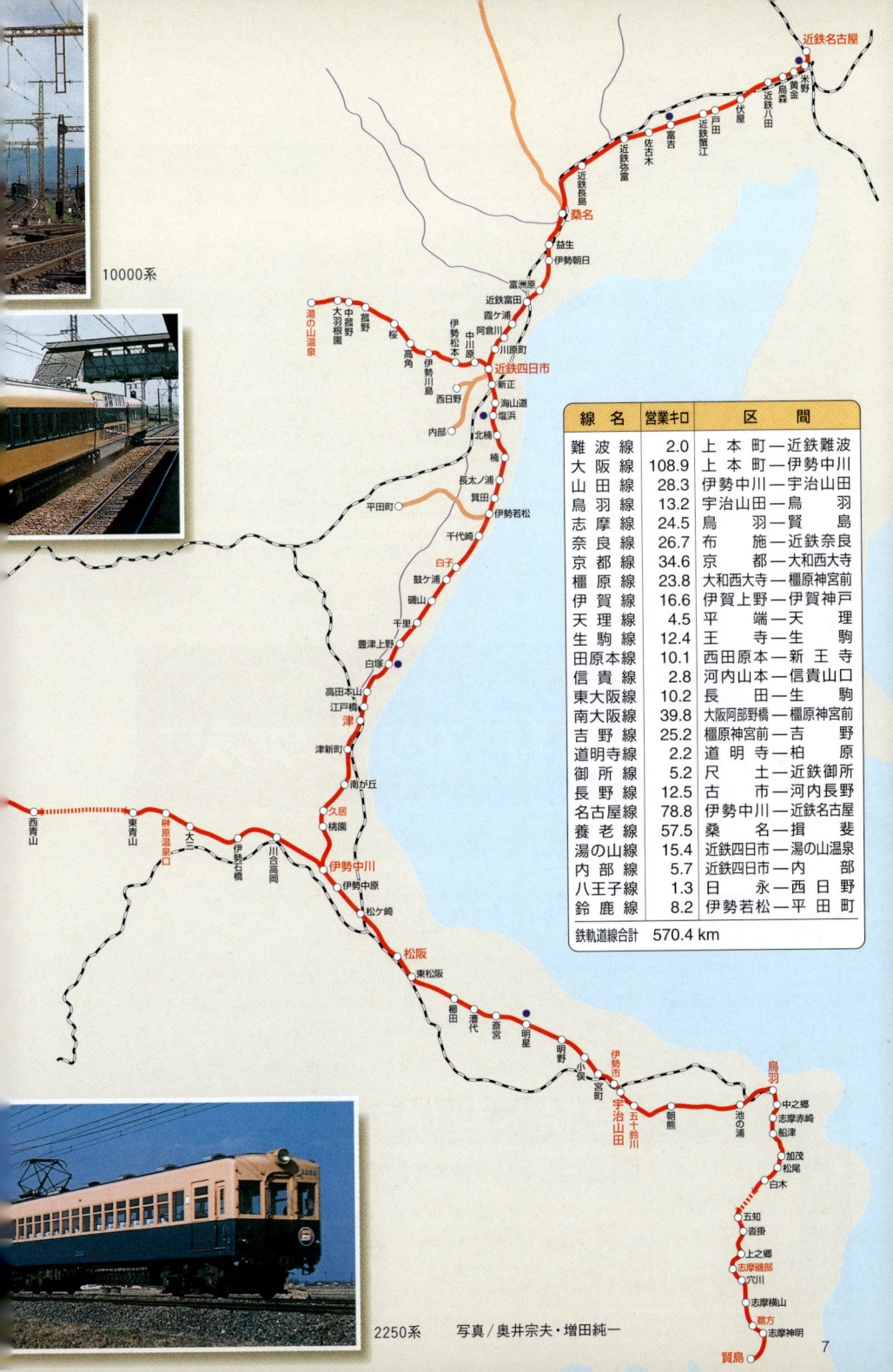

線　名	営業キロ	区　　　　間
難 波 線	2.0	上 本 町 ― 近鉄難波
大 阪 線	108.9	上 本 町 ― 伊勢中川
山 田 線	28.3	伊勢中川 ― 宇治山田
鳥 羽 線	13.2	宇治山田 ― 鳥　　羽
志 摩 線	24.5	鳥　　羽 ― 賢　　島
奈 良 線	26.7	布　　施 ― 近鉄奈良
京 都 線	34.6	京　　都 ― 大和西大寺
橿 原 線	23.8	大和西大寺 ― 橿原神宮前
伊 賀 線	16.6	伊賀上野 ― 伊賀神戸
天 理 線	4.5	平　　端 ― 天　　理
生 駒 線	12.4	王　　寺 ― 生　　駒
田原本線	10.1	西田原本 ― 新 王 寺
信 貴 線	2.8	河内山本 ― 信貴山口
東大阪線	10.2	長　　田 ― 生　　駒
南大阪線	39.8	大阪阿部野橋 ― 橿原神宮前
吉 野 線	25.2	橿原神宮前 ― 吉　　野
道明寺線	2.2	道 明 寺 ― 柏　　原
御 所 線	5.2	尺　　土 ― 近鉄御所
長 野 線	12.5	古　　市 ― 河内長野
名古屋線	78.8	伊勢中川 ― 近鉄名古屋
養 老 線	57.5	桑　　名 ― 揖　　斐
湯の山線	15.4	近鉄四日市 ― 湯の山温泉
内 部 線	5.7	近鉄四日市 ― 内　　部
八王子線	1.3	日　　永 ― 西日野
鈴 鹿 線	8.2	伊勢若松 ― 平 田 町
鉄軌道線合計	570.4 km	

写真/奥井宗夫・増田純一

参宮急行電鉄が伊勢への開業に当たって昭和5年に新造したのがデ2200一族であった。最新の技術と新機軸を盛り込んだ、今に名車の誉れを伝える、関西私鉄の最高峰である。デ2200形27両、デトニ2300形8両、ク3100形5両、サ3000形17両の総勢57両からなり、ゆったりしたクロスシートで伊勢への旅を早く快適なものにした。乗務員扉直後のサボ受けに掲げられた「特急」の文字が誇らしい。ウインドシルが細い原型時代を伝える

明星区　昭8　写真／西尾克三郎

主要ダイヤ改正にみる
近鉄特急のあゆみ

昭和7年1月1日 1932　「特急」伊勢へ走る

念願の伊勢への進出を果たした参宮急行電鉄に、この正月から初めて特急列車が登場した。大阪・上本町〜宇治山田間の2往復で、所要時間は2時間1分、大阪からの日帰り伊勢参宮を実現した。車両は2200系の2〜3両で、需要に応じて最大6両で運転された。特急としての特別な塗装や設備はなく、他の急行と共通運用という、目立たないスタートだった。

元旦からの特急運転をひかえて年末の新聞に掲載された特急運転の広告。朝は上本町発が2本、夕方に宇治山田発が2本で、伊勢神宮への参詣を目的としたダイヤ設定だった。正月らしい図案で描かれており、国鉄の快速列車に対抗した「正月中大割引」の文字が目を引く

昭和6年12月30日付『大阪朝日新聞』
資料提供／竹田辰男

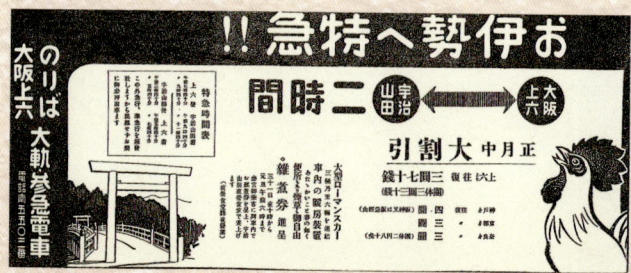

昭和12年、朝日新聞社の単発機「神風号」が東京〜ロンドン間の飛行に成功し、全国民を歓喜させた。帰国した同機の乗員が伊勢神宮へ奉国参拝のため5月24日に大阪発の臨時特急「神風号」に乗車、始発の上本町駅では熱狂的な見送りを受けた
写真提供／朝日新聞社

途中駅で交換する特急。特急の当初の停車駅は八木、名張、中川、山田であった。始発の上本町駅のホームが3両分しかなく、6両編成の場合は、3両ずつで続行運転し、名張で併結のうえ伊勢へ向かった。海老茶色一色塗装ながらも方向板には「特急」の文字が躍る
写真所蔵／近鉄資料室

昭和13年6月26日 1938　名阪新ルートが完成

伊勢電気鉄道の合併、関西急行電鉄の設立により、私鉄のみによる大阪〜名古屋間の新ルートが完成した。名古屋〜伊勢線大神宮前間にも4往復の特急が走り始めた。しかし同年12月26日には日中戦争の激化により特急は全廃され、戦前の特急は7年で歴史を閉じる。

大阪〜名古屋間、山田〜名古屋間の大軌・参急・関急時刻表　同じデザインで所要時間を強調したデザインになっている
資料提供／藤井　建

開通記念の沿線案内図。乗換は伴うものの大阪〜名古屋間に、電車による画期的な新交通ルートが実現し、伊勢神宮、橿原神宮、熱田神宮の3聖地を巡る参拝ルートも誕生した
資料所蔵／近鉄資料室

昭和22年10月8日 1947　初の有料特急 名阪を走る

特別料金を徴収する専用の特急が、上本町～名古屋間に2往復誕生、4時間3分で結んだ。伊勢中川で相互乗換えをおこない、広軌の大阪線では、モ2227形、サ3000形による3両編成、狭軌の名古屋線では、モ6301形、ク6471形による3～4両編成で、いずれも戦前の車両を整備してのデビューであった。戦後、鉄道界で最初に登場した特急で、ブルーとクリームに塗り分けられた姿は復興の象徴ともなった。

「すわれる特急」の広告。
運転を始めた特急は当初座席定員制だったが、終戦直後の荒廃した車両事情にあって、座れることの宣伝効果は絶大なものがあった
資料所蔵／近鉄資料室

折り返しの伊勢中川駅で発車を待つモ2237ほかの「かつらぎ1号」。特急の愛称を募集し、昭和22年の末からは上本町発が「すゞか」、名古屋発は「かつらぎ」となった。貫通扉に掲げられた赤地円板に白抜き文字の「特急」もアクセントとなった。運転室に見えるように、当初は女性の沿線案内係が乗務し花を添えた
昭23.1.11　写真／鉄崎明生

昭和23年7月18日 1948　大阪・名古屋・伊勢に特急ネットワーク

昭和23年1月から、伊勢神宮の初詣客輸送で上本町～宇治山田間に臨時特急が運転され、同年7月18日からは定期運行となった。伊勢中川で3方向からの特急がほぼ同時に発着するダイヤで、乗換えは伴うものの、名古屋からも特急に乗って伊勢へ行けるようになった。

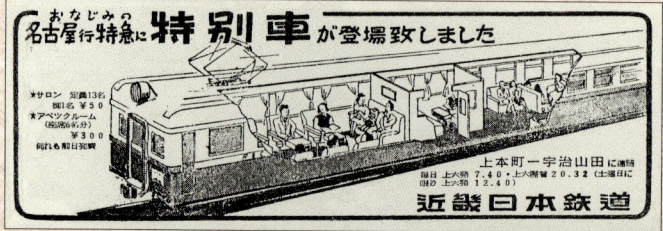

特別車が登場。昭和24年10月からはデトニ2303を改造した特別車を運転した。サロン室にソファーとテーブルが置かれた豪華な車両で、50円の特別料金、アベックルームは300円を徴収し、「リクリエーションカー」と呼ばれるようになった
写真・資料所蔵／近鉄資料室

写真上：旧四日市駅の半径100mの急カーブを通過するモ6301形の名古屋線特急「かつらぎ」。モ6301形は昭和12年、関急が桑名〜名古屋間の開通に合わせて新造した車両で、モ6301〜6303の3両がク6471形とともに初の特急専用車に抜擢された
昭25. 写真／鉄崎明生

写真下：モ2237を先頭にした上本町行特急4両編成が、大阪・奈良府県境に近い山間区間を力走する。特急ヘッドマーク、EXPRESSのシンボルマークと、特急らしい粧いとなった。2両目のサ3002はサ3009が事故のため代替で特急車に格上げとなった
関屋〜二上 昭26.5.9 写真／高橋 弘

昭和28年4月1日 1953 本格的な特急車が登場

20年に一度おこなわれる伊勢神宮の式年遷宮の参拝客に対応するため、昭和27年3月改正から特急を増発した。昭和28年4月1日改正から、さらに名阪特急は6往復に増発され、初の本格的な特急車両として、大阪線用2250系、名古屋線用6421系が登場した。

遷宮記念のパンフレット

名古屋線特急用として新造された6421系は、モ6421形6両、ク6571形5両からなる。外観は同時期の大阪線2250系とほぼ同一であるが、名古屋線の線路半径により、車体長は1m短い19mとなった　　米野区　昭34.2.18　写真／奥井宗夫

大阪線特急用として新造された2250系は、モ2250形10両、サ3020形9両からなる。両端にドアを配したオールクロスシートとなり、特急専用車にふさわしい客室となった　　モ2251　明星区　昭33.10　写真／奥井宗夫

2250系がデビューした昭和28年以降、従来の2227系も時折特急に使用されていた。写真は大阪線の事故により久々に特急運用につき、名古屋線特急の到着を待つモ2236ほか
伊勢中川　昭33.4.17　写真／奥井宗夫

貴賓車として戦前に製造されたサ2600は、昭和27年に改装されて特急車に仲間入りした。貴賓室のソファーは転換クロスシートになり、大阪線初のオール転換クロスシート車となった。両端には大窓が設けられ2227系時代の最後の華を飾った
明星区　昭33.10　写真／奥井宗夫

伊勢中川駅に到着した6421系モ6426ほかの特急。伊勢中川駅は広狭線の接続駅。停車する中央側のホームが狭軌用、両側に広軌用ホームがあり、乗客はホーム上の移動で乗換えができた
昭32.2　写真／権田純朗

伊勢平野を快走する2250系特急「かつらぎ」。塗装は昭和35年以降、ビスタカーと同色のオレンジとダークブルーに改められた
東松阪〜櫛田　昭35.8　写真／奥井宗夫

昭和33年7月11日 1958　世界初の2階建て電車「ビスタカー」デビュー

まったく新しい発想による特急車両、10000系が試作され、営業を開始した。流線型、連接車、2階建てと、すべてに新しい技術を身にまとっての登場であった。名古屋線では、在来型車両の最後を飾る6431系が同時に姿を現した。

近鉄特急のシンボル、10000系は前後にブルドッグノーズスタイルの先頭車、中間にビスタドームの2階建て車両を連結した、堂々の電車列車。VISTA CAR（ビスタカー）の愛称が与えられた
伊勢中原～松ケ崎　昭37　写真／奥井宗夫

中間の3両はビスタドーム付きの連接構造のユニットで、中間運転台付きのク10000形が先頭に出た短縮編成も走り、通常とは違う別の顔が見られた
伊勢中川　昭33.12.7
写真／奥井宗夫

10000系と同時期に名古屋線用に新製されたのが6431系で、車体長は20mとなり、2連窓の端正なスタイルは狭軌線特急の最後を飾った
　　　　　　　　　松阪　昭36.7　写真／増田純一

10000系の編成は、McM+TcTTc+MMcの7連だったが、ユニットを組み合わせることで、4両、5両も可能で、旅客数に応じて編成を組み替えた。写真は5両編成で運転中、新ビスタカーに合わせた塗装の変更の過渡期で、前2両が旧塗装、後3両が新塗装になっている　東松阪〜櫛田　昭38.5　写真／奥井宗夫

冷房改造された2250系ク3126を先頭に八木に到着した主要駅停車の乙特急。冷房器とライトが一体になった独特のスタイルをしている
大和八木　昭38.8　写真／増田純一

新塗装となり、フル7両編成で伊勢平野を快走する堂々の電車特急10000系
伊勢中原〜松ケ崎　昭39.5　写真／奥井宗夫

6431系は名古屋線の改軌を見据え4両の製造にとどまった。写真は標準軌化後の名古屋線を走る4両編成の6431系特急
桑名　昭37.7.29　写真／巴川享則

10100系はモ10100＋サ10200＋モ10300の3両ユニット連接構造で、中間のサ10200形が2階建て車両となった。併結運用のため、先頭車には流線型と貫通型があった
松ケ崎〜松阪　昭34.8.10　写真／奥井宗夫

昭和34年12月12日 1959　待望の名阪直通「新ビスタカー」登場

悲願の軌間統一のため、名古屋線の広軌化の準備工事を進めていた矢先に伊勢湾台風が来襲。災害を逆手にとり不通区間も含めて一気に工事を完了。大阪〜名古屋間に待望の乗換えなしの直通特急が走り始めた。この改正で量産型の2階建て新ビスタカー10100系が登場した。翌35年の改正からは鶴橋停車のみのノンストップ運転となり、所要時分も2時間27分となった。その後、車両は10400系、11400系も登場、次第にレベルアップしていった。

名阪直通と2階建て特急「新ビスタカー」をPRする広告（下）とポスター（左）
資料所蔵／近鉄資料室

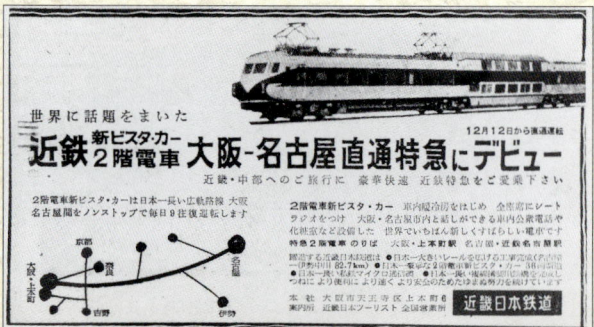

昭和37年、修学旅行用の団体専用列車としてオール2階建て構造の20100系を新造、「あおぞら号」と命名された。モ20100形、サ20200形、モ20300形の3両ユニットで、5編成15両を製造、多客時には臨時特急にも使用された
伊勢中原〜松ケ崎　昭39.8　写真／奥井宗夫

10100系は18編成54両が製造され名阪直通特急を一手に引き受けることになった。「ビスタカー」の愛称は近鉄特急の代名詞となり、根強い人気を保った
河内国分〜関屋　昭37.4.1　写真／増田純一

乙特急に運用されていた旧型車を置き換えるために、昭和36年に製造されたのが10400系で、「エースカー」と呼ばれた。モ10400形2両ユニットの基本編成に、ク10500形を1〜2両増結できる編成とし、自在に編成を組めるようになった

大和八木　昭38.8　写真／増田純一

特急網の充実をはかるため、10400系をベースに、TcMcMcの3両編成を基本とする11400系が昭和38年から製造され、「新エースカー」と呼び、10400系を「旧エースカー」と区別した

東松阪〜櫛田　昭43.7.26
写真／田淵　仁

11400系は昭和55年より車体更新がおこなわれ、3両固定編成化、客室内の改装、さらに近鉄特急のシンボルマークでもある逆三角形の特急マークが廃止され、字幕式の行先表示器に取り替えられた

桑名〜近鉄長島　平2.4.2　写真／中村卓之

昭和39年10月1日 1964　新幹線開通により特急網を拡充

新幹線開通による東京方面からの旅行客を取り込み、名阪特急・伊勢特急の増発や、他区間への新設がおこなわれた。京都〜橿原神宮前間にも新設され、八木で大阪線特急と接続した。翌年には南大阪線阿部野橋〜吉野間にも特急を新設、湯の山線にも特急が乗り入れ、特急網は支線にも広がった。車両も第二世代の特急専用車、12000系や18200系が新製された。

京都〜橿原神宮前間の特急の増発用として昭和40年に製造されたのが18000系で、モ18000形の2両編成となった。車体限界の関係で車体幅が狭く、モーターは旧型車の流用で、吊掛式駆動になり、他形式との併結はできなかった　　伏見　昭56.5.23　写真／中村卓之

京都線特急の新設に際して、旧奈良電鉄のデハボ1350形を種車としてモ680形の予備特急車両に改造した。冷房装置もなく、種車の面影を濃く残していた
近鉄丹波橋〜桃山御陵前　昭41.5.8
写真所蔵／中村卓之

狭軌である南大阪線にも初めて有料特急が設定された。16000系を新造し、阿部野橋〜吉野間に1日6往復が運転された
天美区　昭40.3.17　写真／田中鋕市

12000系に改良を加え、昭和44年から近鉄特急の中では最多の160両も製造された12200系。回転式リクライニングシートを採用、初期の車両には客室にスナックコーナーが設置され、供食サービスをおこない、「スナックカー」と呼ばれた。後方は30000系「ビスタカー」
　　大和朝倉〜長谷寺　昭55.5.11
　　　　　　　　　　写真／増田純一

京都から伊勢方面へ向かう特急車両として昭和41年に製造されたのが18200系である。車両規格、電圧の異なる京都・橿原線から大阪線へ直通するため造られた狭幅の複電圧車。McTc編成で33‰連続勾配を走破するため、当時の新幹線に次ぐ180kWモーターを装備していた
　　狛田〜新祝園　昭59.4.29　写真／清水　薫

薬師寺を望む橿原線西ノ京〜九条間を行く
18400系　　昭56.5.22　写真／中村卓之

> 昭和45年3月21日
> 1970

難波線、鳥羽・志摩線が開通　特急白紙改正

都市交通の混雑緩和、大阪万国博による観光客輸送に対応するため、上本町～難波間の難波線、宇治山田～鳥羽～賢島の鳥羽・志摩線があいついで開通。全社的な白紙ダイヤ改正がおこなわれた。難波～賢島間の運転を始め、一日約300本にものぼる特急が運転され、座席予約システムが始まるなど、特急ネットワークを完成させた。

鳥羽線・志摩線開通のポスター

既設の志摩線鳥羽～賢島間を広軌化して、ルート変更を含む改良工事を実施、鳥羽新線の建設と合わせ、賢島までの直通を実現した。志摩観光の中心、鳥羽・賢島へも大阪、京都、名古屋から直通特急が走ることになった　　五十鈴川　昭54.7.31　写真／中村卓之

昭和48年3月からは難波〜京都間に3往復の特急が登場し、京都と大阪を結ぶ新たな直通ルートが誕生した。途中の西大寺でスイッチバックするのが特徴だった。
18400系2連の京都行特急
菖蒲池　昭59.5.17　写真／清水　薫

続く昭和48年9月改正からは、難波〜奈良間にも特急が走り始めた。奈良線には料金不要の特急が昭和31年から走っていたものの、奈良線を直通する初の有料特急となった。11400系3連の難波行特急　学園前　昭56.4.23　写真／中村卓之

難波発の賢島行特急は、八木で京都からの特急と併結された。昭和48年からはこの一部が八木〜鳥羽間で10連となり、躍進する近鉄特急の象徴ともなった。写真はパンタ10基を上げた12200系10連
名張〜桔梗が丘　昭61.6.1　写真／清水　薫

昭和51年3月18日
1976

特急ネットワークの最終仕上げ

新青山トンネルを抜けて東青山駅に向かう大阪線全線複線化の祝賀列車　　　昭50.11.23　写真提供／近鉄資料室

輸送上のネックであった大阪線の単線区間は、当時、私鉄最長となる新青山トンネルの開通などにより、複線化され、大阪線は鳥羽線とともに完全複線化された。大阪から伊勢志摩への阪伊特急の改善やダイヤの調整がおこなわれ、現在のダイヤにみられる特急ネットワークの完成を見た。

一世を風靡し「ビスタカー」の愛称とともに近鉄特急の名を高めた10100系にもついに最期が訪れた。廃車を間近にした昭和53年には「さよなら三重連」が記念に運転され、営業運転では陽の目を見なかったA＋C＋B編成が運転された　　　東松阪〜櫛田　昭53.4.1　写真／田淵　仁

伊勢神宮を始め、沿線に国際的な観光地や天皇陵を控えた近鉄には、皇室や内外の要人の特別列車が数多く運転されてきた。写真は奈良県でおこなわれた全国植樹祭で京都から橿原神宮前まで運転された12400系のお召列車
上鳥羽口〜竹田　昭56.5.22　写真/中村卓之

老朽化した二代目ビスタカー10100系に代わり、新たな2階建て特急として昭和53年にデビューしたのが30000系であった。4両編成で、両端を通常の電動車、中央2両を2階建て構造の付随車とした。豪華な車内は、伊勢志摩への旅客誘致と、名阪直通の強化に大きな効果をもたらした
明星〜明野　平7.8.4　写真/清水　薫

魅力の近鉄特急

藤井信夫
(写真も筆者撮影)

名古屋線の改軌による大阪～名古屋間直通運転の開始時にデビューした2階建て電車10100系。前面は一段と洗練されたデザインとなり、私鉄特急車両史を代表するエポックメイキングな車両となった
朝熊～池の浦 昭51.1.7

　近鉄特急は私鉄有料特急のなかでは一番人気があるのではないだろうか。それは、多くのファンを惹き付けて、飽きさせないという要素を数多く擁しているからであろう。これらの要素は同時に利用者にとっても共通する部分が含まれている。このファン、利用者に共有の魅力が近鉄特急を発展させ、今日に至っているとみることができる。ではその魅力とは一体何なのだろうか、これを探っていくこととしよう。

魅力その1　広がりを持つネットワーク

　まず、第一に挙げられるのはネットワークの広がりである。大阪を基準にしてみると中京圏の大都市名古屋までを結ぶメインルートがあり、この名阪間には速達性を重視した途中ノンストップの甲特急の存在がある。これが近鉄有料特急のルーツであり看板特急で、戦後も間もない昭和22年(1947)に誕生をみたのである。そして、この名阪間には甲特急のほか主要駅停車の乙特急の運転もあり、沿線からの利用者の利便を図るとともに、名阪間特急の運転間隔を補完している。

　この近鉄特急のルーツである名阪特急に彩りを添え、最初のネットワークを構成したのは、名阪間のほぼ中間の要に位置する伊勢中川から観光地の伊勢志摩方面への路線であり、「お伊勢参り」として江戸時代から信仰を集めた広大で厳かな神域を誇る伊勢神宮の存在もあって、この方面への観光客は結構多く、伊勢志摩の観光地的な要素は、決して東武の日光や小田急の箱根と比べても遜色はない。

　このように、名阪間特急があるところに伊勢中川～伊勢志摩(電車の行先は鳥羽・賢島)間特急が加わると立派なネットワークを形成する。

　列車の運行形態としては、大阪および名古屋方から伊勢志摩へと運転されていて、系統として整理すると名阪間に加え阪伊・名伊特急が走る構図となる。

　しかし近鉄の特急網はこれだけで止まらないところがすごいところで、少なくともネット(網)というからには1ヵ所くらい網の目になってないといけないわけだが、近鉄はそのような路線網を有し、ここに特急が設定されている。布施、西大寺、八木を大阪線、奈良線、橿原線とで囲む部分が網の目というわけである。

　さらに上本町と阿部野橋をともに大阪方ターミナルとして統括して考えると、大阪と八木、橿原神宮が大阪線、橿原線、南大阪線で囲む網の目となる。主な幹線には近

鉄特急が走り、それが結節点で相互に接続して乗り継いで行けるところにネットワークとしての利便性も生じて、魅力を増すことにもつながっていく。

魅力その2　刻んできた年輪

近鉄の有料特急の誕生は昭和22年（1947）10月8日のことで、昭和20年8月15日の終戦から数えてまだ2年余りのことであった。

当時、鶴橋には闇市が立ち、上本町周辺は焼け野が原でペンペン草が生い茂っていた。そんな時代に特急が誕生したわけで、一般車両は窓が破れて板張り、座席のシートもスプリングが飛び出したものや板張りのものが多かった頃に、特急車はきちんと窓ガラスがはまり、座席も奇麗に整備して、しかも、クリーム色とブルーのツートンで颯爽と登場した。一般車がダークグリーンの時代にひときわ鮮明な装いとともに、憧れをもって迎えられた。

最初は2往復と便数も少なく、いまのように気軽に特急に乗れるという環境にはなかったが、それでも、いまにほかの電車もあのように整備されて奇麗になっていくのだ！という戦後の荒廃から立ち直っていく希望を抱かせ、またいつかあの電車に乗るんだ！とこれを見つめる沿線のファンに夢を育ませたといえるだろう。

戦後間なしに登場したのも魅力のひとつに違いない、昭和24年、26年と、あとになってデビューした他私鉄の特急よりは、やはり少しでも早い時期での登場は、亀の甲より年の功、「焼け跡とバラック建て」との差が大きいだけ魅力がアップして感じられた。

なお、近鉄特急は当初は座席定員制、つまり定員制の自由席であった。また、戦前の昭和7年1月1日から初詣特急が運転され、2200系電車が上本町－宇治山田間を2時間1分で走破した記録が残っている。しかし、この時代は特別料金は不要であったので、戦後の有料特急とは分けて考えることにした。

魅力その3　恵まれた観光地

近鉄は名所旧跡には非常に恵まれていて、いずれも超一級の名勝が揃っている。さきの伊勢志摩を筆頭に京都、奈良、飛鳥、吉野など行楽シーズンになると観光客が訪れる地域は限りない。

大阪線の桜井以遠を建設した参宮急行電鉄も社名の示す通り伊勢参宮を目指して線路が敷設された。この地を訪れる参詣客、観光客は多く、関西では戦前、戦後を通じて、小学校の修学旅行というとほとんどが伊勢方面と決まっていた。また、京都や奈良は関西地区では遠足で、関東方面からは修学旅行生が多数訪れる。

それだけ、少年期から多くの人の目に触れ、近鉄電車にも乗車する機会が多いわけである。このことは思い出とも結び付いて印象深く残るというのも一種の魅力といえるだろう。

大阪線のビスタカー10000系の登場に合わせ、狭軌の名古屋線特急用として製造された冷房付クロスシート車6431系。屋根上の冷房装置が独特の魅力となった　塩浜　昭40

大阪線の特急用として登場した画期的な2階建て特急車10000系。長距離特急の伝統を誇る近鉄ならではの豪華車両だった
大和八木　昭37.4.15

魅力その4　次々と登場する特急車両

　近鉄特急が昭和22年、運転を開始した当時は大阪線には2227系(2200系新)が、名古屋線は6301系が整備され運用に就いた。荒廃した戦後世相のなかに登場した整備された特急車は、闇の中に光明を見出すような魅力であったのかも知れない。

　昭和28年(1953)になると大阪線には2250系、名古屋線には6421系が登場して、在来特急車と取り替えが進められていった。特急車両については本書の筆者が詳述されるであろうから、簡単に触れるのに止めておくが、張り上げ屋根のスマートな外観、客用扉を両端に寄せた窓配置とともに特急専用車としての風格が感じられた。

　特急が運転を開始して約10年目にあたる昭和33年(1958)には大阪線に初代ビスタカー10000系がお目見えした。7両編成で中央の3両が連接車、この3連の両端車にビスタドームが設置され、我が国では最初の本格的な2階建て電車として注目を集め話題を呼んだ。また、この車両は近鉄の特急車としては最初の高性能車でもあった。この時点では名古屋線はまだ狭軌であったから、これに対応して6431系が製造されている。急カーブの存在した四日市付近のショートカットが完成していたので6431系は20m車となった。

　初代ビスタカー登場の翌年、昭和34年には量産型のビスタカー10100系が華やかにデビューを飾った。3両編成の連接車で、両端が電動車、この中間にビスタドームを持つ2階建て付随車をはさんだ編成で、連接台車にもモータを備えていたから、自動車でいえば4駆のように全軸電動であった。

　外形はスピード感のあるデザインで、大阪方が流線型(反対側は貫通型)、伊勢方が流線型(反対側は貫通型)、両側とも貫通型の計3種が製造され、名古屋線の広軌化改良工事の完成を待って、同年12月12日から名阪間の直通特急に就役した。

　昭和38年までに18編成54両が勢揃い、近鉄特急と言えば2階建て電車というイメージを定着させた立役者でもある。また、電車を単に2地点間の移動の手段と考えずに、乗って楽しい、乗ってみたくなるといったポリシーを採り入れた最初の特急車とみることができる。室内には建築関係のデザインを取り入れ、電動車、2階建て車の階上・階下の客席シートや床・内張りなど色調を変えて、それぞれ違った雰囲気に仕上げたのも特徴といえる。

　ビスタカーの登場後、昭和36年には10400系エースカーが製造された。室内設備などは10100系のレベルで揃えた、2階建て・連接構造ではない20m車で、McMcTcTc編成

として、電動車2両で、Tcを加えた3両、さらにTcを加えた4両と、編成を変えることが可能で、さらにビスタカーの貫通方にも増結でき、まさにトランプの切り札エースのように旅客の多寡や用途に応じて変幻自在な組成ができるところからエースカーと名付けられた。さらに昭和38年（1963）には新エースカー11400系が誕生、こちらはcMMTc編成をベースとして15編成まで増強され、吊掛式の旧型特急車の格下げが進められた。

エースカーによって一般特急車（非ダブルデッカー）のプロトタイプは示されたが、以後の形態を確立させたのは12000系であろう。

スナックカー12000系は昭和42年（1967）の登場で、昭和38年には224万人を数えた名阪間旅客が、昭和39年の新幹線の開業で、昭和42年には100万人、43年には95万人にまで減少した。名阪ノンストップ特急は2連でも十分というわけか、McTc編成の12000系が建造された。車内にはスナックコーナーが設けられ、所要時間が長い分、ここでくつろいでいただこうというという寸法で、スナックカーと名付けられたゆえんでもある。MT比率1：1にできたのは高性能車のモータが高出力の180kWのものが製造されるようになっていたからである。

翌昭和43年（1968）にはスナックコーナーを拡大した新スナックカー12200系にマイナーチェンジ、折から昭和45年（1970）には大阪の千里丘陵では万国博覧会が開催され、近鉄路線もこれと歩調を合わせて難波延長、鳥羽線建設、志摩線改軌が進められ、特急の運転区間は拡大し、需要増も加わっていく時期でもあって、12200系特急車は増備が続けられていった。12221～以降ではスナックコーナーなしで製造、後には中間MT車も製造されて4連、さらには6連も登場して168両が新製され、このグループに12000系20両を加えると188両が建造されてたわけで、近鉄特急車最大の所帯を形成している（最終編成12256Fの増備は昭和49年で、この時までに事故廃車が出ているので、188両全車の勢揃いはない。さらに京伊特急車18400系を加えると総数208両となる）。

このあと、12400系、12410系、さらに12600系が誕生しているが、12200系を基調として製造した車両とみることができよう。また、ネットワーク拡充に関連して京都線600V時代の京伊特急、狭軌線の吉野特急もこの間に製造されている。

次のエポックを飾る車両は、有料特急運転開始約30年目にデビューしたⅢ代目のビスタカー30000系で、10100系が老朽化、陳腐化してきたため、昭和53年（1978）に新製された。この2階建て車は連接構造ではなく、cMTTMc編成のボギー車で製造、中間のT車2両をダブルデッカーとして要望の多い2階席を確保している。インテリアデザインにも工夫を凝らし、両端の電動車、付随車の

志摩線改軌開業日の賢島駅特急ホームに並ぶ10100系と12200系。当時、ホームは2段に分かれ普通電車は左下の地上ホームから発着していた　昭45.3.1

3代目ビスタカーとなる30000系。ボギー構造となり、中間の2両が2階建て車両となった。2階部分の眺望と居住性を重視したハイデッカーに近いタイプとなった。その後「ビスタEX」へ大規模なリニューアル改造がなされた

志摩磯部～穴川　昭59.10.22

階上・階下の客室はそれぞれ内張り・床やシートの色を変えて違った雰囲気を演出、2階客室の高さも2180mmあり天井の威圧感がなくなった。30000系ビスタカーは新製当初は名阪、名伊、阪伊特急として活躍、現在では京伊を加えた伊勢志摩方面への観光路線に多く使用されているようだ。

魅力その5　窮地から復権していく開発力

　そして、有料特急が誕生して約40年目にデビューしたのが21000系アーバンライナーである。

　この間に名阪間の状況も当然変化し、夢の超特急と銘打って開業した新幹線も、やはり年月がたつと斬新な乗り物という観点はなくなってきたし、国鉄晩年の頃は運賃、特急料金の値上げが相次いでおこなわれ、近鉄側でも値上げはあったものの近鉄特急の料金と格差が広がっていった。このため利用者の中には、時間は多少かかるが料金の安い近鉄特急を選択する旅客の増加がみられた。ちなみに、昭和61年時点では格差は2,970円となり、近鉄の名阪間利用者は昭和37年当時と同じ年間200万人に迫る勢いとなった。

　このように、近鉄特急が復権していく中、昭和63年(1988)に近鉄特急の経験と実績を生かし「新時代にふさわしい高品質で高性能な車両とする」というポリシーのもとに21000系アーバンライナーが開発され、同年3月18日のダイヤ改正を機に颯爽とお目見えした。

　アーバンライナーは、この時のダイヤ改正では私鉄としては初めての最高認可速度120km/hを得て、難波～名古屋間で6分短縮の2時間5分で走破、ノンストップで走る鶴橋～名古屋間では所要1時間59分となり、名阪間をたとえ1分とはいえ2時間を切って結んだ。平成元年(1989)には11編成が揃い、新しい近鉄特急名阪間の立役者となった。

　アーバン効果ははっきりと現れ、名阪間利用者は昭和63年には213万人、平成元年には226万人に、平成2年(1990)にはこれまででは最高の247万人と増えて250万人に迫り、かつての最盛期昭和38年の224万人を凌駕するようになった。

　時がたつのは早いもので、もう21000系はリニューアルの時期を迎え、平成15・16年度の2年間に11編成全車の更新が施工される。

　この入場車両をカバーするため21020系アーバンライナー・ネクストが平成14年に誕生した。次世代の特急車にふさわしく外形には斬新なデザインを採用し、ゆりかご形リクライニングシートの採用、喫煙コーナーを設け全座席禁煙に、車椅子対応の多機能トイレや女性専用トイレの設置、次駅の

案内や沿線情報の伝達に大型液晶ディスプレーの設置など、快適な乗心地、座り心地を追求、走行機器は交流電動機、インバータ制御となりMT比率1：1とした合理的な設計となっている。

21000系のリニューアルに際しても、この21020系アーバンライナー・ネクストに準じた室内設備に取り替えがおこなわれている。

魅力その6　たゆまず進められる時分短縮

このように、時代の流れに沿って絶えず新型車が登場してくるのが近鉄特急の最大の魅力なのかも知れない。

近鉄特急の魅力はまだまだあるだろう。そのひとつは時分を短縮していく魅力で、かつて関西本線の「かすが」を向こうに回して競争を挑み、また東海本道線電化後は準急「比叡」「伊吹」さらには在来線の電車特急「こだま」「つばめ」の名阪間所要時分まで追いついた。

ところが残念なことに、このあと東海道新幹線が開業する。巨費を投じて建設された超高速の新しい鉄道システムだけに、運転時分ではとても競争できる相手ではないが、ここで安易にあきらめないで、新幹線を逆手にとって、新幹線利用の観光客を名古屋駅で受けて、近鉄特急で自社エリアの伊勢志摩へ誘い、近鉄系のホテルに泊まっていただき、このあと再び近鉄特急で京都、奈良、飛鳥などを巡って、京都駅から新幹線でご帰還願うというような観光コースも出来上がった。名伊特急、京伊特急がこれらの任務を担っているというわけだ。

また、「アーバンライナー」の項に記したようにアーバンライナー運転開始時のダイヤ改正で鶴橋～名古屋間の所要1時間59分にまで短縮する努力が払われている（平成15年3月改正ダイヤでは下り列車では最速1時間58分となっている）。このようなたゆまざる時分短縮の努力、それもまた近鉄特急の魅力である。

　　　　　　　昭和9年生まれ、大阪府堺市在住、関西鉄道
　　　　　　　研究会主宰、『関西の鉄道』編集発行者

近鉄の新しいシンボルカーとなった21000系アーバンライナー。従来のスタイルを打ち破り、非貫通、流線型となり、白をベースにした新しいカラーとなった。アーバン効果と呼ばれるほど名阪直通輸送に大きな効果をもたらした
桑名　平12.11.4

第1部
高速電車鉄道の建設
大正3年(1914)～昭和22年(1947)

参宮急行電鉄は高速電車鉄道の建設に入った。
めざした先は神都・伊勢。
昭和7年、長距離を走るにふさわしい2200系による
特急列車の運転が開始された。

モ2201　　　　　　　　　　写真/丹羽　満

創業の奈良線は「郊外電車」
大正3年(1914)

◆ 大軌の創業と奈良線の開業

　近畿日本鉄道(以下、近鉄)の前身、大阪電気軌道(以下、大軌)は、大正3年(1914)4月に大阪・上本町～奈良間30.8kmを全線開業した。

◎ 奈良へ一直線、大英断の生駒トンネル

　大阪平野と奈良盆地の間には、南北30kmにわたる生駒山地が横たわっている。主峰の生駒山は標高642mで、大阪を代表する山でもある。当時の官鉄(国鉄)線の大阪～奈良間には2つのルートがあったが、いずれも勾配に弱い蒸機列車によるため生駒山地を避けたルートであった。

　ひとつは官鉄の阪奈間のメインルートの関西本線で、湊町(現・JR難波)から南東に向かい生駒山地の南端を迂回して、大和川沿いに遡上、王寺から奈良盆地を北東に向かい奈良に至る約41kmのルートで、大阪鉄道(*)により明治25年2月に開通した。ふたつ目は片町線(学研都市線)で、大阪城の北にある片町より北東に向かい生駒山地の北を迂回して山城盆地を南下、木津で関西本線に接続して奈良に至る約53kmのルートで、片町～四条畷間の浪速鉄道を買収した関西鉄道により木津～四条畷間が明治31年9月に開通して片町線が全通した。さらに大阪駅より東海道本線で京都を経由し、明治29年4月に京都～奈良間を奈良鉄道により開通した奈良線を南下する約85kmのルートも数えられよう。これらの各線は関西鉄道を経て、明治40年(1907)10月の鉄道国有化により官鉄線となった。

[＊大阪鉄道：現・近鉄南大阪線の前身の大阪鉄道とは別の会社。]

開業当時の大阪鉄道湊町駅。現在のJR難波駅の100年以上前の姿
(「日本鉄道紀要」より転載)

開業当時の生駒トンネル西口。最初から広軌複線トンネルとして掘削され、大正3年に完成した　写真提供／近鉄資料室

　大軌奈良線はこれら官鉄線より遅れた後発の路線のため、官鉄線との併走を避け、かつ有利な路線とするために、関西本線と片町線の間、つまり電車なら可能な生駒越えルートを選択せざるを得なかった。生駒山地を越えるために長大トンネル案以外に迂回案やインクライン式のケーブル案も検討されたが、莫大な費用と難工事が予想されるものの、将来電車の高速化も考慮して、初の複線トンネル方式に決められた。

　当時、官鉄中央線の笹子トンネルに次ぐ

大阪平野の東に連なる生駒山地。大軌はこの山地を駆け登り、生駒トンネルで奈良へ抜けた

34 ──── 高速電車鉄道の建設

3000mを超す長大トンネルとなった。しかし工事資金の調達難や落盤事故の発生などがあり苦難のトンネル工事となった。

奈良線は、起点の上本町六丁目より大阪平野を東に直進し、生駒山地の麓の瓢箪山（ひょうたんやま）から生駒山腹沿いの3kmの急坂を最大35.7‰で登り、大阪平野を眼下に望む日下（のちの孔舎衛坂（くさえざか））より生駒山北側を生駒トンネル3388mで抜け、生駒山東麓の丘陵を下り平城京の西端の西大寺より奈良に至るルートであった。大阪～奈良間をほぼ直線的に最短で結ぶ標準軌、複線そして架線電圧600Vの電車線で、省線関西本線天王寺～奈良間に比べ6.7km短い路線となった。

開業当時の東大阪一帯は湿地帯で、生駒山を越えると丘陵地帯となった。大阪市・奈良市以外は人口過疎地域であったので、地形の制約は受けるものの人家の密集はなく直線の多い路線形を採った。先発の軌道線である京阪電鉄や阪神電鉄のように、江戸時代からの人口の多い街道沿いを走り曲線の多い都市間電車と比べると路線形や営業形態が対照的な郊外電車路線であった。

開業時の車両は、他の軌道と同様の大正初期に流行した木造車、二重屋根、正面5枚窓、トロリーポールを持つデボ1形により55分で走破した。蒸機列車の官鉄関西本線は約70分かかっていた。

大軌開業時の電車、デボ1形。ポール集電で大きな救助網をつけ、単車で走った　　　　　　　　写真提供／近鉄資料室

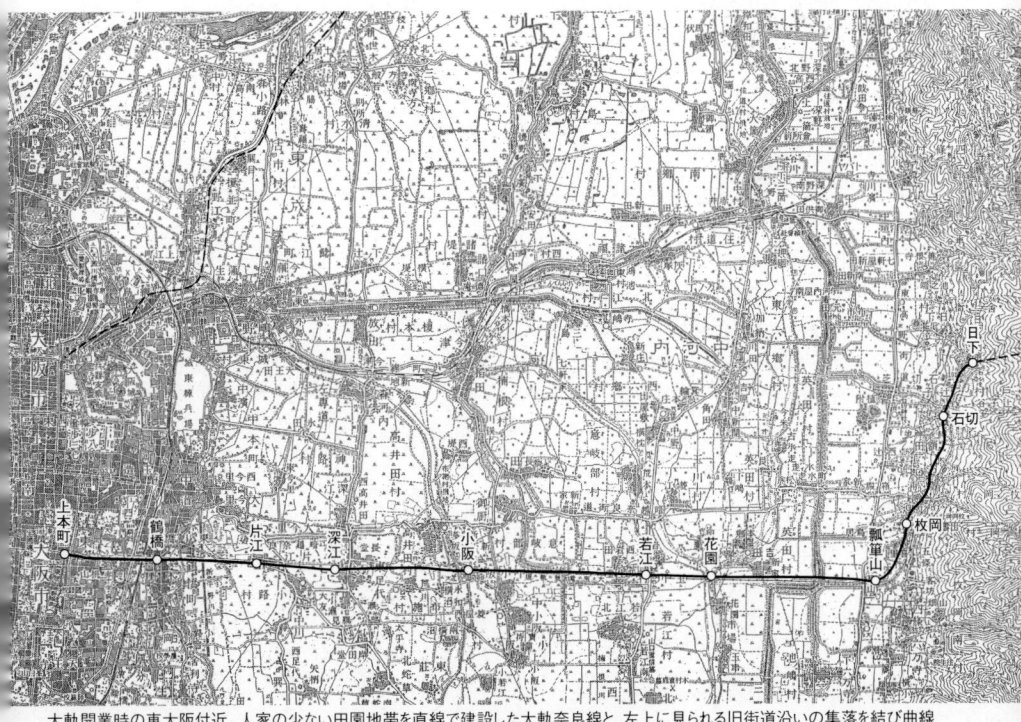

大軌開業時の東大阪付近。人家の少ない田園地帯を直線で建設した大軌奈良線と、左上に見られる旧街道沿いの集落を結び曲線の多い京阪、両者の建設経緯の違いが見える　　　（1/5万旧版地形図「大阪東北部」「大阪東南部」（大正12年発行）に加筆

「なら行」と大書きした開業当日の上本町駅。当時の上本町駅は現在駅の北側、千日前通の真上にあり、2面3線の乗降車ホームがあった
写真提供／近鉄資料室

◎ 開業直後の経営不振

開業後の奈良線は、奈良への観光客、参拝客に頼るのみで、しかも休日しか当てにならず、雨になると乗客は激減するなど、運賃収入は不安定であった。そのうえトンネル建設の膨大な資金負担により、ほどなく経営難に陥り、従業員の給料の支払いや

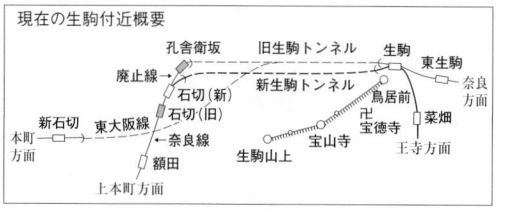

現在の生駒付近概要

切符の印刷費にも事欠くことになった。そのため「生駒の聖天さん」と親しまれる宝山寺のお賽銭を資金援助に頼ったというエピソードも残っている。

その後会社の整理更生案の成立も難航したが、経営陣の交代と新株や社債の引受けが順調に行き、最後は減資により大正5年3月で債務の整理が完了した。また大正3年に勃発した第一次世界大戦の戦争景気による経済活況もあり、大軌の経営は順調に推移するようになった。以後大軌は、奈良盆地や伊勢・名古屋への路線形成に積極的となっていった。

大軌は既存の奈良線西大寺から分岐する畝傍線（現・橿原線）西大寺〜橿原神宮前間を大正12年3月開通させ、八木に達した。大正4年に開業した天理軽便鉄道を大正10年に買収し、大正11年4月、畝傍線の西大寺〜平端間の開通と同時に平端〜天理間は762mmから1435mmへの改軌と電化がおこなわれ、大阪〜天理間が直通運転された。

開業当初の上本町駅は現在の上本町駅の北側に位置していたが、大正15年8月には大阪市の都市計画道路建設のため現在の上本町六丁目交差点東南角に移転し、併用軌

大正10年に開通した畝傍線の西大寺駅。左には車庫も見え、分岐駅としての姿を見せる

現在の近鉄天理線の前身となった天理軽便鉄道は大正4年に法隆寺〜天理間を開業
写真提供／近鉄資料室

道区間はなくなり、同時に地上7階の大軌ビルが完成した。大軌の本拠地となるとともに百貨店も併業した。大軌・上本町は、南海・難波、阪神・梅田、京阪・天満橋そして阪急・梅田と並び大都市大阪の大ターミナル群の一翼に加わった。

完成した大軌ビル。上本町駅のほか、本社事務所、百貨店も入居。大阪のターミナルにふさわしい壮大な建物がお目見えした
（「日本鉄道紀要」より転載）

当時の関西の電鉄

● 関西の主な私鉄が誕生

明治30年代中期から大正初期にかけては、関西大手私鉄がつぎつぎと誕生した時代であった。日本の私鉄鉄道の最初は大阪〜堺間であり、阪堺鉄道として大阪・難波〜大和川間が明治18年に開通し、阪堺鉄道はその後、南海鉄道に買収され、914mmから1067mmに改軌され路線を南へ延長し紀ノ川を越え和歌山市に到達したのは明治36年であった。

現在の南海電鉄の発祥となる阪堺鉄道は蒸機列車で誕生した

日本で最初の都市間連絡電車として開業した阪神電鉄。開業時の旧1号形

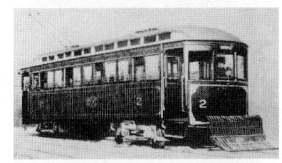

続いて京都と大阪を結ぶ都市間鉄道として京阪電鉄が開業。開業時の1形

電気鉄道が主体の第一次私鉄建設ブームは、明治28年開業の京都電気鉄道の成功によるものである。この時代の私鉄電気鉄道は軌道条例に基づくもので、その制約のなかで大都市の路面電車とともに、都市間や都市近郊に鉄道が建設され車両も建造された。こうした中で誕生した電気鉄道の中から現在、高速運転がされ、関西主要都市間を結ぶものは次のとおりである。

社名	都市間開通	区間	適用法令	開業
南海鉄道	明治36年	大阪・和歌山	私設鉄道	明治18年
阪神電鉄	明治38年	大阪・神戸	軌道条例	明治38年
京阪電鉄	明治43年	大阪・京都	同上	明治43年
阪神急行電鉄	大正9年	大阪・神戸（上筒井）	同上	明治43年
近畿日本鉄道	大正3年	大阪・奈良	同上	大正3年

● 軌道条例の制約とスピードアップ

南海鉄道を別とすれば、阪神、京阪、阪急、大軌の4社は軌道条例に基づき特許を得たため、道路上に軌道を敷設するのが原則であり併用軌道区間が随所に存在した。大軌奈良線も上本町〜鶴橋間、油阪〜奈良間に併用軌道を設けることにより特許状が得られたのであったが、大阪方では大正15年に新設軌道に切り替えられ併用軌道区間はなくなった。一方奈良方は地下線への移設工事がなった昭和44年に全線専用軌道区間となり、速度アップに寄与するようになった。

大軌奈良線の併用軌道は、昭和44年まで油阪〜近鉄奈良間に存在し、特急電車が道路上を走る光景が見られた
昭43.7 写真／田淵 仁

軌道条例に基づいた阪神、阪急、京阪の開業時の車両性能は路面電車の域を外れないものだった。これは電化した南海も同様で、主電動機出力は50馬力×4個装備が標準であった。その中で大軌のデボ1形は生駒越えのため150馬力×2個と強力で、連結運転が可能な総括制御器を装備していた。さらに阪神、京阪は乗降台を持つ路面乗降方式であったが、大軌は阪急と同じく、客室扉から直接乗降可能なプラットホーム方式であったのが特徴である。私設鉄道条例に基づく南海鉄道は開業時から後者であった。

軌道条例による鉄道は、併用区間での歩行者への安全対策として救助網装置が義務付けられていたが、のちには前頭部床下装備の排障器へ取り替えられていった。さらに集電装置も5社ともに2本ポール方式であった。郊外区間では1本ポールにすることができたが、路面併用区間では2本ポールであり、大軌が架空線を全線単線としパンタグラフ集電となったのは昭和5年であり、これらにより各軌道線も高速運転が可能となった。

II 伊勢へ 本格的な長距離高速路線
昭和3年（1928）

◆ 参宮急行電鉄の設立

　古くから人々には「お伊勢さん」の呼び方で親しまれている伊勢神宮は、皇室の祖、天照大御神が祭られており、三重県伊勢市に「内宮」・「外宮」の2つの社が中心の神宮で、日本の神宮・神社の総元締め（本宗）である。

日本の総氏神、伝統と文化の原点である伊勢神宮。深い森の中にある外宮

内宮への入口、宇治橋。年間400万人もの参拝客が渡る

◎ 民間信仰の厚いお伊勢さん

　江戸時代後半から末期にかけて全国的なお伊勢参りブームとなり、明治に入って、新たなお参りが盛んになってきた。明治末期～大正の頃の参拝者数は、年間百数十万人～200万人もあり、官鉄線が大阪、京都、名古屋から伊勢に通じていたが、民間による路線建設を望む注目路線でもあった。

　参急線の開業前までは、大阪からのお伊勢参りは、湊町から関西鉄道、のちの省線関西本線により亀山を経由して参宮線で山田へ向かうのが主なルートで、大正13年11月時刻表によれば、停車駅の少ない快速タイプでも5～6時間かかり、また京都からも草津線経由で5時間かかり、日帰りは無理で通常は最低1泊の行程だった。

　省線関西本線のルートは、大阪・湊町を出発し奈良から木津に至り、淀川の上流、木津川沿いに東に向かい、笠置山地から伊賀盆地の北側を通り、鈴鹿山脈の南端にかかる。難所の鈴鹿越えの加太峠は前後に25‰急勾配と加太トンネルがあり、伊勢平野の西端に出ると亀山に至る。ここから現・紀勢本線の省線参宮線が分岐し、伊勢平野を南下して山田にたどり着く。大阪・天王寺～伊勢・山田間169.0kmであった。明治30年11月に参宮鉄道の津～山田間が開通して大阪・名古屋からの鉄道による参宮が可能となったものである。亀山から先、関西本線は四日市、桑名と旧東海道に沿って名古屋に達している。湊町～奈良間は複線、奈良～名古屋間は単線であった。

◎ 日帰り参拝の実現へ

　大軌は会社設立まもなくから伊勢方面への進出意図を持っていたようで、奈良線開業後の経営不振による債務整理を完了後の大正9年には開業免許を申請している。

　大軌の前身、奈良軌道は明治39年に創立されたが、明治40年11月の私鉄国有化以後の電鉄ブームの中、大阪から国民的人気のある伊勢神宮へは、急峻な山越区間が長く、総延長も150kmあって多額の建設資金を要するにもかかわらず、大軌以外にも民間による伊勢や名古屋方面への路線建設の申請が多くなされていた。

38 ── 高速電車鉄道の建設

大軌は、大正8年に奈良線足代(現・布施)〜恩智〜信貴山口間の信貴線、大正9年には恩智〜八木間の八木線を申請した。奈良線足代から河内平野を東南方向に横切って生駒山地の南端で大和川を渡り、奈良盆地に入り、奈良線西大寺から延びる大軌畝傍線の八木に至るルートである。そして八木からはまっすぐ東に向かって大宇陀から奈良・三重県境の1000m級の高見峠を越えて直接伊勢に到達するルートで、八木〜伊勢間約98kmの単線電気軌道、大阪〜伊勢間を3時間で結ぶ計画であった。

　在阪の私鉄が都市間連絡および郊外鉄道であるのに対し、遠く伊勢参宮への路線を意図し、当時の省線で片道5時間、1泊以上の行程を、電車の特性である高速性と登坂力、そして最短経路の路線により所要時間を3時間にして、「日帰り」参宮を実現するという、新しいお伊勢参りの新ルートを意図し、さらに将来、名古屋への進出も計画していた。

　その後信貴線は、布施〜国分〜王寺〜郡山間、八木線は国分〜八木間に変更申請されて、大正10年9月に特許が交付され、畝

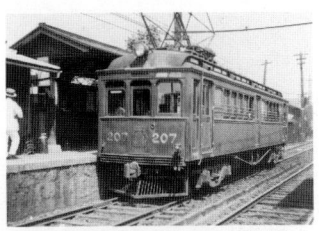

布施〜八木〜桜井　概略図

八尾行の201形電車。昭和3年の鶴橋駅

建設工事中の桜井駅。近鉄では初めてコンクリート製の高架橋が施工された
写真提供／近鉄資料室

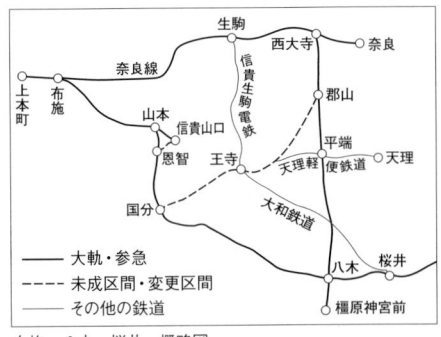

傍線開業直後に建設を開始し、布施〜国分〜畝傍線八木(西口)間を八木線として昭和2年7月に開通した。国分〜郡山間は未成で終わった。

◎ 伊勢への路線免許を申請

　八木以東については、大和鉄道、大阪鉄道など複数社が伊勢進出を競願していることや、省線の関西本線、参宮線そして建設予定の名松線に影響するため特許は下りず、大軌による路線免許の取得は難航していた。

　そのうち王寺〜桜井間を運営する大和鉄道が申請した桜井〜名張間に大正11年6月に特許が交付された。そこで大軌は独自での免許の取得は困難であると判断し、大正14年大和鉄道を資本傘下に入れ、大和鉄道により名張〜宇治山田間の路線免許を申請し、さらに大軌として八木〜桜井間の路線免許を申請した。この申請にも鉄道省は依然難色を示したものの、沿線自治体からの推進請願が出され、ともに昭和2年4月に特許が交付された。

　昭和4年1月には大軌八木〜桜井間が複線開業した。既設の八木線(布施〜八木間)は奈良線と同じ規格で建設され、ポールの奈良線の車両が走っていたが、八木〜桜井間の建設工事に合わせて軌道間隔の拡幅や1500Vへの昇圧など路線の高規格化がおこなわれ、布施〜八木〜桜井間が全線複線の桜井線となり、パンタグラフ装備の19mの

大型車デボ1000形・デボ1100形が投入され、翌5年には20mの大型車デボ1200形・デボ1300形が増備された。布施と次の俊徳道（しゅんとくみち）の間には600Vと1500Vのデッドセクションが設けられた。昭和5年10月には、伊勢への開業を控えて上本町駅の南側に5・6番線が増設された。

◎ 関西鉄道の国有化と参急線

省線関西本線の前身の関西鉄道は湊町〜名古屋間をメインラインに片町線、城東線、草津線、奈良線、桜井線、和歌山線そして参宮線（亀山〜津間）を運営しており、現在の近鉄と同様、大阪府、奈良県、三重県を主なエリアとする大私鉄であった。

明治33年（1900）6月に関西鉄道は大阪鉄道を合併し大阪・湊町〜名古屋間が全通すると、関西鉄道は乗客の誘致のため運賃値下げやお伊勢参り用の往復割引乗車券の発売などをおこない、官鉄・東海道本線と運賃合戦を展開した。さらに弁当、手拭の配布や客引きなど、熾烈な競争がおこなわれた。明治37年2月に日露戦争が勃発して、ようやく競争に終止符が打たれたが、この競争は鉄道史上でも有名なエピソードであった。

関西鉄道は湊町〜奈良、京都〜奈良、天王寺〜大阪、名古屋〜河原田を電化する予定であったが、明治40年の国有化で電化は頓挫した。当時の鉄道院は名阪間のメインはあくまで東海道本線とし、関西本線は地域交通を主とする路線とされ、明治41年3月湊町〜柏原間、大正3年3月奈良〜木津間、大正15年7月に柏原〜奈良間が複線化された程度で、以後関西本線への設備投資はおこなわれず、ほとんど明治の建設時の設備であった。

このような関西本線の競争力のなさが、結果的には参急線の建設につながり、かつ近鉄の繁栄に影響しているといっても過言ではないだろう。

◆ 高速路線の建設

八木以東の路線は、先述の大正9年の山間のみの申請ルートとは異なり、大和鉄道が取得した桜井〜名張間と、その延長ルートとなった。当初の高見峠より約30km北寄りの奈良から伊勢への伊勢北街道沿い、通称初瀬（はせ）街道沿いの青山峠越えのルートで、名張・松阪など都市経由となった。

◎ 初瀬街道、青山峠越えのルート

新ルートは、奈良盆地の東端の桜井から北東に進み、笠置山地の南部、宇陀山地の山間を登って伊賀の国、名張盆地に入り、伊賀盆地の南端から鈴鹿山脈の南に連なる布引（ぬのびき）山地の急峻な青山峠を越えて伊勢平野に出る路線である。桜井から宇治山田までの路線距離も約100kmと長いため、巨額の建設費用がかかることから、大軌は別会社、参宮急行電鉄（以下、参急）を設立し、参急により路線建設がおこなわれた。

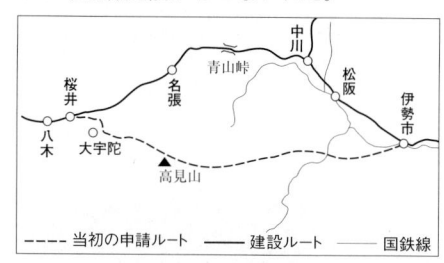

── 当初の申請ルート ─── 建設ルート ─── 国鉄線

参急は大軌の社長が兼任のうえ、役員の兼務者も多く、また本社も同じ建物内であり、さらに社内誌の表題も「大軌・参急」で、大軌・参急は緊密な運営体制をとっていた。

◎ 高速・高規格路線

参急は技術者を米国へ派遣し、調査、研究により、当初申請時の電気軌道線ではなく、米国の最新技術や基準を採り入れた高規格の高速電気鉄道を計画した。大阪〜伊勢間の所要時間は大正9年の当初申請では3時間であったが、この新線では2時間と大幅短縮が計画された。

お伊勢参り

伊勢神宮の正式名称は、単に「神宮」であり、皇大神宮の「内宮」と豊受大神宮の「外宮」を中心に14の別宮と摂社、末社そして所管社など、あわせて125の社で構成される日本最大の神宮である。

「日本書紀」によれば垂仁天皇26年(紀元前4年)に天照大御神が伊勢の国度会五十鈴川の川上に鎮座され、皇大神宮であり総氏神であるのが「内宮」である。伊勢市中心部の東南約4キロの宇治にある。

約500年後の雄略天皇22年に天照大御神の食事にかかわる食物神であり、農耕など諸産業神の豊受大神が、度会の山田が原に鎮座されたのが「外宮」である。近鉄・JR東海の伊勢市駅の南600mの伊勢市中心部にある。

● 一生に一度のお伊勢参り

伊勢神宮は天皇家の神宮であったが、平安時代末期になると、神宮の神職である権禰宜が京や地方に出向き、武士などに武運長久などの祈祷や神宮への寄進をすすめる運動をおこない、神宮の信仰が武士層から庶民に広まっていった。

江戸時代はお伊勢参りの最盛期となった。全国の信者が伊勢に向かうようになり、権禰宜のちの御師が組織した全国の「伊勢講」や「神明講」の会員は、年ごとに順次お伊勢参りに行く者数人をくじ引きで決め、講の共済積立資金によりお伊勢参りに行く仕組みであった。お伊勢参りは制約のある幕藩体制のなかでの合法的な観光旅行でもあって、一生に一度の大願望であり、また大散財でもあった。

御師は神宮の神職と宿屋と旅の世話人を兼ねるようになり、お参りだけでなく遊興の世話などもした。

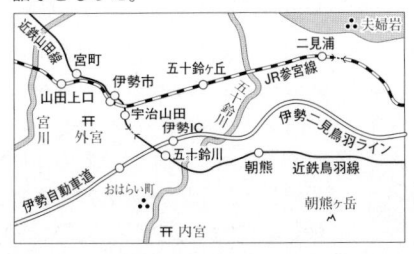

内宮の門前町として参宮街道沿いに栄えた「おはらい町」。江戸末期の伊勢路の風情を再現している

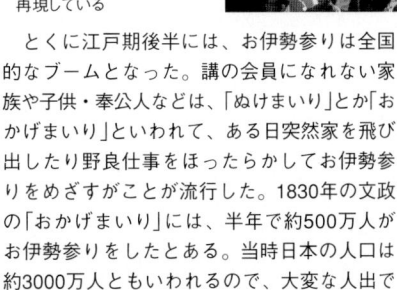

とくに江戸期後半には、お伊勢参りは全国的なブームとなった。講の会員になれない家族や子供・奉公人などは、「ぬけまいり」とか「おかげまいり」といわれて、ある日突然家を飛び出したり野良仕事をほったらかしてお伊勢参りをめざすがことが流行した。1830年の文政の「おかげまいり」には、半年で約500万人がお伊勢参りをしたとある。当時日本の人口は約3000万人ともいわれるので、大変な人出であったことになる。

● 明治以降のお伊勢参り

ところが明治になると神宮は国家管理となり御師制度が禁止され、お参りブームは終息していった。しかし明治政府の定着に伴い天皇の崇拝や国威の発揚などから内宮、外宮を合わせた伊勢参宮参拝者数は次第に増えていき、明治中・末期で年間百数十万人、大正7年には200万人を超え、昭和2年の金融恐慌で減少したものの昭和4年の式年遷宮では380万人に達し、参拝者数は大きく増加していった。

江戸時代には、いわゆる伊勢街道が整備され、大阪・奈良方面からは伊勢本街道、伊勢北街道(初瀬街道、阿保越え)、伊勢下街道(南街道、和歌山街道)の3街道、江戸や名古屋からは東海道の四日市・追分から参宮街道となり、戦前は東京～内宮間が国道1号線であった。京都からは東海道の鈴鹿峠の麓、関宿より伊勢別街道を経由して参宮街道に入った。

伊勢神宮の参拝は、本来、内宮、外宮の両宮を訪れるのが通例であるが、明治中期の統計以後では、外宮が内宮より若干参拝者数が上回っていたが、東海道新幹線開業の昭和39年より内宮の参拝者数が多くなり、以後内宮は増加しているものの、外宮は横ばいが続く。現在内宮と外宮の比率は7対3となっており、片方のみのスピード参拝の傾向である。

他の神宮や神社では年間参拝者数の90％以上は正月の初詣参拝者で占められるが、伊勢神宮では約40％に過ぎず残りは2～12月の参拝者数となっている。

参急は、大和鉄道が取得した桜井〜宇治山田間の路線免許を譲り受けると同時に、軌間を1067mmから1435mmの標準軌への変更など、大和鉄道と同様のローカル線的な規格を、参急線の高規格路線に変更の認可をおこなって、昭和3年3月に建設工事が着手された。

長谷寺〜榛原間の大築堤。現在でも山間区間では大規模な建設工事の様子を見ることができる

　高速路線を目指すため、基本的に直線線形を主体とし、曲線部も緩やかな大半径曲線とするため、山間部でも山や谷や河川などを迂回した急曲線とはせず、トンネル、切通し、曲線橋梁そして盛土などの工法が多用され、さらに勾配部も電車の特徴を生かした、地方鉄道法の最大勾配限度の33‰の急勾配が多用された。最高速度は当時最高水準の110km/hとされた。現在でいえば新幹線に匹敵するような新線の出現であった。

　参急線の33‰連続急勾配は現在においても特徴的であり、長谷寺〜榛原（はいばら）間の約10kmを始め、榛原〜三本松間の10kmや山岳区

青山トンネルの西坑口工事。当時の金森社長の筆による扁額が掲げられている

伊賀上津〜西青山間の三軒家橋梁工事
写真提供／近鉄資料室

間の伊賀上津〜伊勢石橋間の20kmでも33‰が多用され、榊原温泉口の先、新寒谷トンネルの出口付近には34.2‰の最大の勾配がある。

　さらに12のトンネルと谷深い橋梁が造られ、難所の青山峠越えは生

大三〜榊原温泉口間にある34.2‰の勾配標

駒トンネル同様、長大トンネルによるルートが決定され、昭和5年12月、単線の青山トンネル3432mが掘削され、生駒トンネル3388mを抜いて当時では私鉄最長のトンネルとなった。昭和44年開通の西武秩父線の正丸トンネルに最長の座をゆずったが、昭和49年には複線の新青山トンネル5652mの開通によりまたも最長となった。現在では北越急行の赤倉トンネル10472m（単線）が最長である。

◎より高速路線形への挑戦

　参急線は、山間部や田園地帯などを走るため、路線の建設は都市部に比べると用地の取得や工事が容易ではあったが、より高速路線形とするために計画の変更の努力がなされた。

　名張盆地では、省線関西本線の伊賀上野から名張間の伊賀鉄道が大正11年7月に全通していたが、参急線の進出の認可の条件として、影響をうける伊賀鉄道の買収か補償が提示され、大軌は昭和4年3月に合併して伊賀線とした。伊賀線の名張駅は城下町名張の中心地にあったが、参急線名張は市街を避けた町の南側の丘陵の上に計画された。伊賀線に接続しないので町民の反対もあったが、高速路線と名張車庫の設置のため結局現路線となり、伊賀線の名張は西名張となった。

　伊賀線はその後、昭和4年4月に参

昭和4年10月に桜井〜長谷寺間が開通。開業当初の長谷寺駅。付近の様子は現在でも大きな変化は見られない
写真提供／近鉄資料室

急に賃貸され昭和6年9月には参急に譲渡された。名張の先の伊賀神戸では参急線と伊賀線が同一駅のため、ほぼ並走する伊賀線の西名張〜伊賀神戸間は閑散線区となり、昭和39年10月に廃線となった。

伊勢平野は一面の田園地帯であり、丘陵もないので一番高速度が発揮できる区間であるが、以下のような建設のエピソードも多い区間でもあった。

伊勢平野の入口、大三〜松阪間は当初の計画線が昭和3年に大幅に変更された。現行線は大三から南東方向に進み、直接中川、松阪に至るが、計画線は大三よりほぼ東に進み七栗村、戸木村と現在の久居市西郊から市街南の本村に至って南東に方向を変え、桃園村、豊田村を通って伊勢湾に近い小野江村から南下、天白村、松崎村、米ノ庄村を経由して松阪市に至るものであった。

しかしこのルートは松阪、伊勢へは大回りであり、小野江村〜松阪間は省線参宮線や建設中の伊勢電鉄線と並走しているため、

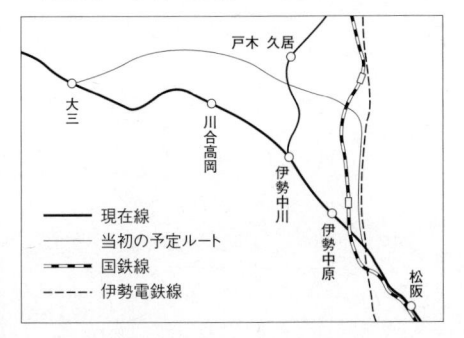

ルート短縮と工期・建設費も節約できる現行の大三からすぐ伊勢平野に出る南東寄りの川合高岡〜中川〜中原〜松阪へとショートカットされたルートとなった。

松阪〜山田間では、明治の中期の省線参宮線の前身・参宮鉄道の建設では、旧参宮街道の住民が反対したために参宮鉄道は松阪より南に3〜4km迂回して山田へ至った。ところが街道の住民は時代の流れとともに鉄道の必要性を痛感し、参急線を参宮街道沿いのルートとするよう請願や土地取得の協力があり、参急線は当初の伊勢湾岸寄りのルートから内陸の街道沿いにルート変更され、結果的には松阪〜伊勢間はほぼ一直線の現在のルートとなった。

◎ 参急線の開通

青山トンネルの開通を最後に、昭和5年12月20日大阪・上本町〜省線(*)山田間が開通し、6年正月の伊勢神宮初詣参拝客の輸送を開始した。同じ12月に後述の伊勢電鉄の松阪〜大神宮前間も開業した。残っていた山田〜宇治山田間は昭和6年(1931)3月17日に完成し、全線が開業した。ここに大軌は奈良線に続き第二の目標、伊勢進出を果たした。

[＊官鉄は鉄道院の所管であったが、大正9年鉄道省に改組されたので、以下省線という。]

上本町〜宇治山田間は137.3kmで、省線関西本線・参宮線の天王寺〜山田間より31.7km短くなった。上本町〜山田間の最速列車は急行で、下り2時間42分、上り2時間45分で結び、関西からの日帰り参拝が実現することになった。この他、直通列車は、桜井〜宇治山田間が各停の準急が1時間ヘッド、所要時間3時間で運行された。

上本町〜宇治山田間のうち上本町〜布施間は大軌奈良線で600V区間であり、1500V用の参急車両は複電圧装置がなく、低速を余儀なくされた。桜井〜宇治山田間は参急

43

本線といわれ、桜井〜名張間は複線、名張〜中川間は単線、中川〜宇治山田間は複線であった。

この頃の伊勢神宮への年間参拝者数は、式年遷宮の昭和4年は380万人であったが、昭和5・6年は、遷宮後と金融恐慌以来の経済不況により参拝客が15％程度減少した。開業直後の参急・伊勢電鉄ともに参宮の利用客は、年間参拝者数の減少と省線のがんばりもあり、盛況とはいかなかったようだ。建設コストの負担のうえに参宮客以外は沿線が山間部のため人口過疎地域で利用者が少なく、参急は昭和6・7年度の決算が赤字となり人員整理や運行コストの低減対策をおこなっていた。

◎ 省線山田駅と参急宇治山田駅

省線山田駅、現在の伊勢市駅は、伊勢市の中心部に位置し、伊勢神宮外宮の真ん前500mのところにあり、駅前からは路面電車の「神都電車」が外宮から内宮、二見ケ浦へ通じており、また省線参宮線は山田よりさらに東に延びて、二見を経由して鳥羽まで達していて、まさにお伊勢参りと伊勢志摩観光の玄関口であった。

宇治山田まで全通時のポスター。「優秀ローマンス・カー運転」とある　写真提供／近鉄資料室

山田駅前。3階建ての旅館が連なり、中央を神都線が走る独得の景観が見られた　写真／中野本一

駅前から外宮前までの数百mの門前道路は、単線の神都線が走り、両側には木造3階建ての旅館や土産物屋が立ち並び、外宮への参拝客で賑わった。しかし参急や省線快速列車による日帰り参宮の実現は、省線山田駅前や二見の旅館に大打撃を与えた。

参急の山田駅は省線山田駅の北側に併設されたが、省線の機関区や留置線があるので改札口より100mほど跨線橋を渡ると相対式のプラットホームがあった。

参急はさらに山田駅の先、省線を南にオーバークロスして山田駅の玄関と同じ並びの南東600mの地点に独自の宇治山田駅を建設して終点とした。宇治山田駅は省線山田駅とは少し離れているものの、外宮までは600mの距離にあり、駅前には外宮、内宮そして二見に通じる神都電車線が通っており、参拝客には至便な場所で、当初の停留所は「岩渕町」であったが「参宮急行前」に変更された。宇治山田駅の駅舎は、伊勢の表玄関として風格のある瀟洒な洋風3階建てのビルディングで、参急の伊勢への意気込みが感じられる。建設70年後の平成13年には、登録文化財に指定された。

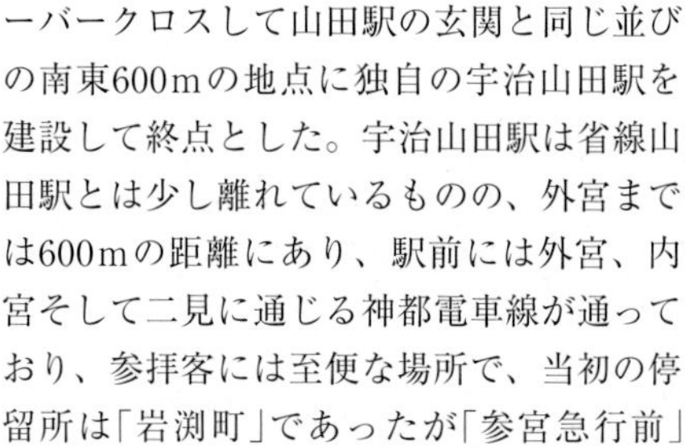

お伊勢参りの玄関口にふさわしい、風格のある宇治山田駅が建設された　写真提供／近鉄資料室

昭和初期 関西での新規開業の電鉄

従来の私設鉄道法や軽便鉄道法に代わり、大正8年には地方鉄道法が成立して都市間や基幹都市近郊ばかりでなく地方都市へ進出する路線が登場してきた。さらに大正末期になると全線新設軌道、プラットホーム方式の乗降、自動開閉式の客室扉などの安全面の向上や強力主電動機、高速台車、パンタグラフ集電などの走行性能やブレーキ性能の向上などの技術の進歩により100km/h以上の速度が可能となってきた。

このような背景のなかで都市の2地点間を可能な限り直線で結び、高性能の電車により高速度運行し短時間で到達を図るコンセプトで建設されたのが、新京阪鉄道(新京阪)、阪和電気鉄道(阪和)そして参宮急行電鉄の路線である。2地点優先のため、途中の経路は直線の線形を採用しやすい当時の過疎地域、田園・丘陵地帯を経由している。参急のデ2200形と同様に新京阪のデイ100形、阪和のモヨ100形はこれら高速線にふさわしい高性能車両であった。ともに主電動機出力は当時最大の200HP(150kW)であり、魚腹枠形台枠やリベットづくりの車体はいかつい重戦車のようで、まさに電車の王者の風格があった。

一方既存線でも、南海鉄道は山手側に建設中の阪和電鉄に対抗して大型・強力の301系を新造し、阪和電鉄の開業前年の昭和4年より特急に投入した。また大正9年7月開業の阪神急行電鉄(阪急)、神戸線も省線・東海道本線、阪神電気鉄道線と大阪～神戸三宮間で競合しており、昭和5年に高速車900形を投入、路線形も良いので100km/hのスピードで特急運転を開始。共に都市間高速鉄道の仲間入りを果たした。

これら参急のデ2200形、新京阪のデイ100形、阪和のモヨ100形、南海のモハ301形、そして阪急の900形は戦前の関西私鉄の名車と言われており、今なおオールドファンには根強い人気がある。

旧新京阪の阪急京都線ではデイ100系による超特急の運転が昭和5年に開始された。100系による特急は戦後まで見られた　高槻市　昭25.10.2　写真/羽村 宏

阪和電鉄が和歌山への開業に当たり昭和5年に製造したモヨ100形、天王寺～東和歌山間45分の超特急は当時日本最速だった。国鉄阪和線となってからも買収国電として活躍した　旧モヨ106 鳳　昭29.10.5　写真/佐竹保雄

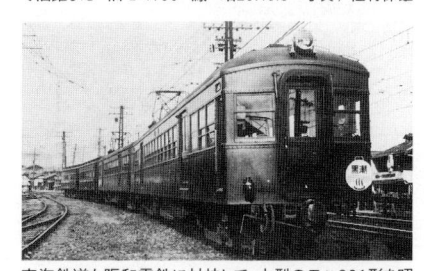

南海鉄道も阪和電鉄に対抗して、大型のモハ301形を昭和4年から特急に投入した。南紀直通の「黒潮」号にも用いられた　難波　写真所蔵/藤井信夫

[新路線]

開業時社名	現社名	区間	営業距離	開業年	高速車両
新京阪鉄道	阪急	天神橋～西院	41.4km	昭和3年	デイ100形
阪和電気鉄道	JR西日本	天王寺～東和歌山	61.2km	昭和5年	モヨ100形
参宮急行電鉄	近鉄	桜井～宇治山田	97.4km	昭和6年	デ2200形

[既存路線]

高速車両出現時 現社名	区間	製造初年	高速車両
南海鉄道　南海	難波～和歌山市	昭和4年	モハ301形
阪神急行電鉄　阪急	梅田～神戸(上筒井)	昭和5年	900形

大軌・参急の特急列車運転
昭和7年(1932)

◆ 名車2200系と特急ブーム

参急線の開業に当たって新造された4形式の車両がデ2200一族、現代風には2200系である。路線の建設と同様に、参急の車両への意気込みも高く、その外観とともに当時の最新の技術と新機軸が盛り込まれ、電車史上画期的な車両のひとつである。

◎ 画期的な豪華・大型・高速電車

デ2200形は両運転台付きの電動客車で、長距離走行のため、車体は従来車より大型・長大化した。昭和3年に登場した初の20m車である大阪鉄道の500形や、昭和4年登場の南海301系に次ぐ20m車で、車体長は19.720m、連結面間長20.520mと当時最大の電車となった。車体の両端寄に設けられた2つの客用扉間には幅800㎜の窓が16個あり、両端の3窓分はロングシート、中央10窓分はクロスシートだった。長距離を走るため固定・対向のゆったりしたクロスシートは当時の省線2等車並みの座席で好評を得た。

大軌奈良線などの15〜19m車両のなかで、ひときわ大きく、浅い屋根とズラッと並んだ16個の窓により、流麗感のある車体は、大きなパンタグラフとあいまって、参宮急行にふさわしい豪華電車であった。さらに当時の汽笛では珍しいダブルタイフォンの柔らかさと重厚さを感じさせる音は、その存在感をさらに増してくれた。

パンタグラフ寄り先頭の運転台は全室であるが、反対側の運転室は半室で、一方の半室にトイレが設置されたので、前面から見ると運転室はガラス窓、トイレの前面部分は窓がないという他には見られない、当車を特徴づけるスタイルであった。

◎ 私鉄最長、6両編成列車の出現

長編成列車を前提に4形式が製造されたのも特徴で、電動車(Mc)、荷物合造車(McF)、付随車(T)、制御車(Tc)の4形式の車両による。最大6両編成の場合、宇治山田

電車史にその名を馳せる2200系。デトニ2300形を先頭に20m6両編成の堂々とした電車列車の出現であった　写真所蔵／吉川文夫

サ3000形の室内。扉間中央部にはクロスシートが並んだ
写真提供／近鉄資料室

デ2200形、デトニ2300形台車
H-22（KS-33L）

サ3000形 台車　H-32（KS-76L）

側より、デトニ2300＋サ3000＋デ2200＋デ2200＋サ3000＋デ2200が基本編成で、デトニ2300は必ず宇治山田側先頭車となり、この時代の私鉄としては例を見ない長大編成であった。ただデトニ2300の代りに、デ2200やク3100が先頭の編成もあった。参急線の全列車に運用され、編成両数も単行から最大6両となった。普段は特急、急行、準急は2〜3両編成が中心で、週末、初詣等の多客時に特急、急行の6両編成が見られた。

デトニ2300形は両運転台、荷物室、特別客室、一般客室そしてトイレ付きの合造電動車で8両が製造され、サ3000形は付随客車で17両、ク3100形は片運転台付きの制御客車で5両、そしてデ2200形27両の総勢57両製造され、当時主流の半鋼製であった。

◎ **最新の車体構造の採用**

昭和初期における車体構造は、堅牢なトラスロッド型や魚腹型の台枠の上に箱型の客室が取り付けられたものであったが、2200系は台枠だけではなく箱型車体の側面部分にも垂直荷重を負担させる構造、つまり当時では先進的な台枠枕ハリ間において車体側構にも垂直荷重を負担させる床受ハリ構造とした。のちの張殻構造の先駆け的な車体構造が採用されて、車体構造の軽量

化や車端での衝撃強度などの強化も図られた。

魚腹台枠である昭和2年製の新京阪のデイ100形では19m車で自重が52.4tであったが、20m車で重量機器を装備したデ2200形は自重47.5tと軽量となり、台枠の下面はトラスロッドや魚腹型の中バリのような出っ張りがなくなったので、高速度走行や勾配の登坂・降坂に必要な制御機器や抵抗器など多くの床下機器の搭載が可能となった。

しかし完成後に4形式とも構造の強化がおこなわれた。客用窓下の腰板帯（ウインドシル）が強化されて、製造時よりシルが太くなり、溶接によりリベットがなくなったので、車体全体の感じが登場時の華奢な感じが薄れ、より力強さが増したようだ。登場時の姿はわずか2年程度であったので、その変化に気づいた人は少なかったのでは

宇治山田駅に到着した2201ほかの急行電車　　　写真提供／近鉄資料室

47

デトニ2300形は両運転台、荷物室、特別室、一般室、トイレ付の合造電動車。特別室は特別料金を徴収。窓枠はオレンジ色に塗られた
写真所蔵／吉川文夫

同じ昭和5年登場の省線横須賀線専用車の32系の6形式は、両端2扉、クロスシート、ロングシートの配置が参急2200系と同様であった。しかし搭載機器の少ないクハ・サハ・サロなどは省線初の20m車となったが、電動車のモハ32形はそれまでの17m車とされた。そして昭和7年、片町線に登場したモハ40形は省電では最初の20m電動車となり、以後省電・国電は20mが標準となった。参急2200系は旧来のトラスロッド型や魚腹型の台枠に代わる新しい車体構造車・20m車のパイオニアといえるのではないだろうか。

◎ 最新機器を搭載

電動車のデ2200形、デトニ2300形には平坦線最高速度110km/hの高速走行と山間部の10km以上の33‰連続勾配で釣合速度65km/hの走行性能を持つため、当時最大級の主電動機200HP(150kW)が装備された。制御装置はABF型電磁空気式単位スイッチ式弱界磁付で、下り連続急勾配を空気ブレーキのみではブレーキシューや車輪が摩擦熱により損傷や破損の恐れがあるので、停止用ではなく抑速用として発電制動装置が付加された。

このため床下には発電電力を熱放出するための沢山の抵抗器が搭載され、車両自重をさらに大きくしていた。

制動装置はアメリカのウエスティングハウス社（WH社）が10両以上の長編成用に開発したもので、応答感度が高く作用伝達が迅速なU自在弁を使用したAMU型自動空気ブレーキ（制御車はACU・付随車はATU型）で、台車は住友製H-22(KS-33L)型鋳鋼製台車枠イコライザー式台車など、当時の私鉄電車では最新の純国産の機器が搭載された。

デトニ2300形の荷物室、特別室、一般客室の合造車体は数少ないユニークな豪華車両であった。特別室は2室あり、一般客には特別料金を徴収したが、要人や賓客用としても使用され、お伊勢参りの電車ならではの豪勢な車両であった。サ3000形付随車は当時では他の電鉄では見られない完全中間車両として製造された。

参急線の開業当初、上本町駅は2200系6両編成が停車できるプラットホーム長ではなかったので、6両編成による運行の場合は、3両単位で続行運転し、名張で6両編成にし

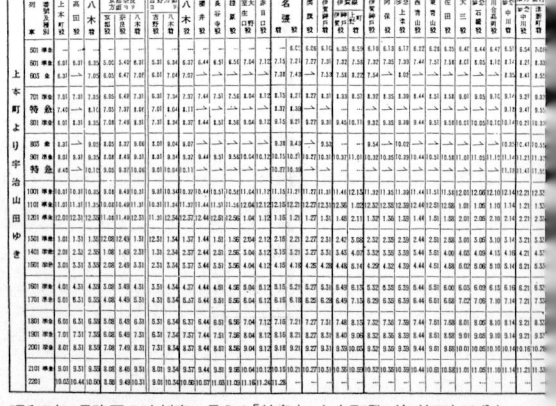

昭和7年1月改正の時刻表に見える「特急」。上本町発が午前7時40分と9時40分の2本であった
資料提供／近鉄資料室

て宇治山田に向かっていた。宇治山田発はこの逆である。昭和8年12月には上本町駅の6番線ホームの延伸と7番線が増設されて6両化工事が完成し、分割の運用はなくなった。この時点での6両編成が停車可能駅は、鶴橋、中川、松阪、宇治山田であった。

◆「特急」の登場

参急開業時の大阪～伊勢間の直通列車は、7往復の急行と、桜井～宇治山田間は各停となる準急が、それぞれ1時間ヘッドで運行されていた。

◎ 伊勢まで2時間

参急開業約1年後の昭和7年1月1日に特急列車が登場した。車両は2200系であるが、特急料金は不要で、特別仕様の特急専用車ではなく、車両の限定や特別塗装はされず、他の急行、準急、普通と共通運用された。編成は通常2～3両で需要に応じ最大6両編成で運転された。デトニ2300の特別室は開業当初より特別料金が徴収された。

特急は、上本町発午前7時40分と9時40分、宇治山田発午後3時40分と5時40分の上下2往復で、停車駅は八木、名張、中川、山田、所要時間は2時間1分で、従来の急行に比べ40分、改正後は30分の短縮となった。

開業約1年後の特急列車の登場は参急線の路盤の安定化や2200系の車体強化など、特急の運転条件が整ったことと、対抗の省線が昭和6年の4月、10月に時刻改正をおこない快速列車のサービス向上に対する参急側の対抗策でもあった。

ダイヤ改正前は、急行7往復であったが、改正後は特急2往復、急行2往復と減便され、サービス低下となった。経済不況による一層の経営合理化の影響であろう、しかし所要時間は急行で2時間30分、準急2時間40分と速くなっている。

◎ 競争激化と超特急「燕」の登場

昭和の初期は、第2の電鉄建設ブームの完成期ともいえる時期で、特に関西においては高速路線が建設され、高速性能の電車が登場し、より到達時間の短縮が可能な鉄道が出現した。いわゆる都市間連絡高速電気鉄道を目指したものである。

新京阪鉄道、阪和電気鉄道そして参宮急行電鉄がこの新設鉄道であるが、とくに京阪神・和歌山間では、既存の省線や南海鉄道・阪神電鉄などと完全に並行した路線であったので、競合路線間の競争を巻き起こし、さらに人口過疎地を通る新規鉄道線は、既存の競合線に優位に立つため高速車両を建造して、速達列車となる特急あるいは超特急を登場させてきた。

一方、昭和4年9月には省線の特急列車に初めて愛称が付けられ、全国で2本のみの東京～下関間の特急は、「富士」、「櫻」と命名された。さらに翌昭和5年10月には東京～神戸間に特急「燕」が新設され、最高速度は90km/hともいわれ、一般には超特急と呼ばれて人気を博し、特急ブームの幕開けの時代となった。私鉄界にも大いに影響して、利用客にも「速さ」を意識させることから「特急」の種別が採用されたと思われる。

第2次電鉄建設ブームの最後の参入である参急は、競合路線に省線があるとはいえ、所要時間や列車本数そして座席などで、参急が圧倒的に優位ともいえる立場であった。特急の必然性は薄かったと思えるが、関西電鉄の大手のメンツや最高の高速電車2200系を保持しており、ゆえに特急を運転させてきたのではないかと推測される。

この戦前の参急特急については、時刻表以外にはほとんど資料や記述がないが、これは省線より断然有利なこともあって特急の必然性は薄く、急行で十分であったためではないかとも思われる。

49

省線の参宮快速――参急の出現に対抗して新登場

　省線にとっても大阪〜伊勢〜名古屋間は、お伊勢参りや大都市名阪間の需要の多い魅力的な路線で、参急や伊勢電の伊勢進出までは独占状態が続いていた。不定期列車や団体臨時列車なども運転され、単線では応じきれない参宮線はすでに明治42〜44年に、鈴鹿川、雲出川、櫛田川、宮川といった大橋梁や、阿野田トンネルを避けた阿漕〜高茶屋間、松阪〜徳和間、相可口（現・多気）〜宮川間、および山田上口〜山田間を複線化していた。

　省線は参宮と伊勢電の伊勢進出に対抗するため、昭和5年10月の時刻改正により時間短縮や増発、そして列車種別は普通列車であるが、停車駅の少ない快速タイプの列車を登場させてきた。いわゆる参宮快速と呼ばれる列車であったが、次のような4ルートの快速列車があった。

　参宮快速（姫路〜鳥羽間）は参急の開業直前の昭和5年10月に1往復登場した。このルートは姫路から山陽本線、東海道本線を経て草津で草津線に入り、柘植から関西本線・参宮線で鳥羽に至るルートで、うち大阪〜山田間は179.2kmと参急より42km長かった。一見遠回りのルートであるが、関西の大都市、神戸、大阪、京都を経由するため多くの需要を見込めるルートであり、参急とは大阪〜伊勢間では競合するものの、神戸以西、京都〜伊勢間では乗換えがなく所要時間も短いこの快速が参急より有利であった。

　従来は京都〜鳥羽間の普通列車で京都〜山田間を5時間かかっていたが、快速の新設で大阪〜山田間の所要時間は3時間4分となり日帰り参拝が可能になった。開業時の参急急行の2時間40分には及ばないものの、表定速度は60km/hと高く、省線としては大幅な短縮を図った。昭和9年には最速2時間52分の列車もあったが、おおむね3時間前後で推移した。

　昭和6年10月には簡易食堂車が連結され、さらに神戸発着の1往復が増発されたが、まもなく姫路発着に変更され、2往復となった。簡易食堂車は日中戦争勃発後の昭和13〜15年中に廃止されている。また不定期快速列車も京都発着2往復、大阪発着1往復が設けられ、大阪発は夜行であった。普通列車も増発され大阪〜鳥羽間が2往復となった。めずらしい列車では夜行の宇野〜鳥羽間の普通列車があった。さらに昭和10年12月の改正では下り京都〜山田・鳥羽間4本、上り鳥羽・山田〜京都・大阪間5本に増発されている。

　参宮快速（湊町〜鳥羽間）は関西本線・湊町〜亀山、参宮線・亀山〜鳥羽のルートで省線大阪〜伊勢間のメイン列車であり、参急開業前は快速列車3往復、普通列車3往復が設定されて最盛を誇っていたが、所要時間はそれぞれ約5時間、約6時間かかっており、日帰りは無理であった。

　参急の登場に対抗し昭和5年10月の時刻改正で快速は天王寺〜山田間で3時間30分、普通は5時間に短縮され、快速での日帰り参拝が可能なダイヤとなった。さらに昭和6年、9年と順次スピードアップを図り、快速は3時間に短縮された。姫路快速と同様、昭和6年

区間	経由線	列車本数（改正前）	所要時間（改正前）
① 姫路〜鳥羽間	山陽・東海道・草津・関西・参宮線	1往復（各停）	3時間（普通4時間〜4時間30分）
② 湊町〜鳥羽間	関西・参宮線	2往復（3往復）	3時間30分（5時間）
③ 名古屋〜鳥羽間	関西・参宮線	3往復（1往復）	2〜3時間（3時間）
④ 湊町〜名古屋間	関西線	下り1本（各停）	4時間40分（5時間30分〜6時間）

注：(各停)は快速タイプではない一般の各駅停車の普通列車。
＊所要時間は、① 大阪〜山田間、② 天王寺〜山田間、③ 名古屋〜山田間、④ 天王寺〜名古屋間の所要時間

10月より簡易食堂車が連結されたが、昭和9年12月の時刻表には表示がなく簡易食堂車は廃止されている。

参宮快速（名古屋～鳥羽間）は、関西本線・名古屋～亀山、参宮線・亀山～鳥羽のルートで東京発の夜行に接続する名古屋6時50分発の下り快速1本のみで、普通列車は約4時間かかっていたが、名古屋からの日帰り参拝は可能なダイヤであった。このルートは競合線がなかったが、昭和5年12月に伊勢電鉄が伊勢進出を果たし、さらに桑名～名古屋間の建設を目指していたので、省線は対応策として他の快速と同様に昭和5年10月の改正で快速を2往復に増した。また東京～鳥羽間の2等寝台車連結の夜行快速列車が1往復新設されている。所要時間は名古屋～山田間では2時間20分台で、これまでの普通列車に比べ大幅に短縮し日帰り参拝がより容易になった。昭和10年12月には最速2時間2分となった。

参急は昭和13年6月名古屋～大神宮前間開通時の特急の所要時間は最速1時間53分で快速より約10分早く、本数も1時間ヘッドで参急が有利であったが、これら省線の快速も健闘していた。省線名古屋は中部・関東・東北・北海道からの参拝客の窓口であり、大半の客は東京～伊勢間の直通列車を利用するか、他線より名古屋で参宮快速に乗り換えての利用であった。また省線の名古屋～伊勢間は、参急のように乗換えがなかったので、伊勢から名古屋・東京方面への用務客や名古屋～亀山間、津・松阪・伊勢・鳥羽間の用務・通勤・観光・伊勢参宮客にも利用され快速の需要は高かった。

名古屋快速（湊町～名古屋間）は、かつて関西鉄道当時には湊町～名古屋間の直通急行列車が

あったが、国有化後は普通列車のみであった。このルートも昭和5年10月より名古屋発湊町行きの快速列車1本が登場、名古屋～天王寺間の所要時間は4時間39分であった。昭和10年12月には2往復となり同区間は3時間1分と大幅なスピードアップとなった。

当時の東海道本線の特急「富士」・「櫻」が名阪間を2時間50分～3時間2分要しており、湊町～奈良間以外は単線で線路規格も低い関西本線を特急並みの所要時間で走る、この快速に対する鉄道省の意気込みが感じられた。参急は、特急廃止時の昭和13年12月の名阪連絡急行でようやく省線並みの最速3時間1分となっている。

以上の快速列車は、昭和10年12月の時刻改正以降は参宮線に定期6往復、不定期3往復の快速が走り最盛時を迎えた。しかし、これらのすべての快速は、昭和18年の戦時改正で廃止となった。参宮線の複線区間も昭和19年8月に鉄材供出のためすべて単線化された。

「大増発・快速化」と報じる当時の新聞記事
（昭和6年9月15日付『大阪朝日新聞』）　資料提供／竹田辰男

Ⅳ 大阪・名古屋・伊勢の長距離路線網の完成
昭和13年（1938）

◆ 名古屋への進出

　参急は、桜井～宇治山田間の路線免許の取得と同時進行で、名古屋進出にも取り組んでいた。

◎ 津支線の開通

　参急は当初計画の戸木～久居～津ルートに並行する津～久居～伊勢川口(＊)間の軽便鉄道、中勢鉄道を傘下に入れるとともに、中勢鉄道により久居～中川間、軌間762㎜の特許を取得した。現・大阪線川合高岡より約3km北東地点の戸木村より分岐して名古屋までの路線免許を申請しており、昭和4年に戸木村～桑名間の免許を取得した。

［＊伊勢川口は昭和6年9月に開業した省線名松線の駅でもあり、参急大三より南西約2kmの位置にある。］

　しかし名古屋方面への分岐地点は、先に述べたように当初の戸木村より参急線の路線変更により中川に変更され、さらに軌間を標準軌に変更のうえ、久居～中川間の特許は中勢鉄道より参急に譲渡された。分岐地点の中川への変更は、津からの線路も大阪方向ではなく伊勢方向に取り付けられ、名古屋・伊勢方向に直通が可能なルートで大阪を目指したものではなかった。

　中川～久居～津間は昭和4年より建設工事に着手し、参急線開業時の昭和5年5月には中川～久居間が開業し、昭和6年7月には久居～津新町間が開業、そして昭和7年3月30日に中川～津間の津支線が開業した。軌間は1435㎜で参急本線と同一規格の路線であった。

　参急津は省線津と併設されており、またこの時、部田から名称変更した伊勢電津は津駅の北東にあり乗客は省線や伊勢電鉄に乗り換えて三重県の北勢地区の四日市・桑名そして名古屋に行くことができた。

◎ 新京阪線との競合

　このように津支線は、宇治山田開業のわずか1年後の開業で、参急の名古屋進出への意気込みが表れている。これは昭和3年11月に大阪・天神橋～京都・西院間を開業した新京阪鉄道が、さらに京都南西の西向日町駅から分岐する大津延長線をさらに滋賀県日野から鈴鹿山脈を抜けて名古屋をめざす「名古屋急行電鉄」を設立し路線免許も取得していたことによる。当然、大軌・参急の名古屋進出と競合するわけで、参急は早急な路線着工を参急線の建設中から取り組まざるを得なかったのが実情ではないだろうか。

　しかし山崎付近で省線の超特急「燕」との

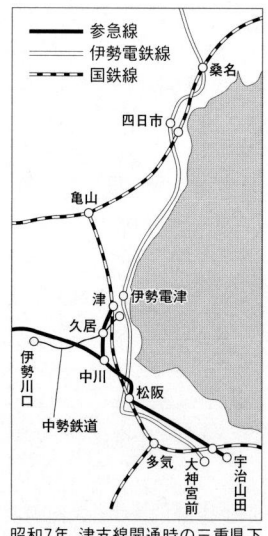

昭和7年、津支線開通時の三重県下の鉄道概要

競争を演じた新京阪であったが、昭和の大恐慌や人口過疎の沿線であり、建設資金の負担が加わって経営苦境に陥り、名古屋延長どころではなくなり、ついには昭和10年7月には名古屋急行電鉄は免許失効となってしまった。

◎特急増発と津特急の新設

特急運転開始3ヵ月後の昭和7年3月30日、津への延長開業による時刻改正がおこなわれ、特急は2往復増やされ4往復となった。増設の2往復の特急は急行の格上げで、停車駅も当初の4駅停車に松阪と外宮前(現・宮町)が加わり、所要時間は2時間5分〜9分と少し伸びた。これにより、大阪〜伊勢間の直通列車は4往復の特急と1時間ヘッドの準急となり、急行が廃止された。

さらに昭和8年10月7日の改正では、停車駅が全4往復とも鶴橋、高田、八木、名張、伊賀神戸、中川、松阪、外宮前、山田と急行並みとなった。所要時間は10分程度伸びて2時間17〜20分となった。鶴橋停車は、昭和7年省線大阪〜天王寺間の城東線の高架化に伴い大軌奈良線との交差部に鶴橋駅が新設され、昭和8年4月に奈良線の従来の鶴橋駅も0.3km西方の城東線の交差部に移設された。これにより大軌奈良線より省線大阪へは至便となり特急停車駅となった。また上本町〜津間の特急列車が1往復設定されたが、上本町〜中川間は上本町〜宇治山田特急に1両併結されて運行された。

◎特急の愛称「五十鈴」と「神風」

当時の参急は、特急の愛称にあまり執着していなかったのか、資料がほとんどないのが実状であり、「五十鈴」が1日4本の特急の愛称であったようで、週末の臨時特急にも同名の愛称がつけられていた。内宮を流れる五十鈴川にちなんだ名称である。

昭和12年5月25日付の大阪朝日新聞によれば、1日4本の特急のうち、津行き併結特急列車は「五十鈴川」の愛称で、他の3特急には昭和12年5月24日に「神風」の愛称がつけられた。これは昭和12年5月に朝日新聞社の飛行機「神風」号が東京〜ロンドン間の国際都市間飛行記録を樹立し、勇士とたたえられた2名の飛行士が5月24日に伊勢神宮参拝のため上本町より特急に乗車、これを記念して3特急列車は「神風」と命名された。

城東線の高架化にともない、大軌奈良線との交差部に鶴橋駅が新設された
写真提供／近鉄資料室

◆ 参急、伊勢電を合併

三重県の県都・津市と北勢の中心都市、四日市市の約30km間には、建設のいきさつから直行の省線の路線はなく、省線関西本線の亀山を経由して参宮線とで結ばれていた。この不便を解消するため、明治44年に伊勢鉄道が創設され、大正6年に四日市〜津間が開業。大正15年9月に伊勢電気鉄道と社名を変更し、同年、昭和元年12月に電化された。

◎伊勢電も伊勢へ延長

大正末期に参急が伊勢や名古屋方面への路線を申請しているなかで、伊勢電気鉄道(以下、伊勢電)も対抗上、名古屋〜伊勢間を開業すべく、名古屋〜桑名間、津〜伊勢間の路線免許の申請をした。昭和4年に桑名に延長し、現・近鉄揖斐・養老線の揖斐〜大垣〜桑名間の養老電気鉄道を合併した。さらに津〜松阪〜伊勢・大神宮前間の建設を急ぎ参急の伊勢開業と同時期の昭和5年12月に、伊勢電も伊勢延長開業を果たした。

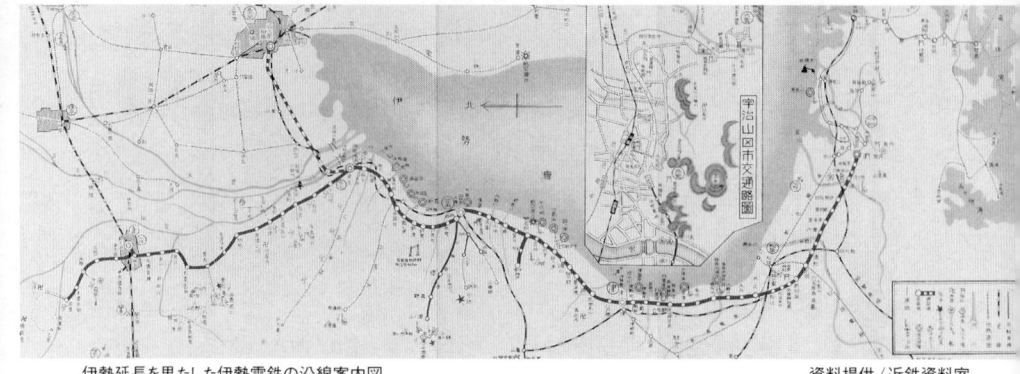

伊勢延長を果たした伊勢電鉄の沿線案内図　　　　　　　　資料提供／近鉄資料室

　一方の名古屋～桑名間については参急に免許が下りない中、伊勢電は昭和3年11月に路線免許を得た。名古屋～桑名間には、揖斐川・長良川と木曽川の3大河川が集中していて1000m級の長大橋梁2ヵ所の建設が必要であった。しかしちょうど計画線に並行する省線関西本線が、この2大橋梁を新しく架け替えたため、不要となった旧橋梁の払い下げを申請することとなった。

　参急としては、独自に中川～名古屋間の建設を申請・計画しているものの、新京阪の名古屋進出計画に対抗するためには、伊勢電鉄に接続してでも大阪～桑名(そして未成の名古屋)間の実績を先につくっておきたかったと思われる。伊勢電線に乗入れしたほうが早期に名古屋到達が実現し、新線建設より資金が軽減できることから、参急は伊勢電側に対し乗入れの提携などを模索したが、進まなかった。

◎ 伊勢線の誕生

　ところが伊勢電は突然の不運に見舞われた。払下げ申請の直後の昭和4年9月に伊勢電の熊沢社長が私鉄疑獄事件で収監された。熊沢社長は伊勢電の社長と伊勢電の主力銀行である四日市銀行の頭取を兼務していたが、相次いで辞任に追い込まれた。さらに昭和7年4月には四日市銀行が取付け騒ぎを起こし休業となった。このころ伊勢電は伊勢への延長による赤字と資金負担にあえいでいたが、主力銀行休業により一気に資金繰りが悪化し、銀行管理会社に陥った。三重県知事の伊勢電救済提案もあったが、最終的には鉄道大臣の斡旋により調停があり、①参急と伊勢電は合併し、②名古屋・桑名間の新線は新会社により建設する、③養老・揖斐線は養老電鉄に譲渡する、との合意がなされ、昭和11年9月15日参急により伊勢電は合併され、参急には桑名～津～大神宮前間が新たに伊勢線として加わった。

◎ 伊勢電の特急「初日」「神路」

　伊勢電は昭和10年12月より、昭和5年製伊勢開業時の急行用車231系(モハニ231形、クハ471形)により桑名～大神宮前間に特急料金を徴収しない特急を上下各2本設定。途中の停車駅は、四日市、伊勢電津(のちに部田と再改称)、津新地、新松阪で、1時間25分で走破していた。

　参急合併直後の伊勢電の本線(参急で伊勢線となる)の運行は旧伊勢電時代と同じであり、特急も継続運行されていた。

伊勢電の特急「初日」モハニ231形
写真提供／近鉄資料室

◆ 名古屋へ到達

桑名〜名古屋間23.7kmの未開通区間は、伊勢電合併時の合意により参急出資の関西急行電鉄(以下、関急)が昭和11年1月に設立されて、伊勢電が所有している昭和10年12月に認可された桑名〜名古屋間の免許の譲渡により建設工事が着手された。

木曽川橋梁を渡る、関急1形。のちのモ6301形となる
写真提供／近鉄資料室

◎ 関西急行電鉄の成立

同区間最大の難関の長大橋梁、揖斐・長良川橋梁(992m)、木曽川橋梁(864m)は伊勢電が鉄道省から払下げを受けた関西本線の旧橋梁を補強・改修したもので単線であった。終点の名古屋駅は省線名古屋駅の南東部の地下に、名古屋鉄道が当時建設中の新名古屋駅に隣接して設けられた。昭和13年(1938)6月26日に桑名〜名古屋間の全線が開通した。また同時に、参急津支線は津〜江戸橋間1.1kmを延長開通して、江戸橋駅で旧伊勢電線である伊勢線との連絡を

名古屋から大阪、伊勢への全通を伝える、昭和13年6月26日付『新愛知新聞』
写真提供／近鉄資料室

可能とした。津支線は標準軌、伊勢線は狭軌であり線路はつながっていないが、大軌・参急グループはここに大阪〜名古屋間189.5kmが全通し、私鉄による名阪間新ルートが出現し、念願の目標を達成することになった。

大軌・参急グループが当初の目標通り大阪、奈良、伊勢、名古屋を押さえたことは、同社の発展と近鉄特急の伸張の根幹を得たことになる。

◎ 名阪新ルートの完成

昭和13年の名古屋開通による時刻改正では、上本町〜宇治山田間の特急は従来通り4往復であったが、途中停車駅が鶴橋、中川の2駅と本来の特急タイプとなり、所要時間は2時間5〜12分であった。名古屋〜伊勢線・大神宮前間にも4往復の特急が設定され、所要時間は1時間53〜58分であった。

この名古屋〜大神宮前間には関急が開業用に製造した「関急1形」10両がデビュー(のちのモ6301形、モ5301形)、旧伊勢電の車両限界からモニ6231形(旧伊勢電モハニ231形)同様18m車であったが、2扉・両運転台、乗務員扉付の端正なスタイルで特急・急行に活躍し「緑の弾丸」と呼ばれ人気があった。

省線名古屋駅の南東部で進められる、関急名古屋駅の地下工事と、完成した地上駅舎
写真提供／近鉄資料室

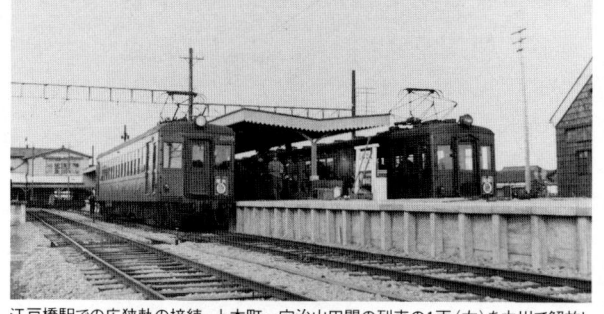

江戸橋駅での広狭軌の接続。上本町〜宇治山田間の列車の1両(左)を中川で解放し江戸橋まで乗り入れ、名古屋〜大神宮前間の列車と接続した　写真提供／近鉄資料室

また上本町〜宇治山田間の準急が廃止となり、代わりに1時間ヘッドで急行が復活した。伊勢線の急行も従来通り1時間ヘッドで設定された。

名阪間は朝夕の2往復が江戸橋で特急同士連絡をしていた。中川〜江戸橋間は上本町発着の特急併結列車であり、所要時間は3時間15〜17分であった。急行の名阪間は下り3時間15分、上り3時間30分で、下りは特急の所要時間と同じであった。

競合する省線関西本線の湊町〜名古屋間の快速列車は、天王寺〜名古屋間をすでに3時間1分で走っていた。この時点では参急による高速電気鉄道の俊足は発揮されていない。これは伊勢線がほとんど単線であって、参急本線(桜井〜宇治山田間)のような高速規格線ではなく、途中の津、四日市付近には急曲線による速度制限区間があった。さらに木曽川の三大河川の単線橋梁では対向列車と行違いの信号待ちが長く、老朽橋梁では50km/hの制限を受けるなど、江戸橋

参急線と伊勢電鉄線は松ヶ崎で交差、連絡していた。伊勢電鉄線の廃止後もガーダーが残っていた。現在、廃線跡は道路に転用されている　　　　昭45.3.30　写真／田淵　仁

以北での所要時間がかかったことと、中川で江戸橋行車両の解併結や江戸橋での乗換えというわずらわしさなどが起因している。

また参急本線と伊勢線は津(江戸橋)〜松阪〜伊勢間で並行しているが、大阪〜伊勢間は参急本線、名古屋〜伊勢間は伊勢線がそれぞれ運行の主体となっており、まだ相互の利便はあまり考慮されていないダイヤであった。

◎戦時体制による特急の消滅

昭和12年7月に日中戦争が勃発し、13年4月に国家総動員法が公布され戦時体制に対

特急の廃止後も急行により増加するお伊勢参り客に対応した。3102を先頭とする上り急行。長谷寺付近
　　　　　　　　　　　　写真提供／近鉄資料室

応する国家の統制・管理が始まり、私鉄関連では陸上交通事業調整法、電力国家管理法が公布された。列車の運行は軍需優先の体制がとられ、軍需工場などへの通勤輸送や貨物輸送は強化されたが、観光や閑散線区の輸送は制限された。

この結果、名古屋到達の半年後、昭和13年12月26日の時刻改正で大阪〜伊勢間、名古屋〜伊勢間の特急が全廃された。ここに昭和7年1月以来まる7年で戦前の特急は消滅することになった。

他の私鉄の例を見ると、南海では紀勢西線乗入れの「黒潮号」は昭和12年12月に廃止

されたものの、愛称名のつかない紀勢西線乗入れはいぜん昭和18年まで続いていた。都市間連絡や通勤、用務客が主体的な線区である阪和電鉄は鉄道省への合併もあり昭和16年まで、阪急神戸線・京都線では昭和19年まで特急が存続していた。このような環境のなかで参宮の特急は観光的な要素が強かったのか、比較的早期に廃止となったものと思われる。

◎名古屋〜中川間の直通化

特急廃止直前の昭和13年12月7日には標準軌の中川〜江戸橋間を伊勢線と同じ狭軌への改軌工事が、前夜の終電後、一夜のうちにおこなわれて、名古屋〜中川間が直通化された。これまでの江戸橋と中川での2度乗換えが中川乗換えのみに一本化された。

本格的な中川〜名古屋間の直通運転は、12月26日からのダイヤ改正からで、所要時間が短縮され、大阪、伊勢、名古屋間の連絡が一段と便利になり効果的な運行が可能となって、ひとつの鉄道会社としての運輸体系が確立された。

名古屋〜中川間には直通急行が新設され、上本町〜宇治山田間の急行とともにそれぞれ1時間ヘッドで運行された。中川で大阪と名古屋、名古屋と宇治山田間の相互連絡ダイヤで、大阪〜伊勢間の所要時間は特急並みの2時間5〜17分となった。

特に大阪〜伊勢間の宇治山田急行のうち3往復は停車駅を少なくした速達タイプの急行で2時間1〜3分と実質は廃止前の特急列車であった。名阪連絡は、中川〜江戸橋間の改軌により10数分短縮し、速達タイプの宇治山田急行では最速3時間1分となり、省線の名古屋快速並みとなった。

またこの改正により名古屋・伊勢線は名古屋〜中川〜宇治山田間がメインルートとなり、江戸橋〜大神宮前間の伊勢線は支線的な扱いとなった。名古屋〜中川間の急行のなかには江戸橋に停車しない列車もあった。従来からの伊勢線経由の名古屋〜大神宮前間急行は削減され大半は名古屋〜江戸橋間を中川行急行に併結運行となった。しかしながらお伊勢参り客が増えるなか、名古屋より乗換えなしで行ける名古屋〜大神宮前間の直通急行は、しばらく存続していた。

このように特急は時節柄廃止となったが、実際の規制はゆるいものがあり、実質面では所要時間の短縮と本数の増加でサービスアップとなっていた。

また大軌・参急は名古屋進出による大阪・奈良・伊勢・名古屋間のルート完成により、当時の国家的神宮崇拝気運の盛り上がる伊勢神宮、橿原神宮(奈良県)、熱田神宮(名古屋市)の三聖地巡拝ルートの宣伝を始めた。

◎戦時体制で盛況のお伊勢参り

名古屋直通化の5年前、昭和8年ごろから景気は上向きになり、伊勢神宮の参拝者数も上昇し昭和10年には400万人を突破。昭和12年に入ると政府・軍部は、「国民精神総動員運動」を興して、国民への国体論、軍国主義、そして天皇の神格化精神の教化に力を注ぎ出した。そして政府は皇祖皇宗を祭祀している伊勢神宮や橿原神宮への国民の崇拝の高揚を図り、山田市は「神都」と呼ばれるようになった。

さらに7月の日中戦争勃発は皇軍の戦勝祈願と出征兵士の武運長久祈願の神宮への参拝を促進することとなった。これにより昭和12年の参拝者数は一気に550万人となり、国家総動員法成立の昭和13年には100万人増の650万人と増え続けた。

橿原神宮での出征兵士の武運長久祈願
写真提供/近鉄資料室

さらに昭和15年は、神武天皇即位から紀元2600年の奉祝の大祝典が橿原神宮を中心に開催された。全国から参拝者が訪れ、橿原神宮から伊勢神宮、熱田神宮へも巡拝し、橿原神宮は1000万人、伊勢神宮は800万人の参拝者数となり、戦前の最高を記録した。

◎ 2200系を増備

参急はこれに備え2200系の増備車デ2227形20両が製造され、特別輸送ダイヤが組まれた。また伊勢神宮、橿原神宮等へのお召用に貴賓車サ2600が製造され、デ2227形の同系で紀元2600年にちなんだ形式となった。さらに昭和16年にはデ2227形の同系制御車ク3110形5両が製造され、うちク3114はデ2247の木電装車であった。

このお伊勢参りのブームは太平洋戦争に突入しても変わらず盛況で、昭和18年までは700万人ペースの参拝者があり昭和19年でも500万人であった。終戦の昭和20年は、8月15日の終戦日を境に激減して年間で150万人となった。

多額の資金を費やして伊勢、名古屋に進出した大軌・参急であったが、昭和8年以降のお伊勢参りの大盛況と紀元2600年祭により持続的な好業績をもたらした。参急は昭和8年度から黒字決算に転換し大軌・参急は以後の経営基盤を築くことになった。

伊勢神宮、橿原神宮へのお召用の貴賓車サ2600が昭和15年に製造された。写真はその室内　　写真提供／近鉄資料室

◆ 関西急行鉄道と近畿日本鉄道

名古屋進出が一段落し、業績も安定してきた参急は、昭和15年1月に名古屋～桑名間の関西急行電鉄を合併し、さらに一度は伊勢電に合併され、参急に伊勢電が合併される直前に分離独立した養老電鉄を昭和15年8月に合併した。

◎ 関西急行鉄道の成立

昭和16年3月には大軌・参急が合併し、社名を関西急行鉄道(以下、関急)と変更。営業路線437km、大阪、奈良、三重、愛知、岐阜の1府4県にまたがる一大私鉄となった。

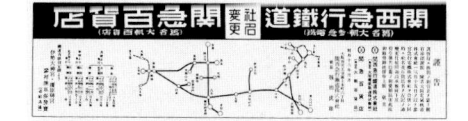

関西急行鉄道に社名変更の新聞広告　　写真提供／近鉄資料室

昭和16年(1941)12月の太平洋戦争突入後はより明確な戦時輸送体制となり、国家統制的な私鉄の統合・合併や鉄道省による私鉄の買収がおこなわれ、昭和18年2月には関急は大阪鉄道(以下、大鉄)を合併した。大鉄は、現在の近鉄南大阪線、道明寺線、長野線、御所線の前身で、共同使用駅の橿原神宮前で大軌の橿原線、吉野線と接続しており、大鉄は吉野線へも乗入れしていた。しかし、沿線の過疎により赤字基調が続いており、また関急が大鉄の株主であるなど、緊密な関係にあった。

昭和19年(1944)6月には関西急行鉄道は南海鉄道と合併、社名を変更し近畿日本鉄道(以下、近鉄)として発足した。しかし昭和20年(1945)8月の終戦を迎え、戦時下の緊急避難的な合併が無意味となった。昭和22年6月に現・南海高野線高野下～極楽橋間および鋼索線極楽橋～高野山間を運営していた高野山電気鉄道を改称した南海電気鉄道

に旧南海鉄道部分を譲渡して分離し、近鉄は旧関西急行鉄道の路線を継承することとなった。

◎ 戦中、戦後の混乱

太平洋戦争の末期になると資材や人員不足が深刻化し整備不良による故障が頻繁に発生し、昭和19年8月には旅客の乗車制限の強化がおこなわれ、10月にはついに急行運転が廃止された。

昭和20年3月には米軍のB29爆撃機による空襲により当時の近鉄の本社であった阿部野橋ターミナルビルが戦災にあい、沿線の設備も爆撃や焼夷弾の被害にあった。

戦災に遭った阿部野橋駅　　写真提供／近鉄資料室

昭和20年7月の空襲により名古屋線の揖斐・長良川橋梁の橋桁2連が被災し、昭和21年5月に復旧するまでは省線関西本線の橋梁に乗入れ運転をしていた。

また昭和17年8月には伊勢線のうち、新松阪～大神宮前間を廃止。廃線のレールは名古屋線複線化に充当された。昭和13年4月から19年3月にかけて名古屋線(旧伊勢線)は、諏訪～江戸橋間の大部分約20kmや久居付近の複線化がおこなわれて、輸送力の増強・スピードアップが図られた。

戦災によって全車両825両中終戦時の可動車両は345両となった。車両や路線、駅などの鉄道施設の復旧整備に全力があげられたが、資材不足により20年11月の可動車両は480両と復旧はあまり進まなかった。しかも沿線に疎開した戦災者、疎開者の都心への通勤通学そして食糧難のため農村部への買出し客などで電車は超満員、車両不足のうえ車両故障・事故により混乱状態であった。

GHQは幹線鉄道(省線、後の国鉄)を中心に鉄道の復興を目指し、私鉄は後回しになっていたので特に資材の欠乏は深刻だった。電車は窓ガラスが割れても板張りで代用、車内の室内灯も電球が切れたままやないものもあり、座席シートも破れたままで、また機器では整備技術者の不足により特に回転機、接触器の不良が目立ち、整備不良で故障や事故が多発して保守整備もままならず、洗車など論外で薄汚れた車体の電車が走っていた。

そして昭和22年4月にはGHQの指令によって、刷新された新経営陣が発足した。6月には、先述の旧南海鉄道部分を分離して、結局、近鉄は実質、旧関急サイドの経営になり、近鉄の経営体制が次第に確立されてきた。

被災した揖斐・長良川橋梁　　写真提供／近鉄資料室

食糧買出し客などで超満員の宇治山田急行。名車2200系も荒廃した姿で走り続けた　写真／亀井一男　所蔵／近鉄資料室

遠い日の
お伊勢参りと
参急電車

酒井福三（写真も筆者撮影）

昭和初期、大阪からのお伊勢参りといえば昭和5年12月に運転を始めた参宮急行電鉄の2200系電車とのかかわりが深い。

筆者は大阪市内の商家育ちで、昭和8年小学3年生の頃、父が子供に郊外の良い空気を吸わせたいとの親心で、大軌奈良線の枚岡に家を一軒借り、日曜ごとに上本町から奈良行電車に乗って出かけたものだ。電車は木造の正面5枚窓のいわゆるタマゴ形小型車だが、上本町駅へ来るたびに、南側の一番奥のホームに停っているエビ茶色の大きくて立派で、奈良線のタマゴ形とは比べものにならない堂々とした電車のことが気になっていた。

これが2年ほど前に開通したお伊勢参りの電車だと父に教えられ（のちに参急2200系電車と知る）、そのロマンスシートに一度乗ってみたいという憧れの対象となった。ただ室内灯が少し暗く、床下のコトコトいう音がえらく間延びしているのが不思議で気にかかっていた。（のちに1500V車が上本町の600V区間に入っていたためと知った）

◆小学6年生は必ずお伊勢参り

その憧れの電車に乗れる機会がやって来た。

当時大阪市内の小学6年生の修学旅行はお伊勢参りと決まっていた。筆者の学校では数年前まで二見ケ浦への一泊旅行だったのが、参急開通後は日帰りのトンボ帰りとなり、宿の寝床で先生の目をかすめ枕を投げ合ってほたえる楽しみが減っ

参急2200形。正面左はトイレで窓がなく、独特のスタイル　伊勢中川　昭31.8.2

デトニ2300形先頭の宇治山田急行。手小荷物の積卸し　上本町　昭47.7.22

たとこぼすヤンチャの級友もいた。

　昭和11年初夏のある日、近隣2校とともに6年生が上本町に集結、電車の前面中央に「貸切」の円板をつけた憧れの参急6両編成が例の奥のホームに待っていた。中間の2両がわが校の割当てで、喜び勇んで乗り込む。「男女席を同じうせず」の時代だから男女別々に着席。「えらい上等やでェ…」と豪華なクロスシートにみんな欣喜雀躍。やがてえも言われぬ優雅な和音を響かせて発車（のちにダブルタイフォンなる語を知る）。時たま乗る国鉄蒸機列車の3等客車の板張りシートとは大違い、クッションの良いゆったりした座席は2等車以上のものだった。

　やがて八木を過ぎ耳成（みみなし）の辺りだろうか、車内拡声器から大和三山の説明が聞こえ、飛鳥の古代に思いを馳せつつ少しばかり地理と国史（当時の科目名）の勉強にもなる。しばらくして各校代表の美声の持ち主による歌唱が拡声器から次々に流れてくる。最後尾の車掌室で歌っているらしく、さしずめ現代のカラオケ電車のハシリとも言うべきか。

　ひとしきり歌唱が終わったが、わが校の美人歌姫の美声が抜きん出ていたので級友みんな満足。ただ途中でスピーカーがブツブツと雑音を出したのはやや艶消しだったが。

　電車は運転停車は別として山田（現・伊勢市）まではノンストップだから特急なみに快走する。伊賀神戸の辺りか、級友の一人が「一番前の電車はちょっと変わったええ電車らしいで。見に行かへんか」と誘われ前部車両へ探険に出かけた。

　その車はうしろ半分はわれわれと同じ向かい合わせ4人掛シートだが、ドアから前部は全く雰囲気が一変、左側が廊下となり、右側は間仕切りのある、4人ずつの向かい合わせ8人部屋の個室が2室あり（うち一室は4人掛け2室に仕切り変換も可能とのちに知る）、初めて見る構造に一瞬奇異さを感じた。のちにこの車両はデトニ2300形と知った。またコンパートメントという言葉もその後に知った。個室は豪華というより、居合わせたグループのみんなが心おきなく寛ぎ談笑できそうな雰囲気の部屋だった。昨今、個室など珍しくもなんともないが、昭和初期の電車にしては新奇性があり一歩進んだ設計といえるだろう。

　登場当時の写真を見ると側面窓上に「指定室」の文字が見え窓の部分に別の色が塗

られており、特別室として当初は有料であった。その個室には案の定引率の先生方が座っておられたが、頼んで少しの間だけ席に座らせてもらい居心地を味わった。廊下には物珍しさからか生徒たちが次々やって来て個室をのぞき込み、口々に「ええな、ええな」と語らいつつ往来していた。

そうこうするうち2時間半を経過、山田に着いて、外宮、内宮と参拝して宇治橋の前で記念撮影というお決まりのコース。帰りは疲れて寝てしまったのか電車の記憶がない。この修学旅行がきっかけで参急2200系のファンになった方も多いと思う。

◆ 暗闇でも賑やか・町内会の
　 お伊勢参り

翌昭和12年の春頃と思うが、今度は町内会の伊勢参りに所用で欠席の父の代理で参加、やはり2200系の午前発急行3連だった。その内の1両はわれわれの団体を優先乗車させてくれたので貸切同然。発車するなり酒盛りとなる。「ぼんぼんは酒飲めへんさかいに」と子供は車端のロングシート部に追いやられ、おっさん、おばはん連中は4人掛クロスシート部分に席を占め、日頃のストレス解消か、一同差しつ差されつきわどい話題に口角泡をとばして語り合う。日中戦争もまだ始まっていない良き時代、町内の商人達の団らんの宴が続く。

ところが、である。長いトンネル(恐らく青山トンネル)を通過の途中で突然停電、電車もトンネル内で停ってしまった。全くの暗闇だ。非常灯が点灯していたかもしれないが、記憶に残っているのは真の暗闇のみ。

酒盛りの連中は「どないしたんや？」と一瞬の静寂。だがちょっと間をおくと急に暗闇の中でキャーキャーと嬌声が聞こえ出した。どうやら暗闇に乗じ酒の勢もあって男女がふざけ合っているらしい。真暗の中なのに一段と賑やかさが増してくる。数分してパッと電灯がついた。

いちゃついていた連中の姿が明るみに出て、それがまた一段と大きな笑い声の渦となる。いやはや全くもって、はからずも子供心に大人どもの心理や行動の一端をうかがい知った青山トンネルの一幕であった。

こんな盛り上りも、もとはといえば参急2200系電車の快適なクロスシートと、ゆったり寛げる車内環境があればこそと思う。

ここで話題が伊勢参りからちょっとはずれるが、昭和15年は神武天皇即位から数えてちょうど2600年と伝えられ、神武

参急2200系のゆったりしたクロスシート。お客さんもくつろぐ　　　上本町　昭47.9.24

橿原急行のヘッドサインを掲げ登場間もない大軌1400形　橿原神宮駅　昭15.4

◆出征直前悲愴感を秘めてお伊勢参り

終戦前に最後のお伊勢参りをしたのは昭和19年夏。9月に軍隊入りが決まっていたので、「武運長久」を祈るべく(本心は生きて還りたくて)5歳年下の弟とお伊勢参りに出掛けた。昭和19年といえば戦局は極めて厳しく、もうこれが最後の旅行になるかもしれないという思いもあり、心の重苦しい、悲愴感を内に秘めながらの伊勢行であった。

帝を祀る橿原神宮で皇紀二千六百年祭が行われることになり、同神宮の改築とともに神苑の森の整備が進められた。昭和14年中学3年の夏、筆者も建国奉仕隊の一員として、神苑造成の勤労奉仕にシャベルとモッコで汗を流したものだ。

当時橿原へ橿原へと草木もなびき、押し寄せる参拝客に対応して大軌・参急では上本町から八木西口経由橿原神宮駅へ向かう直通急行(橿原急行)を増発した。これに備えて前年増備された電車が参急2200新(2227形)と大軌1400形で、中でも2227形は張上げ屋根に転換クロスシート装備という近代的な姿で登場し鉄道ファンを魅了した。

橿原急行の先頭車には建国奉仕隊の隊旗と同様の八咫烏(やたがらす)(神武天皇の先導役)をモチーフにしたヘッドサインが掲げられていた。60数年後の現在になって、橿原神宮周辺のうっそうと茂った神苑の森を見る時、造成に奉仕した一人として感慨に耐えない。

上本町で気づいたのは、言い馴れてきた「大軌・参急」の名がすでになく、関急を経て近畿日本鉄道に改名した直後で、駅名も「近畿日本○○」と称する駅も見られ、当初はちょっとなじめない大そうな名称のように思えた。

その日の往路の電車のことはよく覚えていない。今にして思えば入隊直前という気の重さの故か、心が空虚になっていたのだろう。ただ「急行」に乗ったのは間違いないと思う。(のちの調査で急行の廃止は昭和19年10月とあり、この日は急行は存続していたはず)

しかしクロスシートに座った記憶がなく、狭苦しいロングシートに詰め込まれたような気がする。もしかしたら旧大軌の1400形(旧参急2227形と同期の昭和14年製、3扉ロングシート車で性能は2227形と同様)であったかもしれないが定かでない。

外宮、内宮と参拝して二見ケ浦の旅館で一泊、さて帰りの宇治山田駅ホームは、1時間に1本程度の急行を待つ客であふれ

かえっていた。どこが停車のドア位置なのかよく分からず、雑踏の中、ヤマカンで待つことしばし、やがて入線したのは憧れのはずの2227形。だがさすがの名車もこの頃は色あせて、デビュー当時の優美な輝きは失せており、うす汚れて疲れた表情に見えた。

感慨にふける間もあらばこそ、とにかく座らなければならない。ドアめがけてドッと客が殺到、筆者はとっさに当初の目標だったクロスシート部分への着席をあきらめ、弟と二人で車の最後尾の車端ロングシートにすばやくすべり込んだ。贅沢は言っておられない。アッという間に立客も一杯になる。車内をよく見ると、クロスシートも扉に近い部分の何列かは撤去されていた。戦局のきびしさが、ここにも及んできたなと感じたものだ。(戦後はもっとひどくなるのだが)

それでも何とか座席を確保でき、立客のすき間から辛うじて車窓風景も見られたが、あまり快適な旅とはいえなかった。それでも2227形の台車の真上の座席であり、相当揺れはするが、勾配を上るモータの響きや電気ブレーキ、ジョイント音などの感触が直接伝わってきて、入隊前に名残りの2227形に乗ったぞという思いがせめてもの救いであった。

写真も撮りたかったが、戦時中の軍機保護法とやらで下手に駅や車両を撮っていると拘束される恐れもあってあきらめた。撮れていればもっと詳しく記述できるのだが止むを得ない。

筆者はその後陸軍に入隊、約1年後無事復員でき現在に至っている。これもお伊勢参りのおかげと思っている。

◆ 優越感にひたった戦後の復活特急

終戦後わずか2年余り、昭和22年10月に近鉄名阪特急が2往復走り出した。筆者は就職して間もなく昭和22年12月、塩尻へ社用で向かう際に名古屋まで新設の特急に乗る機会があった。

上本町でクリームとブルーに塗り分け、完全に整備された3両編成の姿を見た時は、敗戦後の焼け跡とヤミ市に代表される幻滅的な世相にあって、この特急が日本復興のシンボルに思われ大いに勇気づけられたものだ。当初は座席定員制(のちに座席指定制)で必ず座れることが分っているから乗客もあまりあわてない。ホームの手前、乗客整理のロープが解放されても人々は粛々と思い思いの電車に向かう。筆者は1両目か3両目の2227形転換クロスの車に乗りたかったが、同行の上司が2両目の3000形付随車を選んだのでそれに従った。

当時破れガラスとドンゴロス状座席のあわれな満員電車を尻目に、満足感、優越感と期待感を抱いて悠々と名古屋へ(ただし中川乗換え)向かった思い出がある。

最初は上本町発中川打切りのこの特急は翌昭和23年7月宇治山田へ延長し、「お伊勢参り」特急が復活している。

2往復の近鉄特急が今や1日約500本を数える大ネットワークを形成している。モーターリゼーションやJRなど他社との競合、少子高齢化の影響など困難な社会情勢にあって、近鉄特急網のますますの発展を願ってやまない。

大正13年生まれ、大阪府吹田市在住、京都大学鉄研OB会、関西鉄道研究会会員

第 2 部
特急時代を創始
昭和22年(1947)〜昭和29年(1954)

終戦からわずか2年後の昭和22年10月、
まだ戦後の混乱が続く中で、
大阪〜名古屋間に初の有料特急が走り始めた。
特急時代の先駆けとなる、希望の星として、
人々の注目を浴びる。

モ2228　　　　　　　　　　写真／吉川文夫

I　敗戦の混乱の中、希望の特急運行
昭和22年（1947）

◆ 名阪間に初登場の有料特急

　昭和22年（1947）10月8日に名阪特急列車が誕生した。戦前の特急とは異なり、特急料金を徴収し、車両も一般車とは区別された特別仕様の専用車を使用するもので、輸送混乱のなか座席定員制で「すわれる特急」をうたい文句に、まさに特別な急行列車の誕生であった。
　この近鉄の特急の運転開始は、戦後、鉄道界で一番最初に登場したことに特に大きな意義を持っている。近鉄では昭和22年10月8日の名阪特急の誕生をもって特急列車の創始としている。

◎ 復興の「ひかり」を求めて

　当初は10月1日に特急の運転開始を予定していたが、終戦後2年でいまだ荒廃と混乱のなか、一般車が最優先であり、特急の運行は時期尚早と運輸省やGHQの承認がなかなか下りず、近鉄はこの認可を得るのにたいそう難儀した。難産の末の特急誕生で、結局特急料金ではなく座席指定料金の名目で申請し、認可されたものであった。1週間後の10月8日に認可、スタートとなったものの、準備が整わず8日から11日までは無料料金で、乗客にはガリ版刷の座席整理票を渡したとのことであった。
　戦後の混乱のなかで、新経営陣も発足し、社内的にも社外的にも復興の「希望の星」として生まれたのがこの名阪特急であった。しかし当局の認可と同様、混乱の社会・世情により、満足に一般の電車をも走ることができない状況での有料特急の運行は、社内でも反対が強かったようであった。
　近鉄の社内誌「ひかり」の昭和21年1月発行の創刊号には、当時就任早々の佐伯専務から「ひかり」の命名由来が記されている。
　｜"ひかり"とは、光明のある所に希望は生まれ、希望のある所に勇気は湧いてくる。私共は常に"ひかり"を求め、如何なる困苦に面しても"ひかり"を見失わないように勇気を振り起こし、よりよき生活、よりよき社会の実現に邁進し、平和日本の再建に貢献しなければならない」と紹介されており、特急の登場は、この「ひかり」の精神の具現のひとつであったといえよう。

◎ 中川で相互乗換え

　初登場の名阪特急は、1日2往復で、上本町発7時30分、15時30分、名古屋発7時55分、15時55分で、上本町〜中川間は1435mmの標準軌、中川〜名古屋間は1067mmの狭軌であったので、中川での乗換え連絡であった。停車駅は上本町、中川（乗換）、名古屋で、上本町発・名古屋発の列車が連絡駅の中川に同時到着して、乗換え客を乗せるとすぐにそれぞれ折り返して行くダイヤであった。所要時間は4時間3〜7分で、戦前の昭和13年12月の特急廃止後の最速急行3時間1分に比べ約1時間遅かった。
　一方、省線の名阪間は、昭和22年6月の時刻表によると、関西本線は各駅停車の普通列車しかなく、所要時間は5時間以上か

社内誌「ひかり」の表紙を飾ったモ2236の特急（昭和23年新春号）　資料提供／近鉄資料室

かっていたし、東海道本線の最速の昼行列車は東京発着の急行が1往復あり、所要時間は4時間8〜16分で、当時の状況では4時間かかっても近鉄特急がまだ速かった。

当初は座席定員制で座席数に見合う特急券が発券され、指定席ではなく自由席であった。また各車には座席分のオーバー用の補助席として金属パイプの折畳み椅子が数脚準備されており補助席用の特急券は通常の特急券にゴム印で「補助席」と表示されていた。この補助席の制度は昭和41年頃までであった。

◎ **戦前の車両を整備**

名阪特急用の車両は、大阪線用と名古屋線用のそれぞれMcTMc3両編成が用意された。大阪線用の電動車はモ2227形、付随車はサ3000形で2編成、2235＋3001＋2236、2228＋3009＋2237の固定編成と予備車2230の7両であった。

名古屋線用の電動車はモ6301形と制御車ク6471形で、6301、6302、6303と6471、6472の5両で随時McTMcまたはMcTMcMcの編成を組み、1編成体制であった。

その後、多客時の増結車両として一般車のダークグリーン一色のモ2200形、モ6301形がそれぞれ宇治山田、中川方に連結され異彩をはなっていた。私ごとであるが、初めて親に乗せてもらった特急車両が先頭車の増結ダークグリーンのモ2200形で、がっかりしたことを覚えている。

◎ **整備された車内外**

戦後の混乱のなか、資材不足、整備不足

大阪線上本町〜伊勢中川間に用いられた特急の第一編成。2235＋3001＋2236で固定編成を組んだ　　　伊勢中川　昭23.1.11　写真／鉄崎明生

名古屋線伊勢中川〜名古屋間に用いられた、モ6301形6301を先頭にした特急編成
伊勢中川〜桃園　昭23　写真／星合喜博　所蔵／近鉄資料室

モ2227形の車内。吊革が取りはずされシートにはカバーがかけられ、特急にふさわしい室内となった　写真提供／近鉄資料室

で一般の電車はボロボロの状態であったが、完全整備の電車は昭和21年3月に登場した連合軍専用車だけであった。特急用の車両は、特急専用車両として一般車と区別した特別仕様の車両とされ、車体は窓も座席も整備されて、ロングシート部にある吊革ははずされ、クロスシートには純白の木綿の枕

カバーがつけられ、特急専用車としての品格が備えられた。車体塗装も一般車とは異なり、世の中を明るくすること、そして遠くからもよく目立つ色として、窓から上半分がレモンイエローに塗られ、下半分はライトブルーに塗装され、さらに車体側面左端に「EXPRESS」のマークが入れられた。当時ダークグリーン一色のなか、新しく走り始めた近鉄特急は薄汚れた一般列車のなかで一輪の花が咲いた存在となった。

しかし当時の資材不足は深刻で、特急車両は連合軍専用車のように完全整備とはいかなかった。終戦直後の輸送混乱に対応するためクロスシートの一部がロングシート化されたが、クロスシートに復旧されず、座席は帆布張りであったが、特急車の窓は連合軍と同様、継ぎのない完全ガラスであった。

◎ 大阪線狭軌化構想のモ2227形

モ2227形の正式の形式名はモ2200形であるが、外観や内装が異なることから、昭和5年製のモ2200形と区別されて2227形とか新2200形と近鉄車内では呼称されていた。当初デ2200形であったが、昭和19年の大阪鉄道合併時に形式呼称変更がおこなわれ、モ2200形となった。

モ2227形はモ2200形の増備車として昭和14年に新製された。車体長は2200形と同じ19.520mであるが、最大長の連結面間長は20.620mと10cm長くなった。制御装置、制動装置などはモ2200形と同一仕様である。

主電動機はモ2200形と同じ150kWであったが、狭軌用の仕様であった。これは政府、軍部が、戦時体制下の中での東海道本線、関西本線の被災時の代替線対策として、参急の中川〜桜井間と大軌小房線畝傍〜橿原神宮前間で線路の内側にもう1本レールを敷いて広狭3線化構造として、名古屋から中川経由桜井で省線桜井線に乗り入れ、畝傍より大軌小房線で橿原神宮前に至り、さらに狭軌の大阪鉄道で大阪阿部野橋に至る計画を策定し、狭軌車両を運行する計画があったからである。

このため2227形の車両は狭軌改造が可能な構造を前提に新製された。同系のク3110形にも狭軌用に電動車化が出来るよう車軸に主電動機用歯車が装備された。この狭軌用の主電動機は幅が狭くホイールベース方向に長い寸法の主電動機となった。このため2227形の台車はホイールベースが2700㎜とモ2200の2450㎜に比べ非常に長く、日車のD22形が装備された。この時期製造された大軌のデボ1400形、クボ1500形にもそれぞれ同様の装備がなされた。

また大軌・参急はこの計画に合わせて桜井〜上本町間も3線構造として、狭軌車両による名阪直通列車の構想をもっていた。しかし、これらの3線化計画は太平洋戦争の勃発もあり実現には至らなかった。

ダークグリーンのモ2212を増結した下り特急が鶴橋駅に到着
昭27.6.22 写真／高橋 弘

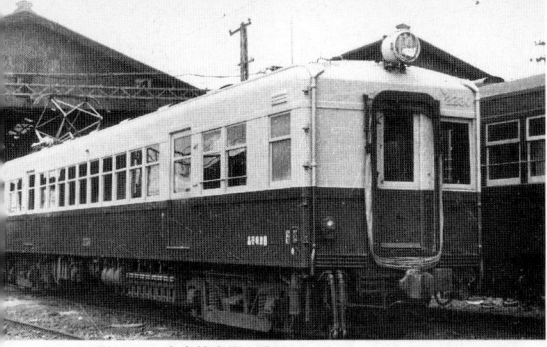

モ2227形2230 高安検車区と標記されている
　　　　　　　　高安区　昭23　写真/高橋　弘

サ3000形3002　事故で破損した3009に代わり、特急車に格上げされた
　　　　　　　　高安区　昭28.3　写真/藤井信夫

るが、モ2200形同様パンタグラフの反対側の先頭に半室の便所があり、この先頭には窓がない。モ2200形と多少イメージが異なっているが、このモ2227形も人気が高く、名車に数えられている。

サ3000形は2200系の付随車で、座席は10窓分が固定クロスシートである。モ2227形の制御車であるク3110形であれば、同一車体の美しい3両編成となるのだが、ク3110形は戦時中に全車5両ともにロングシート化されており、サ3000形が選ばれた。

◎ 新旧混合編成

　モ2227形とサ3000形は2200系の新旧形の編成のため、2200系の本来の風格は備わっているものの、リベットの有無、屋根の巻上げの有無そしてモ2227形は狭軌用の直径の大きい主電動機を搭載したので、その分床が高くなったため、サ3000形とは車体側面の下部の裾の高さが違い、座席も転換クロス、固定クロスと異なって、寄せ集めの編成の観はぬぐえなかった。

◎ 名車を受け継ぐスタイル

　モ2227形の車体構造やスタイルは大きく変わり、リベットとともに溶接構造が大幅に採用された。張り上げ屋根となり前面の両端にRが付いて、全体に丸みを帯びたスマートな車体となった。また客用の2扉の位置がモ2200形の車体両端から中央寄りに設けられたのが大きな特徴である。

　これはモ2200形の場合、電動機の点検フタが客用扉の出入り口付近の床にあり、立っている乗客や乗客の出入りに不具合や円滑を欠いていたので、客用扉を中央寄りにして改善したもので、座席は両側の車端から客用扉間の2窓分はロングシート、二つの客用扉間の10窓分は転換クロスシートとなった。両運転台付であ

2200系モニ2301（右）と2227系モ2240
　　　　宇治山田　昭33.4.5　写真/大那庸之助　所蔵/吉川文夫

モ6301形。戦前関西急行電鉄で特急急行に使用されたモハ1形を、名古屋線の特急に抜擢した　　　　　　　　　　写真／星合喜博　所蔵／近鉄資料室

ク6471形。伊勢電時代には特急に使用されていた。転換クロスシート、便・洗面所付が買われ、異形式のモ6301形と特急編成を組むことになった
米野区　昭27.1.5　写真／櫻井儀雄

◎関急のエース モ6301形と伊勢電特急車ク6471形

モ6301形は名古屋開業用として昭和12年に関西急行電鉄により造られた旧関急モハ1形である。前述のとおり戦前の名古屋線・伊勢線の特急・急行に活躍し、「緑の弾丸」と呼ばれた関急のスターで、客用2扉間は転換クロスシート、扉から車端間はロングシートであった。

近鉄名古屋線では日本車輌製のモ6301形が独自の標準車であり、以後昭和17年にモ6311形10両、昭和23年にモ6331形10両の増備車が造られている。制御装置はABF型電動駆動式、制動装置はAMA型、主電動機は93.25kWで、台車はD-16型である。

旧伊勢電の特急「初日」「神路」に使用された名車モハニ231形（参急・近鉄になってか

らはモニ6231形）は転換クロスシート車で主電動機出力がモ6301形より大きい104.44kWの高速用仕様であり、かつ特急の実績があったものの、荷物室があり乗務員扉がないため特急専用車とはなりえなかった。

ク6471形はモニ6231形の同系の制御車で、伊勢電の特急車時代を物語るように、座席は転換クロスシート、便・洗面所付、D-16型台車であった。モ6301形には便・洗面所付の制御車や付随車はなかったため、本車両が特急専用車に充当された。ク6471形の車体側面下部の裾の高さがモ6301形より少し低いので、この編成も段違いが生じていた。

名古屋線特急専用車には車体腰板部の「EXPRESS」のマークが付けられなかったが、中川での乗換えで乗客が大阪線車両と名古屋線車両を見間違わないための方策ではなかったかと推測される。

◎「すゞか」「かつらぎ」と命名

昭和22年末には、特急に愛称名が付けられた。上本町発が「すゞか」、名古屋発が「かつらぎ」で、それぞれ発車順に1号、2号となった。「すゞか」は三重県北西部の鈴鹿山脈、「かつらぎ」は大阪南東部の金剛山地の主峰、葛城山にちなんだものである。ともに現地では進行方向の左手に良く遠望できる山々である。昭和23年12月には「すゞか」は「すずか」に標記変更された。

昭和23年3月30日からはスピードアップされ、所要時間は3時間55分となった。大阪線内の最高速度は85km/hであった。

◆伊勢へ区間延長

　特急運転開始3ヵ月後の昭和23年1月に、上本町～宇治山田間に伊勢神宮初詣の臨時特急が登場した。

◎名阪伊の特急ネットワーク

　この運用は名阪特急の上本町発中川行を宇治山田行に延長する形の運用で、下りは名古屋連絡の中川行3両に宇治山田行3両を併結した計6両編成で上本町を出発、中川からは前3両が宇治山田へ向かう。上り宇治山田発は上本町行3両で出て、中川で名古屋連絡の3両を併結し6両編成となって上本町へ戻す運用形態で、これが特急の最初の6両編成となった。停車駅は、上本町、中川、山田(現・伊勢市)、宇治山田であった。その後、週末特急として運行された。

　昭和23年(1948)7月18日からは定期運行となり、上本町～宇治山田間の所要時間は2時間40分であった。これにより大阪・名古屋・伊勢間の特急ネットワークができたことになり、新たに名古屋からも中川乗換えで伊勢へ特急で行けることになった。

　上本町発、宇治山田発そして名古屋発の各特急列車が中川でほぼ同時に到着するダイヤで、乗換えの乗客は大阪からは名古屋行、名古屋からは大阪行、宇治山田行、宇治山田から名古屋行に乗り換える。そして各列車はほぼ同時に宇治山田、上本町、名古屋へ発車していく仕組みである。そのために中川駅の構造は宇治山田行列車線・プラットホーム・名古屋発着列車線・プラットホーム・上本町行列車線の順に並んだ2面3線の造りで、乗り換えは到着ホームを介するだけで容易に目的列車に移動できる構造であった。

◎急がれた特急運転

　昭和21年には伊勢志摩国立公園の指定があり、近鉄は将来の伊勢志摩観光を重点施策とした。そのメインがお伊勢さんである。

　そこでなぜ再開特急は最初から上本町発宇治山田行にしなかったのだろうか。神宮参拝と戦時体制の結びつきが終戦直後に、GHQにより否定されたなかで、伊勢神宮参拝を促進するような特急の運行は遠慮せざるを得なかったのではないだろうか。名阪特急さえも当局からは時期尚早であるとしてなかなか認可されなかったのだから、伊勢特急は何をかいわんや、ということであったと推測される。

　このような参拝に対する雰囲気のうえに神宮の国家管理の廃止、戦後の混乱による生活苦などにより、国民の参拝意識は低下したため、伊勢神宮の参拝者数は戦時中の昭和19年度でも500万人あったものが、20年度は150万人、22年度には80万人にまで激減した。

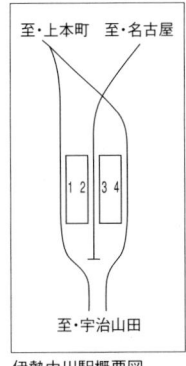

伊勢中川駅概要図

モ2229を最後尾にして、鶴橋を発車、名古屋へ向かう「すずか」
昭27.6.22　写真／高橋　弘

「EXPRESS」マークを付けたモ2236　　高安区　昭23　写真/高橋　弘

そして伊勢神宮は昭和24年が20年一度の大行事、「式年遷宮」の年にあたっていたが、いまだ占領下であり戦後の復興もはかばかしくないことや、奉納金による莫大な資金の調達も必要なため、昭和24年の実施は見送られた。しかし全国多数の神宮崇敬者の熱意により、とりあえず内宮の玄関口、宇治橋の新築架け替えが昭和24年11月に完成し、式年遷宮の女性祭主も承認され、参拝者数も昭和23年からは上向きに転じ出した。伊勢特急はこのような背景の中でようやく認可されたものと思われる。

◎ 車両のグレードアップと増備

　昭和23年5月以降、特急専用車の窓下半分の塗色が従来のライトブルーからダークブルーに変更され、車体側面左端の「EXPRESS」のマークが大きくなり、3カ月後の昭和23年8月には全車の塗り替えが完了した。

　昭和23年末頃より座席のグレードアップ

名古屋線では、一般車のモ6311形6316～6319も多客時の増結用となった。　　米野区　昭33.11.28　写真/沖中忠順

がおこなわれ、グリーンのモケット張りとなり、さらに完全な一枚ガラスへの整備がはじまり、1年後に完了した。またモ2227形やサ3000形の一部のクロスシートがロングシートにされていたが、昭和26年6月にクロスシートに復元された。

　昭和23年6月にモ2227が完璧に整備されて窓下に白帯が塗れれて連合軍専用車となったが、昭和24年4月にその任を解かれて特急車となった。また昭和23年11月29日に「すヾか1号」が東青山での事故によりモ2237、サ3009が破損し、代替車としてモ2229、サ3002が特急車に格上げされた。昭和24年12月にモ2237は日本車輌で車体が新製されて復旧したため、大阪線特急車は2両増えて9両となった。

　また名古屋線のモ6311形はモ6301形の純然たる増備車であるが、終戦時の混雑対策でクロスシートの一部がロングシート化されていたため特急専用車にはならなかった。昭和24年8月には元のクロスシートに復旧され、通常は一般車の6316～6319がダークグリーンのままで多客時には増結車となった。

　以上のようにクロスシートの整備などグレードアップされたので、昭和24年6月25日よりこれまでの座席定員制に代わって、現行の座席指定制に変更された。

◎ 戦前の最速時間に戻る

　一方、国鉄は昭和24年6月、関西本線湊町～名古屋間に戦前の快速に代わる不定期準急3往復が、天王寺～名古屋間3時間30分で登場、9月には定期化した。近鉄はこれに対抗して8月1日のダイヤ改正で名阪連絡特急を3往復に増発し、所要時間を30分短縮の3時間25分とした。

　昭和25年9月のダイヤ改正では、さらに名阪間が3時間5分、阪伊間が2時間9分となり、戦前の昭和13年12月の特急廃止後の最速急

モ2303の展望サロン
明星区 昭31.2.17 写真／櫻井儀雄

伊勢へ向かう観光特急としての豪華車両の第一号となった、リクリェーションカー モ2303
高安区 昭28.3.1 写真／奥野利夫

行並みの所要時間に回復した。
　昭和25年10月には、大阪線の特急専用車の座席が紫色のモケットに張り替えられ、昭和26年8月には蛍光灯化が進められた。
◎ リクリェーションカー
　昭和24年10月には、被災していたデトニ2303の一部を改造したモ2303「リクリェーションカー」が登場した。近鉄部内ではモトク2303といわれていた。9月に国鉄の戦後初の再開特急「へいわ」の最後尾に展望車が連結されたことから、「伊勢への特急にも展望車を」とのことから造られたようで、観光特急としての豪華設備車の第一弾が送り出された。
　製造当初のデトニは前半分は荷物室・コンパートメント2室の特別室、後半分は一般客室であったが、荷物室と特別室部分を展望のきく1050mmの広窓4個の展望サロンとアベックルームと呼ばれた扉付きの8人掛のコンパートメントに日本車輌で改造された。展望サロンは1人用肘掛椅子10脚、3人掛ソファー1脚、テーブル2脚があり、床はグリ

リクリェーションカー モ2303を連結した特急「かつらぎ」　川合高岡〜伊勢中川　昭27.9.23 写真／三宅恒雄　所蔵／吉川文夫

上本町駅で発車を待つ モ2227形のラストナンバー2246ほかの下り特急「すずか2号」
昭27.3.21　写真/鹿島雅美

ーンのリノリュウム張り、車内はクリーム色に塗装され窓にはピンクのカーテン、扇風機に電熱器などが設けられた。車体外側の展望サロン・アベックルームの窓のウインドシルの部分は銀灰色に塗られ、赤字で「RECREATION CAR」と標記された。

　登場当初は週末に定期特急の先頭に増結され、昭和25年の正月には、初登場の上本町発参宮臨時特急「迎春号」1往復に運用された。昭和25年9月からは伊勢特急の宇治山田側先頭で毎日運行され、平日は上本町発7時40分「すずか1号」、上本町着20時32分「かつらぎ3号」、土曜日は上本町発12時40分「すずか2号」、帰着は平日と同じで運用された。

　しかしながら、特急料金50円にサロン50円の料金は当時としては高額であり、2時間の旅に特別室の利用は当時ではなじみがなく、特別室の利用状況は芳しくなかった。

登場時は大阪松竹少女歌劇のスターを招待して華々しい試運転会までおこなわれたものの、昭和32年当初には運用がなくなり、モ2303は一気に一般車に格下げされ、全ロングシート化され区間列車や普通列車に運用された。

◎戦後初の特急専用車6401系

　戦後の車両不足に対する新製は一般車が優先であったが、昭和25年になると一段落したので、昭和25年5月には特急の増発に対応できる車両が少なかった名古屋線用の特急専用車が初めて新製された。6401系モ6401形6401〜6403、ク6551形6551・6552の5両が製造され、MT編成が基本であった。モ6403は増結用であった。

　6401系は名古屋線標準車のモ6301形をベースにした車両のため同じ18m車で外観もほぼ変わらないが、6401系は全溶接構造で、ウインドシル・ヘッダーにリベットがなく、すっきりした車体である。制動装置はモ6301形と同じAMA形であるが、制御装置・主電動機は、モ6301形のABF、93kWと異なり日立製のMMC、112kWが装備されたが、併結は可能であった。ただこれまでの車両は一般車からの格上げのため一部ロングシートであったが、6401系は全席転換クロスシートとなり、近鉄では初めて蛍光灯が装備された。ただク6551形には便所の設備はなく、6401系の編成には必ず便所・洗面所付きのク6471形が連結された。

戦後初の特急専用車両として生まれた名古屋線用モ6401形。モ6401〜6403の3両が製造された。モ6402　　　米野区　昭35.5.29　写真／丹羽 満

モ6401形と固定編成を組んだク6551形。ク6551・6552の2両が製造された。ク6551　　　米野区　昭33.11.28　写真／沖中忠順

名古屋駅からの地下線を出て地上に出た特急「かつらぎ2号」。先頭はモ6403
米野　昭27.1.5　写真／櫻井儀雄

以上のように、一般車からの格上げや新製により特急専用車は増強され、再開当初の大阪線7両、名古屋線5両から、昭和25年10月には大阪線11両、名古屋線13両の陣容となった。

●大阪線		11両
モ2227形	2227〜2230、2236〜2238、2246	8両
モ2300形	2303	1両
サ3000形	3001、3002	2両
●名古屋線		13両
モ6301形	6301〜6304	4両
モ6311形	6320	1両
モ6401形	6401〜6403	3両
ク6471形	6471〜6473	3両
ク6551形	6551、6552	2両

★特急登場後の格上げ車は、モ2229、モ2236〜モ2238、モ2246、モ6304、モ6320、ク6473
★モ6320はモ6301形の増備車モ6311形である。

特急のスチュワーデス。車内のサービスと販売に当たり、近鉄特急の名物として長く続けられた
昭28.4.19
写真／櫻井儀雄

◎おしぼりサービスの開始

車内販売は昭和23年7月の伊勢への延長時に近鉄百貨店による車内販売が開始されたが、昭和26年2月1日より関急産業（現・近鉄観光）に引き継がれ、上本町〜中川間の特急全3往復で開始され、同年5月1日からは中川〜名古屋間の3往復でも営業が開始された。

同年11月1日からは、近鉄特急の名物サービスとなった「おしぼり」サービスが開始された。「おしぼり」は上本町・名古屋の各始発駅から乗車の乗客に女性販売員から配られた。

終戦後登場した他社の有料特急

近鉄特急に次いで有料特急の2番目の登場は、昭和23年10月、小田急電鉄の新宿〜小田原間の土・日曜の週末ノンストップ特急であった。

小田急は昭和23年6月に東急より独立した直後であるが、東京から箱根への観光客を開拓すべく登場し、デハ1600形を重点整備し車体前面上に「復興整備車」の看板を表示して走らせた。

3番目は東武鉄道で、浅草〜日光・鬼怒川温泉間に週末の金・土・日曜の3日間に運行している連合軍専用の特急列車に、昭和23年8月より日本人も特急料金を徴収して乗車を可としたのが東武の有料特急の始まりで、本格的には昭和24年2月に戦前の特急車デハ10系の復旧整備による「華厳」・「鬼怒」を平日1往復、土・日曜2往復を登場させた。

そして日本国有鉄道発足後の昭和24年9月15日、東京〜大阪間に特急「へいわ」1往復が登場した。

II 式年遷宮と新型特急 2250・6421系投入
昭和28年(1953)

◆ 24年ぶりの式年遷宮

昭和27年(1952)4月28日にサンフランシスコ講和条約が発効、延期されていた伊勢神宮の式年遷宮が24年ぶりに昭和28年に挙行されることになった。

◎ 特急の増発

遷宮の年の10月に内宮、外宮の各正殿の隣地に新築建替えが完成して、ハイライトとなる御神体を新しい正殿に移す遷御がおこなわれる。遷宮の前後の年は古いお宮へのお参りと新しいお宮へのお参りで参拝客が増加する傾向がある。

昭和27年3月のダイヤ改正では名阪特急4往復、伊勢特急5往復に増発となり、名阪連絡特急4本の愛称名が変わった。上本町発の午前発が「すずか」1号・2号、午後発が「あつた」1号・2号、そして名古屋発の午前発が「かつらぎ」1号・2号、午後発が「なにわ」1号・2号となり、名阪連絡しない上本町～宇治山田間の特急は「いすず」となった。所要時間もさらに短縮されて名阪連絡特急が2時間55分と3時間を切り、伊勢特急は2時間1分と戦前の最速急行と同じになった。

近鉄はこの久しぶりの晴れやかな式年遷宮に対応するべく、昭和28年中に、初の新型本格的特急専用車として、大阪線用2250系12両、名古屋線用6421系10両を新造、投入した。

◎ 特別ダイヤで対応

昭和28年4月のダイヤ改正で名阪特急は6往復に増発され、全列車が名阪連絡特急(上本町～宇治山田間、中川～名古屋間とも各6往復)となり、名古屋連絡をしない「すずか」

昭和27年3月改正で名阪特急は4往復に増発され、午後に上本町を発車する上り特急は「あつた」と命名された
昭31.3.27 写真/藤原 寛

午後に名古屋を発車する下り特急は「なにわ」と命名され、伊勢中川では伊勢方面への特急とも連絡した
昭35.4 写真/高橋 裕

は消滅した。昭和30年1月のダイヤ改正では、名阪連絡特急は7往復となった。

お伊勢参りは昭和25年より増加傾向となり、式年遷宮の前年、昭和27年には300万人と戦前のブーム前の水準に戻った。さらに遷宮年の昭和28年には一気に480万人となり、近鉄は特別ダイヤを組み、参拝客に対応した。お伊勢参りは戦前にも劣らぬ盛況を呈した。

参宮輸送の主力は1時間ヘッドの伊勢急行であったが、2250系、6421系の特急投入は大当たりで、初詣や休日・祭礼時には最大6連の美しいフル編成がみられた。どっこい庶民信仰の「お伊勢参り」は生きていたことになり、以後の伊勢志摩観光の発展に大きな弾みをつけた式年遷宮であった。

昭和28年にデビューした2250系。ドアは再び両端に戻り、張上屋根、ノーシル・ノーヘッダーの優美なスタイルとなった。2258＋3027＋3023＋2257　伊勢中川　昭34.2.22　写真／櫻井儀雄

◆本格的特急専用車 2250・6421系

近鉄ではモ2227形や6401系に続く次期新規特急車として、新性能の豪華特急をかなり具体的に検討していたようだが、昭和27年になり伊勢神宮の式年遷宮が急遽決まり、昭和28年10月の新正殿の完成の参拝輸送に合わせるべく、新たな特急専用車、大阪線用2250系、名古屋線用6421系を5ヵ月の突貫工事で完成させた。

モ2250形2260　高安区　昭29.3　写真／奥野利夫

◎軽量車体開発と統一仕様車体

2250系、6421系は3次にわたり製造されて第1次車は昭和28年3月に2250系8両、6421系6両が完成、引き続き2次車として2250系4両、6421系4両が昭和28年9月に完成、さらに昭和30年10月に2250系7両、6421系1両が完成した。2250系は近畿車輛で製造され、6421系は従来どおり名古屋線車両の発注先の日本車輛で製造された。モ6426はシュリーレン台車付となった。各次の車番内訳は次の通りである。

サ3020形3021冷房取付後の姿
明星区　昭33.11　写真／櫻井儀雄

近鉄は、2200系を製造した「田中車輛」を

特急の車号は「いろは」で表示した　昭31.8.2　写真／酒井福三

	形式	車番	両数	製造メーカー	製造年月
第1次車					
2250系	モ2250形	2251〜2254	4両	近畿車輛	昭和28年3月
	サ3020形	3021〜3024	4両	近畿車輛	
6421系	モ6421形	6421〜6423	3両	日本車輛	
	ク6571形	6571〜6573	3両	日本車輛	
第2次車					
2250系	モ2250形	2255〜2256	2両	近畿車輛	昭和28年9月
	サ3020形	3025〜3026	2両	近畿車輛	
6421系	モ6421形	6424〜6425	2両	日本車輛	
	ク6571形	6574〜6575	2両	日本車輛	
第3次車					
2250系	モ2250形	2257〜2260	4両	近畿車輛	昭和30年10月
	サ3020形	3027〜3029	3両	近畿車輛	
6421系	モ6421形	6426	1両	日本車輛	

名古屋線用として11両が製造された6421系。車体長が19mと短いものの、車体のスタイルや車内は2250系と同一である。モ6421ほか 伊勢中川 昭34.2.22 写真／櫻井儀雄

昭和20年に傘下会社とし、同11月に「近畿車輛」(以下、近車)と名称変更した。この近車において、近鉄は将来の高速車両の開発の命題として、他に先駆けて、軽量車体の開発に取り組み、政府の研究開発補助金を受けて軽量車両構造技術を開発していた。

昭和27年に都市圏の乗客増に対応するため一般車の増備として制御車の大阪線用のク1560形9両、名古屋線用ク6561形5両、そして事故復旧によるモ1320形1両が新製された。これらの車体は新たに開発された軽量車両構造による全金属製の車両で、従来は大阪線車両と名古屋線車両は路線形成の経緯や路線条件が違うので車体の寸法も異なるスタイルであったが、この3形式は、車体長こそ大阪線用が20m、名古屋線用が19mと異なるものの、車体のスタイルや車内のデザインなど近鉄最初の統一した仕様となり、普通鋼製で張上屋根、ノーシル・ノーヘッダーと非常にすっきりとシンプルでよくまとまった近鉄スタイルとなった。

名古屋線用のク6561形の寸法が大阪線用のク1560形より車体長が1m短いのは、名古屋線の四日市〜諏訪間にある半径100mの急カーブのため車体長に制限があった。戦前はモ6301形の17mが最大車体長であったが、戦後、徐々に改良され、ク6561形からは19m車の通過が可能となっていた。

モ6421形6423 米野区 昭28.4.19 写真／櫻井儀雄

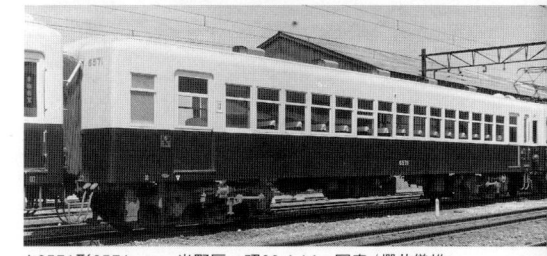

ク6571形6571 米野区 昭28.4.14 写真／櫻井儀雄

また近鉄大阪線は昭和23年7月製造の一般車モ2000形、昭和24年5月製造のク1550形の2000系より車体の最大寸法が車体長20m、連結面間長20.720m、最大幅2.744mと、以後の近鉄大阪線車両の標準寸法となり、2250系もこの寸法となった。

2250系、6421系は、このク1560形、ク6561形の軽量車両構造や車体のスタイルをベースに、特急専用車仕様で統一設計されたもので、2250系、6421系の外観は車体長を除けば同じであった。

◎ 張殻構造の全金属製軽量車体

開発された軽量車両構造は高抗張力鋼などの軽量鋼材を使用するのではなく、普通鋼により車体台枠を薄板鋼板のプレス部材により構成した。車体台枠は国鉄湘南型80系電車から採用されたボルスター間は中ハリがなくされ、またボルスター間の垂直荷重は横ハリと車体側構と屋根で負担させる方式で構体を構築する、いわゆる張殻構造が新たに採用され、そして中ハリの廃止とプレス部材に穴をあけることで軽量化を図るものであった。現在では一般的な工法であるが、当時は先進的なものであった。

さらに室内の側、天井、扉などにアルミ板を使い、シートや金具類もアルミ鋳物を多用して、車体重量は2227系に比較して約20％軽減された。

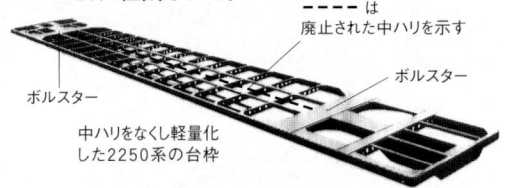

- - - - は廃止された中ハリを示す
ボルスター　　ボルスター
中ハリをなくし軽量化した2250系の台枠

◎ 華麗・優美な6両編成

車体の仕様は、2200系同様車体の両端に客用扉が配置され、張上屋根、ノーシル・ノーヘッダー、前照灯は埋め込み式で、2つの客用扉間には800mmの窓が16個並び、全席転換クロスシートとなった。荷物棚はステンレス管、20Wの蛍光灯が2列34灯設けられ、2200系の近代版となった。ただ6421系は車体長が1m短い分2250系より扉間窓が1つ少なくまた名古屋線運転関係者の保安度向上の要望により、前照灯の位置が若干高くなっている。

車体塗装は従来通りであったが、6421系には従来の名古屋線特急専用車と同様に車体腰板部の「EXPRESS」のマークは付けられなかった。2250系、6421系の凹凸のないシンプルなスタイルは、特急色の4～6両となると華麗な編成美が山間や伊勢平野の田園に映え、電車ファンを魅了した。

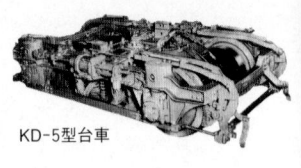

KD-5型台車

◎ 2250系

昭和27年は高性能車の夜明け前の状況で、近鉄でもまだ研究中であったため、2250系の電装機器は2200系、2227系をベースとしたものに一部近代化された。主電動機は2200系と同じ吊掛式150kWで、制御装置はABF-M型発電制動付電動単位スイッチ式で多段式となり、順序開閉器はモ2200形の空気駆動から電動駆動となった。

制動装置はAMA-R型元空気溜管式自動空気ブレーキとなった。この装置はU弁より簡素で保守も簡易で、安価なA弁のAMA型に台車に制動筒を装備する台車シリンダー方式の使用により動作弁の容量を増すため中継弁を装備したものである。

形式は、モ2200形2201～2246に続いて、モ2250形となった。付随車サ3020形も2200系のサ3000形3001～3018に続いてサ3020形となり、車端に便所、洗面所が設けられた。

2250系の第1次、2次車のM車は両運転台で、

夏の上本町駅8番ホームで発車を待つ「すずか」の最後尾モ2252。増発にともない、夏休みの行楽客などにも特急は定着していった
昭31.8.2　写真／酒井福三

複々線上を走る下り特急モ2260ほか3連。上本町〜布施間の複々線化は昭和31年に完成している　　　今里〜布施　昭34.11.14　写真／沖中忠順

第3次車のM車は片運転台となり、第2次車以降のM車の前面窓はHゴム支持となった。台車は、第1次車はM車T車ともに住友FS-11型鋳鋼台車枠軸バネ式が装備され、枕バネはコイルバネになった。オイルダンパ、ボルスターアンカおよびブレーキシリンダーは、軽量化を目的に従来の車体シリンダーから台車の両側の側ハリ中央部に装備する台車シリンダー方式になり、多くの新機軸が採用された。

第2次車は第1次車と同じ軸バネ式で、M車が近車KD-5型、T車がKD-3A型で共に近車鋳鋼、鋼板組立台車枠軸バネ式で、前年の昭和28年製のク1560形の近車KD-3型の2250系版で、ボルスターアンカはないが、FS-11型と同様の新機軸が装備されている。第3次車は近車が新開発した軽量のシュリーレン式台車が装備され、M車はKD-15型、T車はKD-15A型が装備されて、第1、2次車より自重がM車で3t、T車で2t軽減している。

2250系は車体重量が2200系より軽くなったので、6両編成の場合、2200系での4M2Tに対し2250系は3M3Tが可能となった。2250系はM車10両に対しT車が9両で、あと1両のT車は昭和27年12月に2227系の元貴賓車サ2600形のサ2600を特急専用車に改造のうえ充当し、全席転換クロスシート化、蛍光灯化され、便所は撤去された。モ2250形、

モ6421形ともに電動発電機(MG)は近鉄初の交直両用式となり、室内蛍光灯の電源は交流となった。

◎6421系

名古屋線用の6421系はモ6301形、6401系と併結が可能で、制御装置はMMC-H型超多段式電動カム軸式、制動装置は2250系と同じAMA-R形、主電動機はモ6401形と同様112kWが装備された。制御車ク6571形は片側運転台で反対側には便所・洗面所が設けられた。

M車は両運転台、T車は片運転台で、台車は第1次車・第2次車のM車T車とも2250系と同様、住友FS-11型で狭軌用である。第3次車のM車(モ6426)は2250系のKD-15型の狭軌タイプの近車KD-16型シュリーレン式が装備された。6421系もMT比率の基本は1対1であり、モ6426に対応するT車は、昭和33年に急行用ク6561形のク6561を特急専用車に改造格上げし、運転台の撤去、客用扉を車端側に移設、便所・洗面所の新設、

ク6561形6561が特急用に格上げされ、サ6531形6531となり冷房化された　　　米野区　昭35.7.5　写真／丹羽 満

全席転換クロスシート化をおこない台車は日本車輌D-18型イコライザー式に替えられ付随車化されたのでサ6531号サ6531となった。

昭和28年9月に2250系、6421系の第2次車の登場とともに、9月以降特急専用車モ2230、2238、2246、サ3001の4両が急行用に、モ6301形、ク6472形が一般車に格下げされた。

戦後の参宮快速

戦後の参宮快速のハイライトは、姫路・鳥羽快速、名古屋・鳥羽快速のC51、C57による当時の参宮線、亀山～鳥羽間での重連運転であった。

亀山～一身田間の約10kmは下庄をサミットとして前後15～20‰の勾配があり、原則9両編成以上の場合には重連か後部補機とされたが、運行はターンテーブルと機関区のある伊勢市か鳥羽までであり、また亀山～伊勢市・鳥羽間の参宮線内の機関車の回送扱いの重連運転もあった。昭和28年以降になると、お伊勢さんへの修学旅行も復活して多客期の年末年始、春・秋の行楽・修学旅行期そして夏季などを中心に年間の約3分の1は重連運転の快速が見られ、活況を呈した。

重連は本来の目的は峠越えであったが、重連の快速列車が平坦な伊勢平野を疾走する姿は近鉄特急や2200系に対抗している国鉄の意気が感じられるようで、とても迫力が感じられた。ただ平坦線の伊勢平野では煙はなく、煙を吐く場所も下庄の前後や池の浦から二見トンネルのわずかな区間であったので、SLファンの目はあまり向かなかったようで、趣味誌などでも重連快速の写真はほとんど見られないようである。また関西本線の関～柘植間に有名な加太越えがあり、名阪快速や姫路快速はC51やC57、場合によってはD51が補機についていた。

戦前の4ルートの快速のその後の状況は以下のとおりである。

C51+C57の重連による鳥羽発姫路行快速。長大編成の客車が連なり、参宮快速は活況を呈していた
六軒～松阪　昭38.8.17　写真／田淵 仁

● 名古屋快速（湊町～名古屋間）

国鉄の意気込みは戦後も名阪間では積極的で、他の快速よりもいち早く昭和24年9月に準急として3往復が登場し、昭和30年7月には日本初の準急の気動車化が1往復おこなわれ、昭和31年7月には3往復ともに気動車化がなり名古屋～天王寺間を2時間40分台で走破した。

この頃、東海道本線の名阪間は、3本の特急が2時間～2時間30分、数本ある急行が3時間～3時間30分そして1往復の準急は3時間15分を要し、関西本線は東海道本線よりも15km短いこともあり、この気動車準急は東海道本線の急行よりも短時間であり、国鉄の名阪間の主力列車であった。一方近鉄の名阪連絡特急は国鉄の気動車化に対抗して2時間42分と同等にもっていった。

名阪間に設定された国鉄の準急「比叡」。当初は80系電車であった　京都　昭34.3.5　写真／沖中忠順

この気動車準急は昭和33年10月に「かすが」と命名され、一方、東海道本線の全線電化に伴い、昭和32年10月に東海道本線の名阪間準急が80系湘南電車化され3往復に増発され所要時間も2時間45分となり、のちに「比叡」と命名された。「比叡」の登場により、国鉄の名阪間輸送の主体は東海道本線に移った。

● 参宮快速（姫路～鳥羽間）

戦後は昭和28年3月に1往復の快速が復活し基本は7両編成で2等車が連結されたが、大阪～山田間3時間26分と戦前より約30分遅くなっている。昭和36年3月には京都～鳥羽間に気動車準急「鳥羽」1往復が登場したが、京都～山田間は2時間37分と戦前の快速より約20分遅かったので、快速はさらに遅くなり大阪～山田間は3時間35分となった。基本は5両編

ライバル同士が併走する光景も見られた。C5726の牽く鳥羽発姫路行快速列車　松阪付近　昭40.2.28　写真/佐竹保雄

気動車による初の優等列車となった関西本線の準急は、その後「かすが」と命名され、名阪間輸送の一端を担った
　　加太～中在家(信)　昭42.12.28　写真/福田静二

姫路快速と同じルートで京都～鳥羽間に登場した、「くまの」併結の準急「鳥羽」
　　　　　　　　六軒～松阪　昭38.8.17　写真/田淵　仁

成で1等、2等車が連結されて高級化された。
　戦前と同様、戦後になっても京阪神間からは乗換えなしで伊勢に直行でき、中国、四国、九州方面からも大阪駅での乗換えのみで利用できるため、また三重県内から京都へも便利なので、この快速の利用度はいぜん高かった。

● 参宮快速(湊町～鳥羽間)
　快速タイプの列車は復活せず、昭和25年10月に2等車連結の湊町～鳥羽間の普通列車が1往復設定された。上り湊町発は天王寺～奈良間では、王寺、郡山のみの停車であったが、約10年後の昭和36年10月の時刻表では2等車はなく各駅停車の完全な普通列車となって、準急「かすが」と姫路快速に亀山で乗継ぎ連絡となった。昭和36年10月の時刻表では直通列車はなくなっている。
　近鉄特急は、6往復、2時間4～7分なので、このルートの劣勢は否めなかった。

● 参宮快速(名古屋～鳥羽間)
　昭和25年10月に2往復の快速が復活。2時間14～18分とほぼ戦前並みの所要時間であった。東京～鳥羽間は昭和28年11月に夜行急行「伊勢」が東京～亀山間を湊町行急行「大和」と併結で登場した。昭和30年10月より急行「伊勢」に3等寝台車が連結された。この頃に快速への2等車の連結もおこなわれた。
　この快速も戦前と同様、戦後になっても名古屋から伊勢へは乗換えがなく、国鉄を利用する関東、北陸、東北、北海道方面からは名古屋駅での乗換えのみで利用できるため、また三重県内も津や四日市からは伊勢へは乗換えがなく便利なので、利用度も高かった。

その頃の他私鉄の新造有料特急車

近鉄特急に続いて有料特急を運行した小田急、東武鉄道も当初は一般車の格上げによる特急専用車両であったが、戦後が一段落したため各社とも近鉄2250系と同様、新製の特急専用車が登場してきた。

● 小田急1910形、1700系

小田急は昭和24年8月に1910形(のちに2000形に変更)が新製され、デハ1910形＋サハ1960形＋デハ1910形のMTMの3両編成で、2扉セミクロスシート、特急塗装として窓部は黄色、腰部と屋根部は青色のツートンカラーという近鉄特急調の塗色で登場。

昭和25年2月に国鉄が東京〜伊豆間に湘南電車を投入したこともあり、昭和26年2月にはオール転換クロスシートの本格的特急ロマンスカー仕様の1700系MTMの3両編成が登場した。

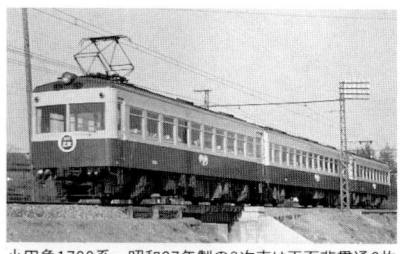

小田急1700系　昭和27年製の3次車は正面非貫通2枚窓で登場した。車内は転換クロスシート、喫茶カウンターを設けた　千歳船橋〜経堂　昭30.2.26　写真/荻原二郎

● 東武5700系

東武鉄道は昭和26年9月には戦後初の新造特急専用車5700系A編成モハ5700＋クハ700番台、2編成が登場した。正面2枚窓の流線型で、窓下に装着された左右に伸びた羽根状の特急マークから「ネコひげ」の愛称で呼ばれ、塗色も正面とサイドの腰板部、屋根部がマルーン、窓部はローズグレイと新たな特急色となった。

さらに正面貫通タイプのB編成モハ5710＋クハ710番台、1編成も登場、昭和28年3月にはB編成1編成と直角カルダンを装備したC編成モハ5720＋クハ720番台の2編成が製造され、都合6編成が製造された。

オールクロスシート、2両編成で2扉、明るい蛍光灯の室内、とくにA編成の流線型の5700系は戦後の混乱期を抜けた新しい時代の象徴であった。

東武5700系　最初の2編成は国鉄湘南電車の影響を受け、正面2枚窓の流線型となった
大谷向　昭33.8.17　写真/荻原二郎

● 京成1600系

京成電鉄は、昭和27年5月1日より上野〜成田間に、成田山新勝寺の参詣にちなんだ有料特急「開運号」が登場した。昭和16年製の2扉クロスシート車、クハ1500形4両のうち2両が電動車化され、MTTMやMT編成で運用された。翌昭和28年10月には新製の特急専用車1600系が登場。

正面2枚窓の湘南電車タイプの流線型で、吊掛駆動であるが、車内設備はリクライニングシートや白黒テレビなどの先進の設備や、百貨店の商品をPRするショーウィンドウも設置された。

京成電鉄の特急「開運号」1600系。上野〜成田間を結んだ　京成佐倉　昭42.2.5　写真/荻原二郎

内宮前で発車を待つ516　昭28　写真/中野本一

お伊勢さんを走った路面電車
三重交通神都線

藤井　建

　近鉄の前身である参宮急行電鉄と伊勢電鉄が目指した先は、いずれも日本人の心のふるさと「お伊勢さん」であった。

　今から40数年前になるが、昭和33年(1958)の秋、小学6年生であった筆者は、修学旅行で伊勢を訪れた。伊勢神宮を参拝し、二見で一泊。翌日は夫婦岩を見学し、鳥羽へ移動。真珠島を見た後は、今はなき日和山のエレベーターに乗って、全行程を終えている。

　このときの記憶はほとんど消えかかっているのであるが、今でも鮮明に覚えているのは、関西本線、参宮線は蒸気機関車が牽引していたこと、内宮近くの岩戸屋で昼食を食べたこと、三重交通神都線の電車に乗ったことである。

　今でこそ三重交通といえば、バス事業者というイメージしか浮かばないが、昭和30年代には戦時統合による鉄・軌道線を多く抱えていた。神都線もその一つであり、創業以来幾多の変遷を経た歴史のある軌道線であった。

　この神都線も廃止されてから40年を経た。この懐かしい神の住む街、伊勢の電車の軌跡を追ってみよう。

1 沿革

　明治29年(1896)10月に宇治山田町(現・伊勢市)内の電力供給を目的とした宮川電気株式会社が設立された。他の例にもみられるように、この会社も余剰電力で電車事業を企て、明治36年8月5日、本町～二見間7.6kmの電車営業を開始した。巷間伝えられるように、伊勢神宮への参拝客輸送を第一目的としたものではなかったのである。電力会社の電車だけあって、架線を支える電柱に家庭への送電線も架設されていたという。

　翌明治37年2月に社名を伊勢電気鉄道に改称し、38年8月に山田駅前～本町間0.3kmを延長開業し、参宮鉄道の山田駅に連絡する。続いて39年10月に古市口～宇治(のちの猿田彦神社前)間4.5kmと中山～二軒茶屋間0.6kmが開業し、ここに不完全ながら外宮～内宮～二見～外宮という周遊路線が完成した。

　この当時、二見、宇治の両終点は、わが国では珍しいループ線であった。これは、電車の救助網を付け替える労力を省くための措置とともに、付随車の付け替え作業を省略できるメリットもあった。さらにいえば、開業当初の電車はビューゲルを付けていたり、ドイツ製の台車を採用したりしていたので、このあたりドイツ流の影響を受けていたのではないかと類推される。

　その後、明治42年(1909)10月1日には、外宮

神都線概要図

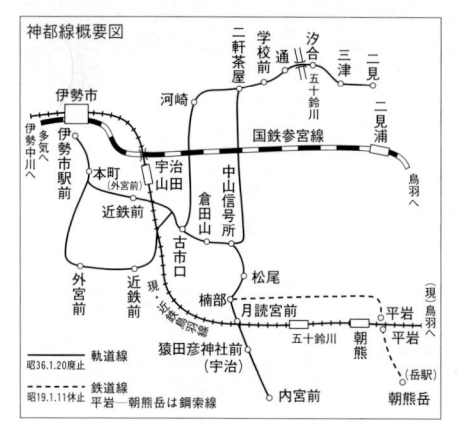

と内宮を結ぶ御幸道路上に外宮前〜古市口間1.3kmを開業した。これにより外宮から内宮へ行くのが便利になった。おそらく、この時点で日本では珍しい電車の右側通行が始まったのではないか、といわれている。

大正3年(1914)11月には、宇治〜内宮前間0.9kmが単線で延長され、ここに廃止まで続く神都線の路線網が完成した。なお、内宮前までの開通により、宇治のループ線は廃止され、その跡を利用して車庫が造られた。

大正11年5月、当時の電力業界は整理統合されるという流れの中で、伊勢電鉄も同じ三重県下の松阪電気、津電灯と合併して三重合同電気株式会社となった。

昭和3年(1928)には朝熊登山鉄道(楠部〜平岩間の地方鉄道と平岩〜朝熊岳間のケーブルカー)を合併し、朝熊線とした。

昭和5年に和歌山県下にも勢力を広げ、社名を合同電気株式会社と改めるとともに、京阪電気鉄道から和歌山軌道線を譲り受けている。

昭和12年には親会社である東邦電力株式会社に合併し、同社の津支店の管轄となり、「東邦電力山田電車」を名乗った。

しかし、軍事色が強まり、電力の国家管理が始まると、電力会社から交通事業を分離するようになり、14年に神都交通株式会社に譲り渡された。

戦争が激化した19年、朝熊線が不要不急路線として休止となり、地域別交通統制の一環として三重県下の鉄道、バス事業者が合併して社名を三重交通株式会社と改めた。

戦後も昭和30年代になると、観光バスの普及などモータリゼーションの進展は、神都線にも大きな影響を与えるようになった。昭和33年10月に開催された取締役会において、神都線の廃止を決議、12月には営業廃止の許可申請を行っている。

昭和34年9月26日、伊勢湾台風が襲来し、東海地方に大きな被害をもたらした。神都線も例外ではなく、このまま営業を休止するかと思われたが、10月5日には営業を再開している。その後、沿線の伊勢市と二見町が廃止に同意し、昭和34年の年末になって営業廃止の許可とバス代行の許可が下り、廃止が確定した。

明けて昭和36年(1961)の元旦から5日間、最後の正月輸送が行われ、1月14日に廃止を公告、19日をもって営業を終了。翌20日から代行バスが走り出し、ここに60年近く走り続けた神都線の電車は永久にその姿を消した。

2 路線と施設

神都線廃止時の路線名と営業距離は、次のとおりである。

・内宮線　伊勢市駅前〜内宮前　6.8km
・二見線　古市口〜二見　6.6km
・中山線　中山〜二軒茶屋　0.6km

団体貸切の臨時電車などには、連結運転がおこなわれた。
モ526＋モ527　内宮前　昭31.3.4　写真／中野本一

内宮前に進入する連結運転車、モ518＋モ517（のちのモ502＋モ501）。前照灯は取りはずし式で、昼間は付けていなかった　　昭31.3.4　写真／中野本一

合計14.0km。路線の約8割は専用軌道で、伊勢市駅前〜古市口、猿田彦神社前〜内宮前間が併用軌道であった。

　軌間は1,067mmで、レールは30kgが主体で、一部に37kgのものが使用されていた。電圧は直流600V。直接吊架式で、変電所は中山に設けられていた。

　車庫は廃止時には近鉄前近くの岩渕車庫のみであった。宇治と二見には開業時のループの一部を利用した車庫があったが、前者は戦後に取り壊され、後者は伊勢湾台風によって破壊されている。

　駅、停留場はそれぞれ4ヵ所、14ヵ所の計18あった。なお、駅名、停留場名は開業以来、しばしば変更されている。廃止時の名称は、路線図のとおりである。なお、伊勢市駅前は昭和34年の市名変更にともなって改称したもので当初は山田駅前であった。廃止時の乗車券には「山田駅前」表記のままのものが存在していた。また、本町（外宮前）は、上り線にあり、開業時の起点に近い。かつては下り線にもあったが、上り線のみなって、外宮前が括弧付となった。括弧のつかない外宮前は下り線のみにあった。

3　運　転

廃止時における運転系統は、次の3系統であった。

・伊勢市駅前〜古市口〜中山〜内宮前
・伊勢市駅前〜古市口〜二軒茶屋〜二見
・内宮前〜中山〜二軒茶屋

廃止時における運転間隔は、通常内宮線、二見線とも30分間隔の毎時2本の運転で、都市内の公共交通機関として機能している状態とはいえなかった。最盛期の6，7分間隔での運転からすれば、なんとも寂しい限りであった。

　ただし、大晦日から元旦にかけての初詣輸送では、内宮線では終夜7分30秒間隔、二見線は15分間隔で運転された。

　また、正月、春、秋の多客時には内宮前〜二軒茶屋の系統を二見まで延長して運転することがあった。この場合、内宮からの電車は、駅前からの電車に続行の形で運転された。

　ここで、神都線の最大の特徴である右側運転について記しておこう。伊勢市駅前から外宮を詣でるには、左側通行して本町（外宮前）で降りるよりも右側通行で、御幸道路上の外宮前で降りる方が、より外宮に近い。また、外宮を詣でた客が、内宮や二見に向かう場合も、わざわざ本町まで行くよりも外宮前で乗車した方が便利である。

　反対に、内宮や二見から近鉄を利用する場合も右側通行であった方が、宇治山田駅のより近くで降りることができるのである。つまり、乗客の流れと利便性を考えての右側通行であった。そして、古市口〜猿田彦神社前の複線区間や二見線での行き違いにおいても間違いを防ぐため、右側通行としていた。

4　廃止時の車輌

・36号形（36〜41・43〜54→モ511形511〜528）

　単車と置き換えるため、汽車会社・日本車輌・田中車輌の3社で総勢18両が製造された半鋼製ボギー車である。製造年が大正15年から昭和7年にかけて6回にわたったため、細部に変化が見られる。最も大きな特徴は、ドア間の窓の数で、36〜48は10個、49〜54は8個であった。

なお、42号は忌み番として欠番となっている。511形に改番されたのは、昭和19年（1944）三重交通になったときといわれる。

昭和26、27年の2年間に511～515の5両が山陽電気軌道に譲渡され、そのままの番号で使用された。

昭和30年に、517と518の二両が固定連結車に改造され、モ500形（後述）に改番された。翌31年からは519以降の電車も連結可能に改造が施され、モ580形（後述）となった。ただ、1両516のみがモ511形として残った。

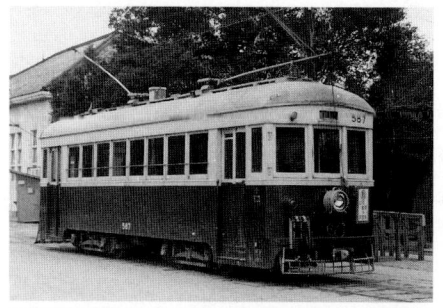

総勢18両が製造された36号形の中から連結可能に10両改造されたのがモ580形。小形の密着連結器を装備している。モ587 外宮前　昭26.1　写真／中野本一

・301号形（301～303→モ541形541～543）

昭和12年に製造された半鋼製ボギー車である。全長12.5m、定員90人は神都線の電車としては最大級であった。車番は従来の追番方式では55～57となるべきものが、いきなり300代となったのは、東邦電力になって初の新車ということ、入線時の昭和13年から3にちなんだともいわれている。

廃止後は、全車豊橋鉄道に譲渡され、豊橋市内線のモ600形（601～603）となった。

・モ500形（501・502）（2代目）

モ511形517と518の2両の連結面側の運転台とポールを撤去し、小型の密着連結器、ブレーキ線などを取り付け、固定編成としたものである。貫通幌は取り付けられなかった。

廃止後は、516ともどもかつては同じ経営体であった和歌山電気軌道に引き取られ、同社のモ710形（711～713）となった。

・モ580形（581～590）

モ511形の519～528を連結可能に改造したものである。奇数番号車と偶数番号車のそれぞれ片方にだけ小型密連とブレーキホースを取り付け、奇数番号車と偶数番号車とが連結できるようにした。

単独運転では従来と変わらず、連結運転の場合は、前位車が駆動車となり、後位車はポールを下ろしてトレーラーとして走った。車掌はポールの操作をするため、前位車に乗務する必要があり、連結運転は団体貸切の場合に限られたようである。

モ500形同様、廃止後は全車、和歌山電気軌道に譲渡され、モ700形（701～710）となった。

これらの電車の塗色は、戦前から戦後昭和20年代末期まではダークブラウン一色であったが、順次、窓から上がクリーム、腰板部がグリーンの三重交通色に塗り替えられた。

・電動貨車（貨1）

明治41年製。ドイツのバウツェン社製の車体にシーメンス社製の電気機器を装備した電動貨車で、明治期における純粋の外国製の車輌として貴重な存在であった。

火力発電所の石炭輸送のため、無蓋貨車の牽引用に購入されたという。戦前、戦後のしばらくは水槽を載せ、散水車として未舗装区間の散水にあたったこともある。晩年は貨車に戻り、工事用に使用された。

昭和21年生まれ、愛知県岡崎市在住、日本路面電車同好会会員、著書に『名鉄岡崎市内線』

第 3 部
新鋭、新性能特急車の登場
昭和29年(1954)〜昭和38年(1963)

全く新しい発想による電車特急10000系ビスタカーが華々しく登場した。
悲願の名阪直通の際に登場したのが10100系。
流麗なスタイルはビスタカーの名を高めた。
私鉄特急をつねにリードする特急車両が続々と登場していく。

モ10100形　　　　　　　　　　　　写真/沖中忠順

I 東海道本線の電化と新性能特急車の開発
昭和29年(1954)

◆ 東海道本線への対応策

　国鉄東海道本線は、昭和31年(1956)11月に最後の区間、米原～京都間の電化が完成し、全線電化がなった。

◎ 新たなライバル出現

　東海道本線の大阪～名古屋間には、昭和28年11月に蒸機列車の準急が登場、所要時間は3時間35分で、電化直前は2時間55分であった。電化後は電気機関車牽引となり3時間15分となったが、昭和32年10月には、80系湘南電車に置き替えられ3往復に増発されて、所要時間が2時間45分と近鉄名阪特急の2時間35分と差がなくなってきた。

　東海道本線は国鉄随一の主要幹線で完全複線、高速路線形、重軌条と高速電車運転に有利な路線であり、いまだ単線や乗換えのある近鉄線に比べ格段に高レベルな路線のため、ここに東海道本線が近鉄名阪特急のライバルとして新たに浮上してきた。この対抗策として、より高速走行を可能とする路線の改良整備と高速特急専用車の開発、そしてサービスの向上が近鉄の課題となってきた。

◎ 路線の改良・整備

　大阪線は名張～中川間約40kmが単線区間であり、名古屋線は伊勢平野を走り直線区間が多いものの、木曽、長良、揖斐の3川の大橋梁などの単線区間や、四日市市や津市内の急カーブなどが存在しており、いずれ高速路線への改良の必要があった。

　しかし大阪・伊勢・名古屋間の進出がなった昭和13年は日中戦争のさなかで、以後太平洋戦争に突入、続く戦後の混乱で、施設や車両の復興・整備、安定運行が最優先の課題であったので、これまでは路線の改良・整備に手をつけることができなかった。昭和30年代に入ると戦後の復興も終わり、東海道本線への対抗策と、都市圏の混雑対策や中長距離客の増加に対応するため、近鉄も路線改良・整備に取り組む時代になってきた。

◎ 四日市付近の急カーブ解消

　手始めに取り組まれた大改良工事の一つが名古屋線の四日市市内の海山道～川原町間で、四日市・諏訪付近にある半径100mの急カーブの解消であった。

　この区間は伊勢電時代に造られたもので、国鉄四日市に連絡するため海山道の北方で関西本線をオーバークロスすると北東にカーブして関西本線沿いに国鉄四日市駅に隣接した四日市に達する。さらに四日市の中心部、諏訪を経由して川原町に至るルートで、四日市から名古屋方面に出るところに左急カーブがあり、次の諏訪を出ると今度は右

半径100mの急カーブが存在した旧四日市～諏訪間。名古屋線の車両大型化のネックとなっていた

旧諏訪駅近くに移転した四日市駅。中心街に近く、その後、駅付近は発展を見る
写真提供／近鉄資料室

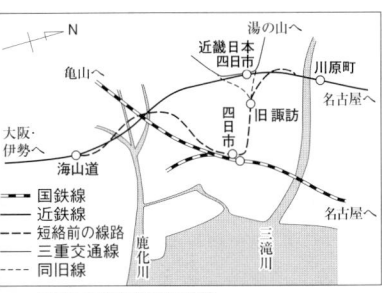

四日市付近の線路短絡図

上本町～布施間の高架複々線上を行く、大阪線2250系特急と奈良線800系特急。奈良線の特急は、この複々線化を機に運転を開始した

完成間近い今里駅。南側に腹付け線増された
写真提供／近鉄資料室

急カーブがあって速度が出せないうえ、上下列車の対向時の車両間隔の制限から20m車が入れないという名古屋線の最大のネック区間であった。

改良は四日市市の都市計画に沿い、国鉄四日市から新設の80m道路で西方約1kmの場所に近鉄四日市を新設し、名古屋線は国鉄四日市を寄らず、海山道、近畿日本四日市、川原町をほぼ直線にショートカットされ、昭和31年9月に完成した。近鉄四日市は、旧諏訪の移転新設駅で、旧諏訪を起点にしていた当時の三重交通の湯の山線、内部・八王子線の起点も、近鉄四日市に移設された。

直前の昭和30年7月には、江戸橋～高田本山～逆川分岐間の複線化・短絡化もおこなわれた。

これらの改良工事により名古屋線は狭軌ではあるが、大阪線サイズの車両（連結面間長20.720m）の走行が可能となった。

◎ 上本町～布施間の高架複々線化

大阪線の一番の隘路は上本町～布施間4.1kmで、当時は布施より架線電圧600Vの奈良線に乗り入れていたが、特に奈良線の朝夕の通勤輸送混雑が激しくなり線路容量が限界に達していた。さらに城東線（現・大阪環状線）鶴橋駅との乗換え混雑がひどく改良が必要なことや、大阪線の将来性から鶴橋駅の改良と奈良線・大阪線の分離工事がおこなわれた。

高架複々線化は奈良線の南側に大阪線の複線を腹付け線増する形で、北側2線は奈良線、南側2線は大阪線となり、昭和31年12月に完成した。従来は600V区間に乗り入れていたため、大阪線の列車は主電動機出力の低下により50km/h程度の速度でしか走行できなかったが、複々線化により上本町まで大阪線の専用線で架線電圧1500Vとなりスピードアップとなった。

四日市付近の直線化と上本町～布施間の高架複々線化によるダイヤ改正が昭和31年12月21日におこなわれ、名阪特急列車の所要時間は7分短縮の2時間35分となった。

上本町駅も改良工事がおこなわれた。ホームを増やし、構内にあった立体交差と踏切が廃止された　写真提供／近鉄資料室

日本初の冷房電車となった2250系の車内。室内風導は既設の天井に直付けされた
写真提供／近鉄資料室

◎ 車両のサービスアップ―冷房化

　昭和32年6月には2250系、6421系で冷房が開始された。日本で最初の電車冷房は昭和11年7月に南海の301系に装備され特急として運用されたが、日中戦争勃発により贅沢だとしてわずか1年で中断された。したがって本格的な冷房の使用実績としてはこの2250系、6421系が日本最初の電車といえよう。

　当時は電車用の冷房装置はなく、船舶用のものを流用した集中式の冷房装置がT車に設置され、サ3020形、ク6571形、サ6531形の床下には圧縮装置、凝縮装置、屋根の両車端部には調和装置が2基設置され、1基は自車に冷風が供給され、も

冷房装置はT車に設置され、連結面のダクトを通じて冷風がM車へ送られた
写真提供／近鉄資料室

う1基はダクトを通じてM車に冷風が供給された。M車のダクトはパンタグラフの反対側の車端部に取り付けられた。圧縮装置の電源のみは、大容量の電動発電機がまだ開発されていなかったので、架線の1500Vであった。凝縮装置、その他送風装置の電源は電動発電機より供給された。

◎ 公衆電話・ラジオを設置

　32年10月にはモ2257～2260の4両に電話室を設置、上本町～中川間で列車公衆電話の使用が可能となり、同年12月には2250系、6421系の全車にシートラジオが設置された。NHKラジオ第一、第二の聴取が車内で可能となり、サービスの向上がおこなわれた。

　昭和32年初めには、リクリエーションカーのモ2303が格下げされ、大阪線用モ2229、サ2600と、新たに特急専用車に格上げされたモ2231、モ2241の4両と名古屋線用6401系5両が増結用として使用された。

「日本最初の走る公衆電話」として、社内誌「ひかり」にも紹介された

冷房取付後の2250系の特急。冷房を使用しない季節のため、ダクトに蓋がされライト付の2250形の運転台が先頭になっている
安堂～河内国分　昭35.3.5　写真／中林英信

昭和32年から特急車に格上げして使用された2227系4両編成。
2231＋2600＋2229＋2241
　　　　　明星区　　昭34.9.17　　写真／藤原　寛

元貴賓車サ2600も特急専用車に改造された。車内は、大阪線初のオールクロスシートとなった
　　　　　明星区　　昭33.11.23　　写真／櫻井儀雄

◆ 近鉄の新性能特急車両の開発過程

　昭和25年になると、国鉄の湘南電車やディーゼル準急など新型高速車両が登場し、一方大都市圏では通勤・通学輸送混雑への対応が要求されてきた。アメリカやヨーロッパからの技術情報も入り、鉄道界には新性能の高速車両、通勤車両の開発が取り組まれつつあった。昭和28年には日本初の量産新性能車、地下鉄丸ノ内線用営団300形が登場した。

　近鉄で最初に取り組んだ車両開発は車両の軽量化で、前述のとおり鉄道界で最も早く昭和27年に軽量車体を開発し、従来車に比べて20％の自重の軽減を果たした。車両の軽量化は、軽い分、動力の節約と出力アップによる速度の向上につながり、また車両の軌道に与える衝撃が軽減するため、車両・軌道の保守経費も軽減するなどその効果が大きいものであり、車体の軽量化のみならず電装機器類や台車、内装品、材質などの軽量化も目標であった。

　そして新鋭特急専用車の開発のためには、さらに高速化に対応する台車、主電動機、駆動装置、制御装置、制動装置などの開発が必要であった。近鉄は近畿車輌と組んで、以下のような試作車や新性能一般通勤車等を開発・製作する中で、新性能特急専用車両を開発していった。

新性能車のパイオニア 1450形

　昭和27年に最初の軽量車体構造が採用された大阪線のク1560形のうち、昭和29年7月に1564と1565の2両が電動車化改造されて、近鉄最初の新型高性能車1450形1451＋1452の1編成が試作された。大阪線の33‰連続急勾配での高速走行の技術開発も目的とされた。本編成には新技術によるMM′ユニット方式、WN平行カルダン駆動方式そしてシュリーレン式台車、高速主電動機、電気制動の常用等のいわゆる高性能車の機能が装備され、次世代の特急専用車、一般通勤車製造のため3年間の使用実績により、量産化へのデータが提供された。

(1) MM′ユニット方式とは、1つの制御装置で2両分8個の主電動機を制御する方式で、現在では1C8M方式といわれている。従来の電動車は1車両に1つの制御装置であるが、

近鉄最初の新型高性能車の1450形。車体は流用だが、以降の特急車の基準となる多くの実績を残した
　　　　　　　　　　　　写真提供／近鉄資料室

近鉄の標準台車であるシュリーレン台車も、この1450形で試用された。1452のKD-7型

WNドライブ（円内）

MM'方式により1つの制御装置が不要となり回路も簡略され、経済効果、軽量効果がある。2両8個の主電動機が4個直列の2群となり、主電動機の端子電圧が375Vと低くなったので、フラッシュオーバーの解消など保安度が向上して、高速からの発電制動が可能となり高い減速度の常用が可能となった。

またM車とM'車に両車のスペースと重量バランスのため機器が分散装備され、M車には制御装置系主制御器、主抵抗器、パンタグラフ等、M'車には電動発電機、空気圧縮機等が装備されている。

近鉄と三菱電機により昭和29年7月に特許申請がなされている。この方式は、同時期の小田急の新製車デハ2200形をはじめ、以後多くの私鉄や国鉄に採用されたが、とくに長編成には大きな経済的なメリットがあるので、国鉄は昭和32年の試作モハ90系での採用に始まり、以後の新型の電車編成に採用されていった。

(2)制御装置は2250系と同じABF-M型電磁空気単位スイッチ式発電制動付で、本格的な多段式となった。制動装置はAR-D型電空併用ブレーキ式が採用され、電気ブレーキは主幹制御器により操作される勾配区間抑速用とブレーキハンドルにより操作される電空併用の停車用が装備された。主電動機はオールM編成の一般車なので小出力の80kWが採用された。制動装置はその後HSC-D型電磁直通電空併用ブレーキ式に換装され試用された。

(3)従来の駆動方式は、主電動機の重量の一部を直接動輪軸で支える吊掛駆動方式であったが、台車のバネ下重量の軽減、軌道や主電動機への衝撃防止のため、主電動機をバネ上の台車に装架する、いわゆるカルダン駆動方式が採用され、近鉄ではWN平行カルダン駆動方式（WNドライブ）を介して動輪軸を駆動する分離駆動方式が採用された。この分離駆動方式により小型、高速回転、高出力の主電動機の搭載が可能となった。この方式はアメリカのWestinghouse社とNuttal社が開発した方式で、既にニューヨーク地下鉄の750両、ストックホルム地下鉄の260両などに使用実績があるもので、主電動機をバネ上の台車枠に固定装架し、主電動機と動輪軸との間に歯車を組み合わせた歯車形たわみ軸継手（ギヤーカップリング）を用いる方式である。

歯車形たわみ軸継手の自由なたわみ性（可撓性）により、台車に装架された主電動機と動輪軸との変位にもかかわらず、円滑に主電動機のトルクが動輪軸に伝達されるものである。1450形でWN方式が初めて装備され、以降の動力車には、標準軌、狭軌とももっぱらWN方式が採用されている。継手部がスペースを取るためか、狭軌よりもむしろ標準軌で多く採用された。注目すべきは標準軌の東海道新幹線やJR新幹線でももっぱらこのWN平行カルダン駆動方式が採用されている。

(4)近鉄の標準台車、シュリーレン台車も

初めてこの1450形に試用された。シュリーレン台車は高速軽量台車で、スイス国鉄SBBの標準台車として実績があり、昭和28年に近車とスイスのシュリーレンに所在するスイスカー・アンド・エレベーター社、俗称シュリーレン社との技術提携によるもので、客車用の台車を近車で近鉄の電車用に開発したものである。

シュリーレン式は油浸形円筒案内式とも呼ばれ、軸箱支持装置は円筒の軸箱案内により軸箱を保持する方式で、上筒と下筒からなっている円筒の中には油が入っており、オイルダンパの役目を果たして上下振動を減衰させるもので、円筒の外側には保護円筒とコイルバネがあり、外観はウィングバネ式に似ている。軸箱守(ペデスタル)がないので摺動部がなく保守性に優れている。台車枠は鋼板溶接構造を採用した板プレス溶接組立式の軽量台車である。

モ1451にはKD-6型、1452にはKD-7型が装備された。KD-6型は半楕円形の板バネがゆれ枕となっている構造で、KD-7型は板溶接のリンク式ゆれ枕と3重コイルバネが使われ、さらにゆれ枕に上下動用と左右動用のオイルダンパが用いられている構造で、試用の結果KD-7型台車が以後の近鉄の標準台車となった。その後1451の台車は、KD-6型の部品も使われて特急専用車用のKD-25型空気バネ台車が試用された。

シュリーレン社の技術導入による軽量・張殻構造車体、奈良線特急車800系

昭和31年12月に上本町～布施間の奈良線、大阪線分離の複々線が完成したが、これを機に登場したのが、奈良線急行車用800系、McTMcの3連(のちに4連化)で、客用2扉、オールロングシートである。昭和30年3月に登場し、近鉄初の新性能量産車となった。奈良線初の料金を徴収しない特急運転用に投入され、上本町～奈良間を30分で結んだ。

前面は湘南電車タイプの2枚窓で、エンジ色の塗装、鹿の走る姿の特急ヘッドマークを付けた颯爽とした姿は、当時ダークグリーンの旧型の小型15m車ばかりの奈良線車両のなかで衝撃的なデビューであった。

この800系は、近車が昭和28年に軽量車両の先進国、スイス・シュリーレン社より導入した軽量車体技術で製造されたもので、航空機と同様の強度剛性の張殻(モノコック)構造で、全体に丸みを帯びてスイスやドイツ調の外観となり、普通鋼板をプレスした全溶接構造となった。床構造には波形鋼板(キーストンプレート)が使われ、室内にアルミニューム合金板を使用した軽量耐火構造になっている。さらに機器吊金具の軽量化や配管・電線のビニール化により軽量化が図られた。

800系はMM′方式ではなく、従来の単独M方式を採用した。これはMM′方式の試作1450形が登場したばかりで試用段階のため800系への採用は当初より計画にはなかった。また経済的な面からMTやMcTMc編成の高性能車の要望があり、強度を増した改良型のWN駆動の開発と110kW主電動機によ

近鉄初の新性能量産車の奈良線800系。料金不要の特急として、上本町～奈良間を30分で結んだ
上本町　昭34.7.14　写真/沖中忠順

り単独M方式の高性能車が可能となったものである。前年の昭和29年10月に新製された奈良電鉄の特急車デハボ1200形が同じ110kWの主電動機、WNドライブを装備しており、この三菱製のMB-3020B型主電動機は、この後の近鉄特急専用車両や大阪線一般車の主力電動機となっていく。

6800系 オレンジと白帯の塗色となり、車体の腰部にはステンレス製の白いラビットマークが取り付けられた
昭32.11.1 写真／田中鎮司

新性能車の原型、新型通勤車1460形

1460形は昭和32年3月に、試作車1450形の大阪線用のMcMc編成の量産一般通勤車として登場した。旧型一般車と同数の3つの客用扉は乗降しやすい幅1300mmの近鉄初の両開扉となり、その車体形態は以後の近鉄新性能通勤車の原型となった。

1460形の車体は、ク1560形、2250系で培われた近鉄・近車の独自の軽量車体技術と、800系の製造で会得したスイス・シュリーレン社の軽量車体技術から、それぞれの長所・利点を生かして、簡素な製造工法が研究・検討され、より洗練された張殻構造の車体となっている。

また制動装置はその後の主流となったHSC-D型電磁直通電空併用ブレーキ式が初めて装備された。電磁弁により各車両は連結両数に関係なく同期的にブレーキが作用する応答性の高い高性能ブレーキである。さらに乗客の多少にかかわらず常に一定の速度が得られる可変荷重機構付である。

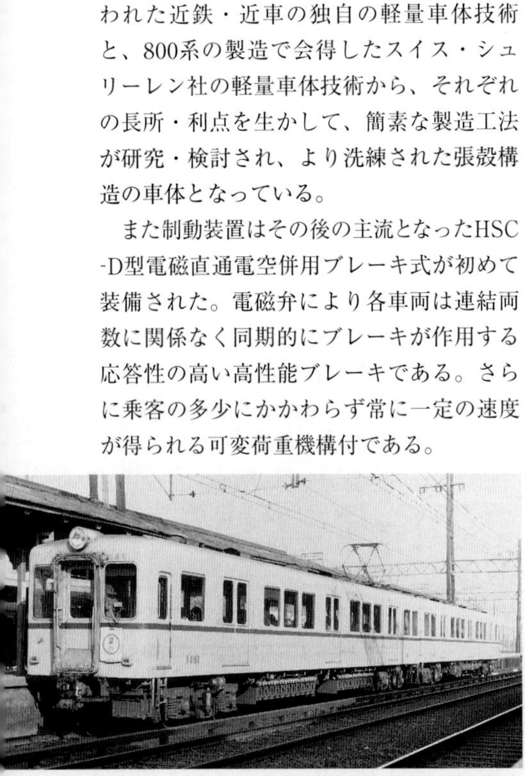

新性能特急専用車への技術的完成車
決定版通勤車6800系

昭和32年10月に、南大阪線通勤用としてMcMc編成のモ6800形、増結用単独Mcモ6850形が登場した。通勤対策用の高加減速性能により「ラビットカー」のニックネームが付けられた。

1460形と比べるとさらに洗練された車両となり、両開4扉、2連窓、2灯式のシールドビームの前照灯となって本形式が以後の近鉄の標準一般通勤車となったが、車体の構体構造も、さらに完成度の高い軽量張殻構造となり、単独M車で800系よりも約10%軽減された。

制御装置は三菱製では近鉄最初のABF型電動操作カム軸スイッチ式となり、抵抗器など床下機器の多い特急車用に適したコンパクトタイプである。シュリーレン台車は、板プレス溶接組立式、ブレーキシリンダが外付4個になり、機構の軽量化と効率の向上が図られている。

以上の経過をたどり、全金属製軽量・張殻構造車体、WN平行カルダン駆動方式、シュリーレン式台車、MM′ユニット方式、電動カム軸式制御器、HSC-D型電空併用制動装置等による、いわゆる新性能・高性能車両が開発された。一般車では大量頻繁輸送の立役者、新性能通勤車が各線区別の仕様で量産段階に入るとともに、特急専用車の技術的、性能的基本の完成となった。

1460形 クリーム色に青帯で登場、近鉄初期の新型一般車の標準塗色となった 布施 昭34 写真／藤原 寛

II 名阪ノンストップ2階建て特急ビスタカー

昭和33年（1958）

◆ 我が国初の近代的特急専用車

　昭和27年（1952）1月の社内誌「ひかり」に将来の特急専用車の構想が紹介されている。TcMMTcの4連で、先頭車はハイデッカーの展望室となったイラストで、車体の軽量化、モノコック構造化、流線型、連接化によるM・T重量配分の平均化、重心の低下・バネ下重量の低減、台車方式の改良、多段式制御と電制の併用、ロマンスシート・冷暖房の採用等が提案され、これにより快適・高速度でかつ近鉄の看板列車をめざす特急車構想であった。社内での検討も進められていたが、昭和28年3月登場の2250系には反映されなかった。

◎ 国鉄以上の看板電車を

　国鉄東海道本線用の新性能特急電車・急行電車の開発が伝えられており、近鉄は会社創業50周年にあたる昭和35年に名古屋線を改軌し、名阪直通の高性能特急電車を開発して、国鉄特急電車以上の看板特急電車

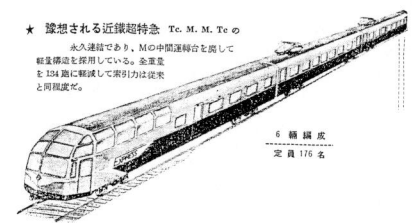

社内誌「ひかり」に紹介された特急の構想　昭和27年1月号

の運転を計画していた。最高の特急専用車を生み出すために、前述の試作車や通勤車の開発を経て高速性能車両や快適・豪華な内装仕様など種々の開発・検討や実用試験をおこない、万全を期していた。

◎ 2階建て電車の構想

　昭和33年（1958）6月に試作の新性能特急専用車、10000系7連1編成が登場した。試作車にもかかわらず、世界最初の2階建て電車となり、「眺望・展望」の意のVISTA　CAR（ビスタカー）と、近鉄で初めて特急車両に愛称名が付けられた。10000系の形式番号は過去の車両との関連はなく、新しく特急専用車として1万の番台が与えられた。

今までにはない数々の新機軸をまとって、ついに姿を現した10000系。先頭車の前頭部には大きな「特急」のマークが輝いていた
高安区　昭和33.8　写真／村多　正

大陸横断鉄道のディーゼル機関車牽引の2階建て列車から発想された

この2階建て電車の構想は、近鉄特急列車が復活した翌々年の昭和24年に当時の佐伯専務が渡米視察の折にバーリング鉄道のシカゴ〜ニューオーリンズ間の大陸縦断列車、ブルドッグノーズのディーゼル機関車に牽引された2階建て車両から発想されて開発されたものであった。

編成は、大阪寄からモ10001－モ10002＋ク10003－サ10004－ク10005＋モ10006－モ10007の7両固定の編成であった。中間のク10003－サ10004－ク10005の3両は連接構造でク10003、ク10005は2階構造となっている。7両編成であるが、McM・TcTTc・MMc単位になっているので、需要に応じ適宜、7両編成のほか、モ10001〜ク10005またはク10003〜モ10007の5両編成さらに全電動車のモ10001－モ10002＋モ10006－モ10007の4両編成が可能となっている。編成によりMT比率が異なるので制動操作は、熟練運転士の腕の見せ所でもあったようだ。

◎ 形式ごとに異なる車体長

10000系の列車編成長は営業部門の要請や在来駅のプラットホーム長より設計段階で130mと制限されたことと、連接構造の採用等の制約により7両の各形式によって車体の長さが異なっているのも特徴で、先頭車モ10001、10007の全長は20.45m、次位のモ10002、10006は20.00m、ク10003、10005は17.10m、サ10004は13.70mであり、7両編成の全長は128.80mとなって、2250系6連120mより8.80m長くなっている。また10000系の定員は440人で、2250系6両編成の

384人より56人多くなっている。

塗色は新しく窓部分がオレンジ色となり、腰部分と屋根は近鉄特急車伝統のダークブルーである。

車体のデザインは全体にはヨーロッパ調であるが、先頭車の前面は非貫通の流線形でアメリカのブルドッグノーズタイプのディーゼル機関車EMDE7A等の前頭部を意識したような形状である。傾斜のついた大きな2枚窓の目立つ堂々たる構えのスタイルで、初の高運転台が採用され床は60cm高くなった。前照灯もシールドビーム2灯が採用された。前頭部の塗色も湘南電車のようにRのついたV字状に塗り分けられ、先頭には大きな特急マークが取り付けられた。

先頭部に連結器が見られないが、引出し式の簡易連結器が台枠内に収められておりカバーがされている。この連結器は車庫や検車区内での使用に限定されていた。ク10003、10005の貫通タイプの前面は、2250系の面影が感じられる。

◎ 眺望のきくビスタドーム

車体はこれまでの開発をベースにした全金属・全溶接軽量構造、張殻構造車体となっている。室内の内張りは不燃化と保守費軽減のため塗装せず、耐褪色性にすぐれたデコラを用い、一般室の天井は蛍光灯が2列に配置され、座席は初の回転式2人掛クロスシートとなり、シートラジオが設置され、先頭車前面の特急マークの内側にラジオアンテナが格納されている。列車電話室がM車に、便所・洗面所はMc車の運転台の反対端とT車に設けられている。

ク10003、ク10005の2階構造は、車両定規と頭上の高圧の架線により、客室空間の確保に大変苦労があり、台車の部分は2階構

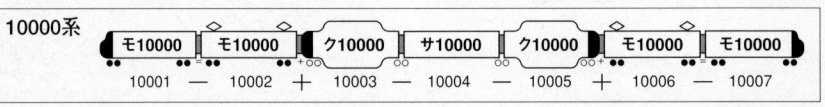

10000系	モ10000	モ10000	ク10000	サ10000	ク10000	モ10000	モ10000
	10001 － 10002 ＋ 10003 － 10004 － 10005 ＋ 10006 － 10007						

－永久連結　＋連結

モ10000形10001　上本町寄りの先頭車。運転台は室内より60cm高くした。引出し式の連結器が台枠内に収められている
　　　　　　　　　　　　　　　　　　　　　　　　　　　　明星区　昭33.8　写真/鉄崎明生

モ10001の室内　初の2人掛け回転式クロスシートとなった
明星区　昭33.11　写真/櫻井儀雄

モ10000形10006　中間電動車、先頭車のモ10000形とMM'ユニットを組む
明星区　昭38.5　写真/丹羽　満

ク10000形10003　中間3両連接ユニットのTc車、屋根上にビスタ・ドームを持つ
明星区　昭38.5　写真/丹羽　満

ク10005　2階室の室内　座席は1人掛けと2人掛けの回転式。座席枕部に見えるのはラジオのイヤホーンと消毒函
明星区　昭33.11　写真/櫻井儀雄

サ10000形10004　3両連接ユニットの中間T車、3両分の機器を装備するが全長は13.7m
明星区　昭38.5　写真/丹羽　満

99

初の2階建て電車10000系の試運転列車が山間部の渓谷沿いを快走する。山間部の緑に映える、オレンジとブルーの塗り分けとなった
三本松〜赤目口　昭33.6.22　写真/髙橋　弘

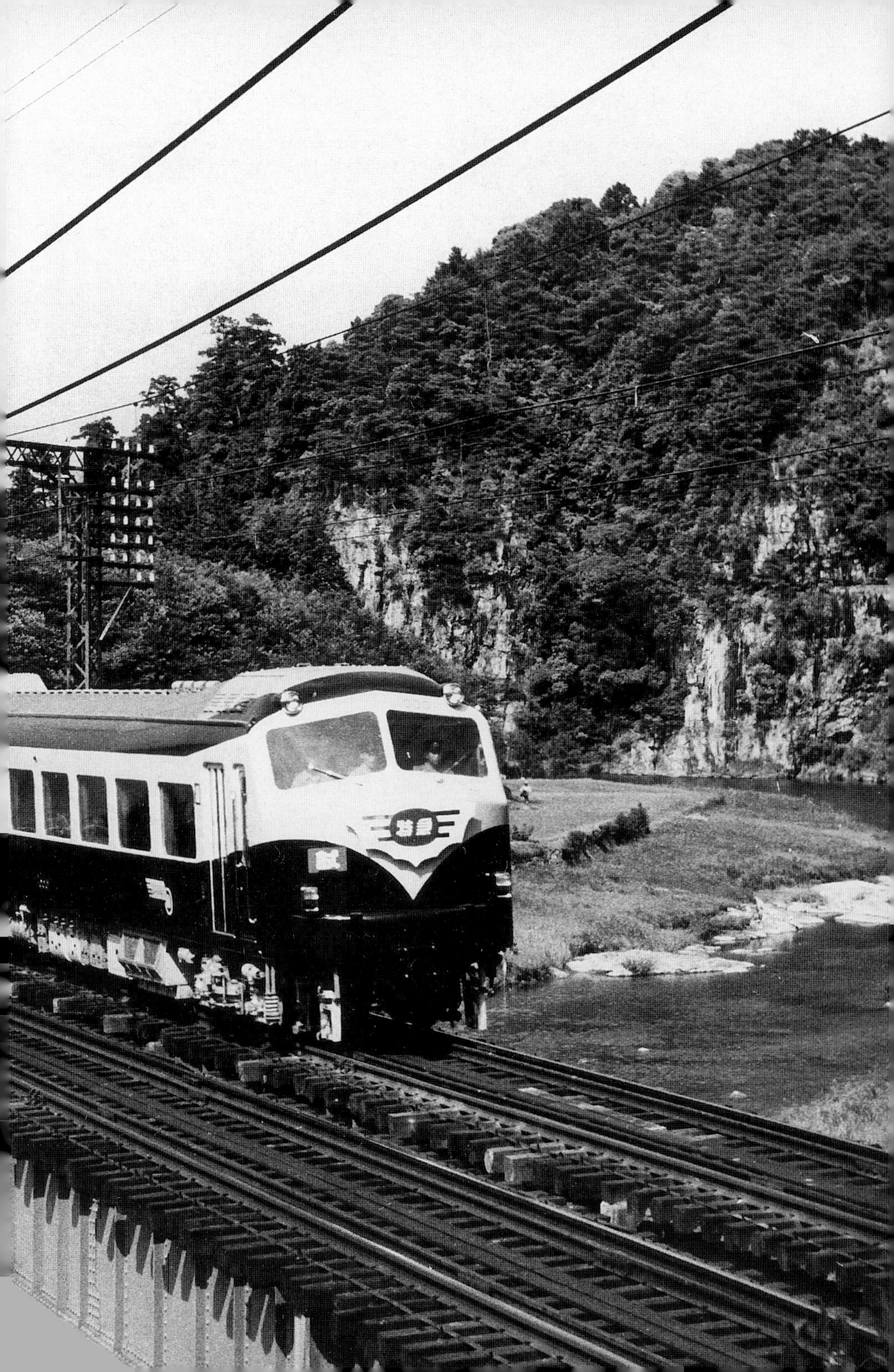

造にできないので、3両の連接構造となり、中間のT車に3両分の機器が装備された。2階部分は、アメリカ大陸横断鉄道のロッキー山脈やカスケード山脈の山岳・渓谷などの景勝地を走るカルフォルニア・ゼファー号やデイライト号などの展望車と同様の屋根上の展望（ビスタ）ドームタイプで、屋根の高さは4060mm、床面は2台車間に軌条面上405mmまで下げて2階構造とし、一階の天井の高さは1835mm、2階は1700mmである。ドーム部の屋根は架線に近いため屋根の絶縁を特に強化し、ドーム部の前後方には窓を設けず架線の断線時の安全に留意している。

カリフォルニア・ゼファー号の展望車

ビスタドームは、2人掛と1人掛の3列で、ともに回転式クロスシートであるが、眺望を良くするために10度外方向に向いて固定され、背ずりも低くなっている。連接部の幌は騒音の低減のため二重構造で、通常の貫通路用の内幌と、車体断面にあわせた外幌が設けられ、さらに外幌は3車体の一体感を出すとともに抵抗の減少を図っている。他の連結部は通常の貫通路用一枚幌である。

一般客室窓は、冷暖房の気密性を保持するために固定窓が採用され、さらには従来の単なる1枚ガラスではなく複層のペアガラスが採用された。ペアガラスは熱線吸収ガラスと強化ガラスの間に乾燥窒素が封入され断熱性と遮音性に優れて、走行騒音の低下と冷暖房に効果がある。また一般客

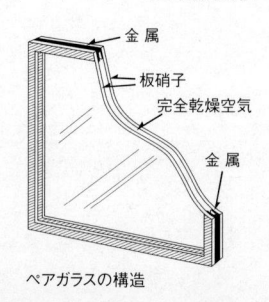

ペアガラスの構造
金属／板硝子／完全乾燥空気／金属

室窓には回転式クロスシート2席分の幅1500mmの広幅窓となり、一般客室もVISTAのコンセプトにより展望性を増している。この幅1500mmのサイズは、当時のガラスメーカーで製作できるペアガラスの最大サイズであることから決まったそうである。

モ10000形には初の4枚折戸が採用された　宇治山田　昭38.8.19　写真／丹羽　満

Mc・M車の客用扉には日本最初の4枚折戸が採用された。引戸の戸袋部分の窓は客用には不向きであったが、折戸はこの戸袋が不要となり、その分通常の窓の座席とすることができ、また冷暖房の気密性を高くできた。4枚折戸は開いた時に各々2枚がきっちり重なるように造るのが難しく、設計の苦心点のひとつであった。中間3両のTc・T車は4枚折戸が内側開きで扉付近の空間が狭くなるので引き戸となった。

四季を通じて最適な温度調節可能な空気調和装置が屋根部に設けられ、冷房装置は2250系で使われている川崎重工業製KM7型の電源がすべて交流化された集中式のKM7A型より冷風が供給された。冬季には屋根部の空気調和装置内に設けられた暖房ヒーターにより温風が供給される。先頭車には空調装置が2基設置され、運転台屋根部は自車分、後寄り屋根部は次車にダクトで供給され、中間3両は、真中のモ10004に空調装置が設けられ、ダクトで前後車に供給されている。

ジャンクション、伊勢中川駅に到着した10000系特急　　　　　　　　　　　　　　　昭34.7.12　写真/野崎昭三

◎ 特異な制御方式

　電動車にはMM'ユニット方式の制御装置が採用され、先頭車のモ10001、10007がM'車、中間電動車モ10002、10006がM車で、M車には近鉄では初めてパンタグラフが1両に2基装備された。制御装置は6800系で採用されたABF型電動操作カム軸スイッチ式、制動装置はHSC-D型電磁直通電空併用ブレーキ式が装備された。

　さらに特急運用のための機器の効率化や高速性能の向上、33‰の連続上り勾配での走行性能の向上が図られた。特急車は停車、起動回数が少ないので制御方式の1M8Cの回路や器具を極力簡略化して保守を容易にした。モ6800形で採用した4個電動機永久直列方式が採用され、加速中の直並列切替スイッチや制御転換機方式が廃止されて、主幹制御器の逆転ハンドルの切替え操作により高速運転と低速運転を直並列の切替選択する方式となった。高速運転は4個永久直列の2群並列による抵抗制御と界磁制御がおこなわれ、低速運転は4個永久直列の2群直列による抵抗制御がおこなわれる方式となり、以後の特急車両にも導入された。他社や他車には見られない特異な制御方式である。

　さらに33‰の連続急勾配をノッチ操作によって任意の釣合速度で降下できる速度制御となった。電気ブレーキを常用としているが、110km/h以上では弱界磁間の電気ブレーキとなり制動力が低いので、空気ブレーキを付加して全界磁と同等の制動力としている。

　主電動機は800系と同じ三菱MB-3020型が装備された。800系の600V用では110kWであるが、1500V用では125kWとなり、平坦線での平衡速度(*)135km/h、上り33‰勾配での釣合速度(*)85km/hの高速性能を有した。さらに5両編成2M3Tでの勾配運転時の過負荷を考慮して150kW級の能力を有している。

[＊平衡速度・釣合速度…列車の引張力と列車抵抗が釣り合って等速運転となる速度]

　駆動装置はWNカルダンで、台車は1451号車で試用されたKD-25型空気バネ付シュリーレン台車の試験成績をもとに特急専用台車として設計された。枕バネをゴムベローズタイプの空気バネ化した板プレス溶接組立式で、MがKD-26型、TcがKD-27型、そしてTの連接台車はKD-27A型でTc・T車にはディスクブレーキが装備された。積荷の変化に応じてベローズ内の空気量を自動的に調整する「高さ制御弁」が取り付けられている。

◎ 新型特急の仕様をフル装備

　10000系の新性能特急車としての前面非貫通、軽量構造の流線型車体、カルダン駆動、回転式クロスシート等は先輩の小田急3000系で実現しているが、空気バネ台車、空調設備と固定窓化、そしてクロスシート2座

103

名張〜美旗間を行くビスタカー。現在の桔梗が丘付近、並行する手前の単線は、昭和39年に廃止された伊賀線伊賀神戸〜西名張間
　　　　　　　　　　　　　　　　　　　　　　　　　　　　　　　　昭37.3.31　写真／白井　健

時には中間のビスタ編成を落とした電動車のみの4両編成も走った
明星　昭36.5　写真／高橋　裕

10000系は7両固定編成ではあるものの、需要に応じて短縮編成も組まれた。これはMcM編成を落としたク10000形が先頭の5両編成
　　　　松ヶ崎〜松阪　昭42.12.24　写真／田淵　仁

今までの電車編成には全く見られなかった斬新なサイドビューが続く。EXPRESS、VISTA CARの英文字も格好のアクセントとなった　明星区　昭33.11　写真／櫻井儀雄

上本町駅で発車待ちの宇治山田行「あつた」。昭和33年7月の改正で10000系は上本町〜宇治山田間2往復の固定運用となった
昭34.7　写真／木村弘和

のちに10000系は昭和34年登場の10100系に合わせた塗装変更が実施され、従来とは逆の窓回りブルー、上下オレンジとなった
伊勢中川　昭39.7.25　写真／野崎昭三

名古屋方の先頭車モ10007は昭和41年に事故で大破したため、流線型から貫通型に改造されて復帰した
伊勢中川　昭43.11.8　写真／早川昭文

モ6431形6432　20m車、両端に寄った出入口、2連窓と、狭軌名古屋線の最後を飾るにふさわしいスタイルとなった　　　米野区　昭35.5.29　写真／丹羽 満

ク6581形6581　モ6431形と組むTc車　　　米野区　昭35.7.5　写真／丹羽 満

席分の大型窓は最初であるし、特にMM′方式の採用は国鉄に先行した。また客用の4枚折戸も郊外高速電車としては初の採用であった。このように10000系は現在に至る旧国鉄、JR、私鉄の有料特急車両の基本仕様を最初にフル装備した特急専用車両で、歴史的に意義のある車両である。

　10000系の全編成を眺めると、両先頭部は運転台の屋根上には空調装置が内蔵されて少し盛り上がって太くなっており、中間部も2階建てになっているものの、2階部のビスタドームは屋根で区切られ、階下の腰板部はグレー塗装のため、全体に凹凸があるものの、映えるオレンジと引き締めるダークブルーの塗り分けで、全体にはなやかさが感じられ、シンプルな車体の2250系の6連とはまた違った、流麗な編成であった。

◆ 狭軌の最後を飾る特急車
　名古屋線6431系

　大阪線用の10000系の登場とバランスを合わせるため、名古屋線用に、6431系、モ6431形、ク6581形の2連2編成が同じ昭和33年6月に新製された。

◎ 最後の吊掛式新造車

　名古屋線では標準軌化が計画されており、標準軌化後は新性能の新型特急車が計画さ

6431系4両のフル編成。特急としての華やかな時代は長くは続かなかった　　豊津上野　昭33.11.28　写真／沖中忠順

6421系と組んだ、ク6581形。ク6582＋モ6424＋モ6423
伊勢市　昭35.5.21　写真／藤原　寛

れていたので、6431系は新性能仕様とはならず、6421系と同様の吊掛駆動式、主電動機出力115kW、制御装置MMC型、制動装置AMA-R型の仕様となり、6421系と併結が可能であった。

　台車は空気バネのM車KD-28型、Tc車KD-28A型シュリーレン台車で、10000系はKD-7系の空気バネ台車であったが、KD-28型はゆれ枕吊りが外吊式長リンク型となった。6431系は北勢線などの特殊狭軌線を除く近鉄の車両では、最後の新造吊掛車となった。

　車体長は四日市付近の急カーブ改良により、6421系より1m長い20m車となり、連結面間長は大阪線のスタンダードである20.720mとなった。

　車体は、基本的には客用扉が両端寄りにあり、2つの扉間には客用窓が2250系と同じ16個で、座席は6421系より8人増えた。座席は転換クロスであった。戸袋窓を除く14個の客用窓は2窓1組の造りのいわゆるシュリーレン形窓で7組あり、窓ガラスは1枚下降式が採用されたので、車体側面は10000系とはまた異なった雰囲気の近代的な趣きを持っていた。運転台前面の形状は10000系の中間運転台ク10000形とヘッドライトを除いて瓜二つであるし、屋根の巻上げ部のRも同じで、車体は同世代の形状が見られる。

　冷房装置は最初から装備されたが、6421

系と同様の集中式、Tc車からM車へのダクト送風式であった。塗色は6421系と同じで、窓より上部はレモンイエロー、下部はダークブルーであった。モ6421形の自重44.0tより約10％軽い41.0tの軽量車体となっている。しかし高性能車ではないため、昭和38年に格下げとなり、約5年の短命特急車となった。

◎ 新型特急電車「こだま」登場

大阪線への10000系、名古屋線への6431系4両、サ6581の投入により、昭和33年7月11日にダイヤ改正がおこなわれ、名阪特急列車は7往復から9往復に増強され、東海道本線との競合に臨んだ。

宇治山田往復は7往復のままで、新たに新設された2往復は上本町〜中川間となった。10000系は上本町〜宇治山田間で1日2往復の固定運用となり、上本町8時40分発の「すずか2号」、15時40分発の「あつた2号」、宇治山田12時40分「かつらぎ4号」、18時40分「なにわ3号」に投入された。中川では6431系が接続運用されるというデラックスな運用筋であった。

一方、国鉄東海道本線では、名阪準急に昭和32年10月「比叡」と愛称名がつき、昭和33年11月には5往復化され、昭和34年6月には新性能車153系化された。

昭和33年11月1日には鉄道史上に残る、国鉄初の電車特急「こだま」が登場、最高速度110km/hにより東京〜大阪間を6時間50分で走り、日帰りを実現、「ビジネス特急」と呼ばれた。「こだま」は名古屋〜大阪間を2時間20分とし、翌昭和34年7月には東京〜大阪間を6時間30分に短縮して名阪間は2時間14分とし、近鉄特急の2時間35分を大きくリードして、近鉄名阪特急には脅威となってきた。

ちなみに10000系ビスタカーの登場が昭和33年6月で、「こだま」型20系（登場時、のちの151系）は同年9月に登場しており、現在に続くデラックスな近代的特急専用車両の登場は10000系ビスタカーが最初ということになる。20系電車特急の誕生には、国鉄よりも11年も古く特急電車の歴史がある近鉄特急車両が参考にされている点もあった。

◆ 名阪・名伊直通特急運転

大阪線、名古屋線は軌間の違いにより中川での乗換えが必要で、当時の近鉄の営業上最大のネックであった。これは昭和13年6月の開業時より軌間の統一は命題であったが、戦時中ではかなわず、名古屋線の標準軌化の検討は昭和28年頃より開始されていたが、国鉄東海道本線の全線電化による名阪間の情勢が風雲急を告げており、これに対抗するには名古屋線の早急な標準軌化による名阪直通運行が急務となった。

◎ 伊勢湾台風の大被害

まず大工事の揖斐・長良川橋梁、木曽川橋梁の新設工事が昭和32年7月に開始され、昭和35年の近鉄創業50周年に合わせて名古屋線全線の標準軌化を昭和35年2月頃に完成する予定で、戦後の近鉄最大の工事に取り組んでいた。

ところが昭和34年（1959）9月26日に襲った超大型台風15号により瞬間最大風速60mの強風と大雨により河川が氾濫した。特に揖斐・長良・木曽川の下流域にあたる輪中村や干拓地、名古屋市南部の臨海部などの海抜0m

近鉄特急には脅威の存在となった国鉄の特急「こだま」。名阪間を2時間14分で結んだ　西大路　昭34.12.5　写真／沖中忠順

以下の低地では、4mを超える高潮が発生し、堤防が各所で破られ、海水が逆流して大惨害となった。死者行方不明者約5000人、家屋全半壊83万戸にのぼり、我が国有数の台風被害となり、「伊勢湾台風」と命名された。

近鉄も全線にわたり土砂崩壊や冠水、流失等の被害に遭った。上本町～宇治山田間は3日後の9月29日に復旧したが、名古屋線は全線にわたって台風の影響をまともに受けたため被害がひどく、中川～桑名間は10月1日、名古屋～伏屋間は9月30日、伏屋～蟹江間は10月15日になって復旧した。

しかし桑名～蟹江間は台風でもっとも被害の大きかった海抜0m以下の地帯であり、駅や25両の車両が浸水し、そして線路や路盤の浸水、冠水、流失、架線電柱の倒壊、流失家屋が線路をふさぐなどの状況で、その後2ヵ月間も水没の状態であった。

並行する国鉄関西本線や国道1号線などの交通手段もすべて不通のため、四日市・桑名～名古屋間には近鉄の関係会社、志摩観光汽船の鳥羽湾の島巡りの遊覧船が10月初めより11月20日まで就航し急場をしのいだ。先行して新設工事をおこなっていた揖斐・長良川橋梁、木曽川橋梁の両橋梁は完成直後にこの台風に遭って、河川は氾濫したもののまったく被害は受けなかった。木曽川橋梁は台風来襲の当日9月26日が完成、供用日であった。

◎ 名古屋線改軌工事を前倒し

近鉄では全力で災害復旧をおこなうとともに、桑名～蟹江間の水没区間の復旧には水が引くまでかなりの日数を要することから、当時の佐伯社長の決断により、当初、昭和35年2月に予定していた改軌工事を、復旧工事と同時におこなうことに急遽決定した。

「禍(台風災害)を転じて福(全面改軌)となす」のことわざの方策を近鉄は敢行した。当初予定の昭和35年2月実施のために改軌工事の準備はしていたものの、数ヵ月の前倒しの実施と短期間での土木、電気、車両、建築などの資材や作業員などの調達、準備は大変な困難と苦労があった。11月19日終電車通過後、中川～久居間から改軌工事が開始された。

改軌工事は、名古屋線と支線の鈴鹿線の約80kmが対象で、中川～名古屋間を9区間に分け、中川～久居間は翌20日始発より標準軌の電車が走り、20日の久居～江戸橋間以降は朝夕の通勤通学時間を避け、昼間に代行バスを走らせて改軌工事をおこなうという工程で、9日後の11月27日に最後の長島～名古屋間で工事が完了、米野駅構内で佐伯社長によるゴールデンスパイクが打たれた。ここに名古屋線全線の改軌工事が完成し、念願の大阪～名古屋間の直通運行が可能となった。

水没した弥富駅構内

線路が完全に水没してしまった佐古木～弥富間

干潮を待って仮復旧作業が始まった。伏屋～戸田

写真提供／近鉄資料室

白子駅構内でおこなわれる狭軌から標準軌への切り換え

改軌工事は中川〜名古屋間を9区間に分けて、連日千数百人規模で一挙に進められた。写真は塩浜駅構内の様子
写真提供／近鉄資料室

◎改軌後の名古屋線

　改軌工事が中川寄りから開始され、同時に名古屋線車両の広軌台車への振替工事をおこなっていたため、改軌後の車両は大阪線の応援車両2200系により運転された。2200系の名古屋線への入線は大阪線の重量級の車両を名古屋線でも運用することであり、大阪線と同じ線路規格にするべく改軌以前より2200系の入線が可能な軌道・路盤の強化がなされていた。

　筆者は、改軌直後に名古屋まで乗った記憶がある。急行電車は満員で、電車が桑名を出て、関西本線のオーバークロスにさしかかると乗客は全員窓を開けて窓外を眺め出した。

　長島や弥富などの被災地はいまだ一面に水に浸っており、電車は徐行運転をしていて、電車が水面に浮いて進んでいるような錯覚を覚えた。線路際のところどころでは自衛隊が出動して水抜きや道路復旧の救援作業をしているなど、まざまざと被災地の様子がみられた。

江戸橋駅に到着した改軌後の初電車。2200系も名古屋線に乗り入れた
写真提供／近鉄資料室

小説「傾ける海」。伊勢湾台風による甚大な被害の復旧と改軌工事を題材にした小説で、文豪・井上靖が昭和34年12月から「週刊文春」に連載したもの、その後文庫化された

デビュー直後の新ビスタカー。名古屋線の改軌後、待望の名阪直通運転用に新造されたのが、10100系新ビスタカー。1編成が3車体4台車の連接構造となった
高安区　昭和34.11.14　写真／沖中忠順

◆ 決定版ビスタカー10100系

名古屋線の改軌による名阪直通特急列車用の新性能特急車、10100系新ビスタカーの第1編成が昭和34年7月に登場した。10100系は10000系の実用試験をもとにさらに改良・改善された2階建ての本格的量産車で、10100系の登場により10000系は旧ビスタカーと呼ばれるようになった。

◎ 近鉄の粋を集めて誕生

10100系は、前年の昭和33年11月にデビューした国民的人気の国鉄の特急電車「こだま形」20系(改称後151系)以上の車両を目指した車両であることは想像に難くない。

この結果、こだま形151系と並び称されるほどに人気・実力ナンバーワンを勝ち得た車両であり、近鉄特急を全国的に知らしめた電車となった。人気の焦点は、「2階建て電車ビスタカー、そしてノンストップ名阪直通特急列車」であった。魅力的な前頭部の流線形の車体と、2階建て構造、洗練された特急色デザインや高速・高性能デラックス車両であるなど、近鉄の粋を集めて完成した車両であった。

大阪寄からモ10100形(Mc)＋サ10200形(T)＋モ10300形(Mc)の3両固定・連接編成で、中間のサ10200形は2階構造であった。3両で総座席定員は180人であったが、連接構造なので、駆動台車は4台となり、2台節約された経済的な編成でもあった。

編成の自由度を大きくするため、3両の小単位編成でかつ前面(運転台)が非貫通流線型か丸妻貫通形かにより、3種類の編成がつくられた。

	モ10100形 (大阪寄、パンタグラフ2基)	モ10300形
A編成	非貫通	貫通
B編成	貫通	非貫通
C編成	貫通	貫通

モ10100形、モ10300形は先頭形状によりそれぞれ2種類存在する。編成は3両単独編成やA＋B、A＋C、B＋C、C＋Cの6両編成そしてA＋C＋Bの9両編成が可能であった。

◎ 新発想の車体デザイン

車体のカラーは10000系の湘南電車調の塗り分けから変更され、速度感を表現して窓回りがダークブルーでその上下がオレンジ色と10000系と逆の塗り分けとなり、オレンジとダークブルーの近鉄色がよりはっきりと表現され、以後の近鉄特急の基本カラーとなった。

10000系に続く流線型前面非貫通の前頭形状は、他に例を見ない全く新発想のデザインで、全体に丸みを帯びた2枚窓、高運転台で、妻頭部にはバランスの良い間隔でシールドビーム前照灯が2つ付き、下部には車体と一体成型の両サイドに張り出した

10000系と並ぶ10100系　顔立ちはより丸みを帯びたヨーロッパ調のスタイルとなった　高安区　昭34.11.14　写真／沖中忠順

白色と赤色の標識灯が付き、オレンジにV字のダークブルーの配色で、V字部分に新デザインの逆三角形の特急表示板が付いた。

運転台は一般床面より35cm高い床で、正面ガラスも当時としては珍しい曲面一体ガラスが採用された。ただし第1編成のみは技術的に間に合わず組合せガラスとなり桟が入っている。前頭部の連結器は10000系と同様、引出し式の簡易連結器が台枠内に収められておりカバーがされている。客用側窓はペアガラスが使われていて、運転室正面窓や車掌室窓などすべての窓にはアンチサンガラスが使用されている。このためガラスには青味がかっていて、高級感をかもし出していた。

◎ 視界の広がる2階席

VISTA（眺望・展望）の思想がさらに徹底されて、2階席の客用側窓も1500mm広幅窓となって視界が広がった。丸妻貫通タイプの前面も、向かって右側の高運転台の窓と、左側の車掌室の窓とは非対照の造りとなった。左窓は乗客への展望を良くするために窓の下端は客用の側窓と同一の高さ、上端は運転台の窓と同一で、縦に長い窓となって、新発想の車体デザインとなった。右側の運転台も一般床面より35cm高い高運転台のため窓も高くなっている。

最大車体長は、前面非貫通形のモ10100形、モ10300形は17.76m、前面貫通形のモ10100形、モ10300形は17.30mそしてサ10200形は14.10mで、3両編成の全長はA・B編成で49.16m、C編成で48.70mとなっているが、この車体の長さは、（イ）大阪線での2台車中心間の最大寸法14.1mと（ロ）大阪線での運転台寄り台車の中心から運転台側車端部までの最大寸法、（ハ）連結

モ10100形非貫通タイプ　大阪寄りの先頭車の非貫通形タイプ、ビスタカーといえばこの形式を示す。このモ10101のみ前面ガラスは桟入りとなっている　明星区　昭34.9.17　写真／藤原　寛

モ10100形貫通タイプ　併結運転を考慮して同一形式で貫通タイプも造られた　米野区　昭35　写真／櫻井儀雄

貫通型のモ10100形正面。左・中央の窓は展望を考慮して客用窓と同一の高さとなった。断面は下端部を絞ったスタイルとなった　高安区　昭40.9.23　写真／木村弘和

器0.25mから決められたものである。（ロ）は箱型車体の場合2.95mが最大寸法であるが、AB編成の前面非貫通形は車端部が丸く出っ張って3.66mになっており、最急曲線部での対向列車に車端部が接触しない最小間隔の250mm以上になる長さである。

	（イ）	（ロ）	（ハ）	（最大車体長）
前面非貫通形M車	14.10m	3.66m	—	17.76m
前面貫通形M車	14.10m	2.95m	0.25m	17.30m
中間T車	14.10m	—	—	14.10m

10100系

A編成： モ10100 — サ10200 — モ10300
10101〜10105 — 10201〜10205 — 10301〜10305

B編成： モ10100 — サ10200 — モ10300
10106〜10110 — 10206〜10210 — 10306〜10310

C編成： モ10100 — サ10200 — モ10300
10111〜10118 — 10211〜10218 — 10311〜10318

また10100系は近鉄初の最大幅2800mmとなったが、腰板部分で絞って車体の下端部では従来の寸法となる車体断面で、以後の特急車両断面の基本となった。

中間車サ10200形は電動台車の連接車であるものの、車体には制御・制動装置が装備されてないので付随車である。この車両は、10000系のように屋根から突き出たドームタイプの2階部ではなく、完全な2階建て構造となり、特認を得て車両限界をオーバーする車体断面として、1、2階とも天井の高さは1800mmとなり、2階室は一般室と同様シートラジオ付2人掛回転クロスシート2列×9席となり、1階はテーブル付きの対向固定クロスシート2列×4席と、和式と男子用便所の2ヵ所、化粧室、電話室、電話機器室、車内販売控室およびウォータークーラーなどの諸設備が階下に集中されている。側窓も1、2階とも一般室と同様1500mm広幅窓である。対向固定クロスシート以外の全車の回転クロスシート座席のピッチは920mmである。

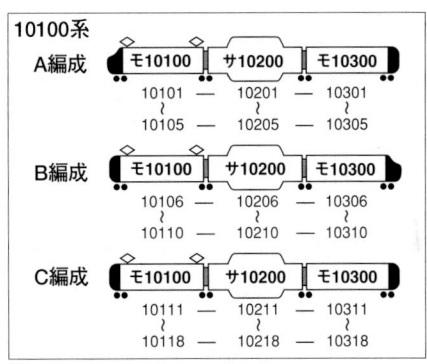

アメリカの通勤列車やアムトラックの大陸横断列車スーパーライナーⅠ・Ⅱのオール2階建て客車のように、数両以上の編成であると編成の位置によっては大きな車端圧縮加重がかかるが、このT車の車体台枠は両側をM車に挟まれているので車端圧縮加重は大きくない。車体下部構造を持つものの、側ハリに屈曲ハリを避けて、一般車と同様に側ハリを直線で通して車端衝撃力を強くしている。また2階建ての車高が4060mm

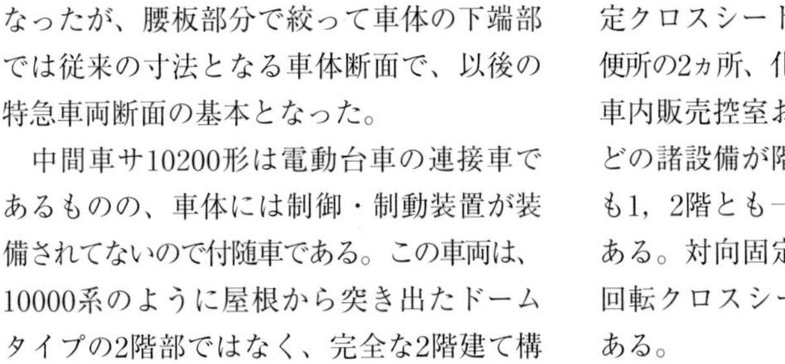

サ10200形　高安区　昭40.9.23　写真／木村弘和

近鉄がPR用にモデルを使って撮影したサ10200形階下席の様子
写真提供／近鉄資料室

モ10100形からサ10200形の2階席の階段
米野区　昭35.10.12　写真／櫻井儀雄

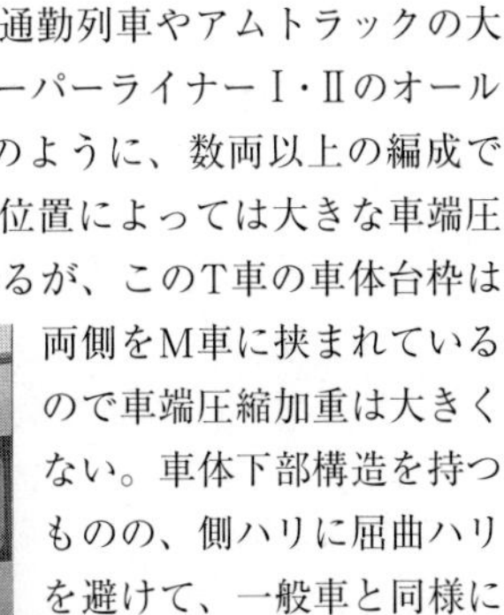

サ10200形2階席室内
米野区　昭35.10.12　写真／櫻井儀雄

C＋A編成が長谷寺の大築堤を登る　　　　　　　　　　　　　　　長谷寺～榛原　昭44.11.18　写真／涌田　浩

あるT車の重心を、両側のM車と同じで、かつ高速運転上も安全な重心の高さである車体中央部のレール面上110cm位にするため、T車の機器の配置とその質量の配分に大変苦労があった。このためT車の両端に質量の大きい3両分の冷房装置が搭載されている。

◎ 多彩なインテリア

構体は普通鋼の軽量全溶接構造で、台枠は鋼板プレスを使用した全金属軽量車体で、居住性の向上のため、防音防熱対策として発泡ポリエチレン、グラスファイバーやネオプレン、アンダーコート吹付等の材料を使用している。客室扉は各車とも片側1ヵ所、2枚折戸で、連節部の幌は10000系と同様、貫通路用幌と車体断面に合わせた外幌の二重構造になっている。

室内は建築関係のインテリアが多く採り入れられたことも特徴で、車両ごとに天井・側壁・床・座席そしてカーテンなどの色調が変えられて、豪華な感じを出している。

客室灯は40W蛍光灯を2列に通し、乳白色のアクリル製グローブで被っている。T車の階下のみは40Wの円形蛍光灯である。

冷房装置は日立製の集中式が採用され、機器類2セットが中間T車に搭載され、ダクトによりT車および隣のM車に冷風が送られる。階下側窓の横に窓大の換気孔や点検蓋が見られる。暖房装置は座席下に電気ヒーターとなった。

◎ 高速性能が向上

電動車はMM′方式でモ10100形がM車、モ10300形がM′車で、制御装置、制動装置は6800系以降定番となったABFM電動操作カム軸スイッチ式、HSC-D型電磁直通電空併用ブレーキ式、主電動機は10000系と同じ125kWであるが、全軸が動軸なので歯車

車内内装色調・材質一覧表

		10100形	10200形(上)	10200形(下)	10300形
天井	色調	褐色アイリッシュ	灰色アイリッシュ	灰色アイリッシュ	灰色布目
	材質	ヒッターライト	ヒッターライト	ヒッターライト	ヒッターライト
客室側壁	色調	クリームジルコン	エリナイト	メノー	緑色布目
	材質	ヒッターライト	ヒッターライト	ヒッターライト	デコラ
床	色調	黄色、緑色	茶色ジャスペー	緑色ジャスペー	黄色、緑色
	材質	リノタイル市松模様	ロンリウム	ロンリウム	リノタイル市松模様
座席	色調	くりうめ	きくじん	こうじ	あやめ
側窓カーテン	色調	黄褐色銀糸入り	淡褐色銀糸入り	淡緑色銀糸入り	黄色銀糸入り
網棚棒	色調	マルーン	コバルト	コバルト	マルーン
網および枠	色調	橙色	クリーム	淡青色	橙色
仕切カーテン	色調	—	—	黄色	—

114 ── 新鋭、新性能特急車の登場

両端が流線型となるA＋B編成は最もビスタカーらしい、流麗な編成だった。床下の両台車間には抵抗器がずらりと並んでいる　　　　　米野区　昭35　写真／櫻井儀雄

ースの台車である。

　10100系は全18編成54両が製造された。第1次車は昭和34年中にA・B・C編成、各4編成、計12編成が製造され、第2次車は昭和35年中にA・B編成、各1編成、C編成2編成の計4編成が製造された。第3次車は昭和38年にC編成2編成が製造されたが、第2次編成の製造時に表のとおりABC編成の末尾番号を揃えるため改番がおこなわれている。

比を10000系の4.39から3.85と小さくされ高速性能が向上、平坦線での平衡速度は150km/h、勾配釣合速度約100km/hとなった。

　また10000系同様4個電動機永久直列方式や高速運転・低速運転の切替え方式が導入されたが、さらに高速性能や33‰の連続上り勾配性能の改善が図られ、起動加速度を押スイッチの操作により2.5km/h/secと2.1km/h/secに選択する機能や、100〜120km/hでの高速連続運転を容易にするため自動速度制御を可能とした。

　さらに抑速制動の速度制御の最高速度が97km/hにアップとなり、抑速電気制動が最高速度から全界磁で使用可能となった。このため主抵抗器は大容量となり、モ10100形の大阪に向かって左側（海側）（＊）の床下には2つの台車間一杯に抵抗器が並んでおり、車体の流麗さに反して、床下は、抵抗器や機器がぎっしり詰まって重装備の勇ましい姿である。

［＊近鉄社内では、車両の側面について、大阪上本町に向かって右側を山側、左側を海側と呼ぶ。］

　台車は板プレス溶接組立式の、両端台車がKD-30型板空気バネ付シュリーレン式で、連節台車はKD-30A型で軸間距離が2200㎜になった以外は10000系のKD-26、27A型ベ

[第2次車、増備時の改番内訳]

編成	編成 （登場時）	編成区分	竣工年月	編成 （改番後）	改番年月
第1次車	10105F	B編成	昭34.8	10109F	昭35.8
同	10109F	C編成	昭34.11	10113F	〃
同	10110F	〃	昭34.11	10114F	〃
第2次車	10113F＊	A編成	昭35.9	10105F＊	昭35.8
同	10114F＊	B編成	昭34.8	10110F＊	昭35.9

第2次車の第13、14編成を予定していたが、実際の完成時には第5、10編成で登場した。

◎ 長リンク型新標準シュリーレン台車

　10100系第2次車以降の台車は、ゆれ枕の支持方法が短リンク型から外吊り長リンク型の空気バネタイプのKD-41型、KD-41A型（連節）となり、以降の新型車にもKD-41系の台車が採用された。第1次車も順次KD-41型、KD-41F型（連節）に取替えられた。

　外吊り長リンク型ゆれ枕は最初昭和33年製の名古屋線6431系のKD-28型に採用され、その後昭和35年製の南大阪線のラビットカー2次車のKD-35型で完成されたもので、左右振動が改善され、乗り心地がさらに向上された台車である。

KD-41型台車

昭和30年代の他私鉄のデラックス特急車両

昭和30年代に入ると、近鉄10000系を嚆矢として新性能の機構と乗り心地のすぐれた空気バネ台車を採用し、オールクロスシート、冷房装置、固定窓などのデラックスな設備を有する有料の特急専用車両が大手各私鉄に次つぎと登場してきた。

いずれも日本の電車史に残る代表的な車両で、流線型の採用や、赤や朱色の明るい塗色の採用などの共通点も特徴である。

東武鉄道の1720系。昭和35年デビューの特急車両でデラックスロマンスカー（DRC）と呼ばれた。先頭部は国鉄こだま形に続くボンネットタイプとなった。国際観光地、日光への観光客輸送を目的に、ジュークボックス付のサロンルームなど、デラックス特急にふさわしい設備となった
草加〜松原団地　昭43.7.26　写真／早川昭文

昭和32年デビューの小田急の新性能特急車3000系。シュリーレン台車を装備した低床、張殻、連接式の超軽量車両、6M3Tの9台車8車体構成である。正面は斬新な流線型の力学的形状となった。写真のように国鉄線で高速試験走行がおこなわれ、狭軌世界最高速度145km/hを記録。客用設備は非冷房、開閉窓と一時代前の車両であった　東海道本線函南　昭32.9.27　写真／星　晃

関西にデビューしたのが、南海電鉄高野線用の「デラックスズームカー」20000系。昭和36年製造の4両1編成で、「新こうや号」と呼ばれた。平坦線は100km/hで走行し山間区間の50‰勾配も可能な性能を有する
難波　昭42.5.27　写真／早川昭文

続いて昭和38年デビューの小田急3100系。低重心、連接構造の11両編成。この車両の目玉は、先頭部の運転室が2階となり、乗客が先頭前面に座れるという夢の実現となった。7編成77両が製造され、関東私鉄の代表車となった　海老名〜厚木　昭41.7.30　写真／早川昭文

名古屋鉄道では昭和36年に画期的なパノラマカー7000系が登場した。料金不要の特急ながら、転換クロスシート、冷房、空気バネ台車が装備された。日本で初めて運転室を2階に上げ、先頭部が客室となって前面展望が可能となった。パノラマカーと愛称され、塗装も赤一色の強烈な印象の車体となった　鳴海　昭38.3.22　写真／荻原二郎

◆ 甲特急と乙特急の運転開始

名古屋線の改軌後、昭和34年12月12日より10100系新ビスタカー12編成による待望の大阪～名古屋間の直通運転が開始された。

◎ 名阪ノンストップ運転

名阪直通列車の運用は従来と異なり、中川～宇治山田間には別立ての接続特急が運行された。特急列車のダイヤは従来通りで、名阪直通9往復、阪伊7往復で、中川～宇治山田間の接続列車には6421系、6431系の2連が充当された。

2250系、6421系、6431系はこの頃から昭和35年にかけて、車体上半部のレモンイエローからビスタカーと同じオレンジに塗り替えられたが、屋根の樋部分はダークブルーに塗られており、これが白黒写真だと塗装変更前か後かの識別の目印になる。

名古屋線の線路が整備されて路盤が固まり安定化した昭和35年1月20日に白紙改正がおこなわれた。名阪特急列車はノンストップ運転となり9往復中7往復は新ビスタカーの6連、2往復は3連で、下り2時間27分、上り2時間30分とスピードアップが図られ従来より最大8分短縮された。ただ中川で方向転換のため運転停車をおこない、運転士も交代している。

直前の昭和34年9月22日の国鉄ダイヤ改正で準急「伊吹」2往復が登場して、従来の準急「比叡」の5往復と合わせ7往復となり、しかも準急「伊吹」は全席座席指定で停車駅が準急「比叡」より少なく、名阪間を2時間30分と、名阪ノンストップ特急と同じ所要時間となった。

◎ 主要駅停車の準特急

また新たに、主要駅に停車する準特急が、名阪間、上本町～宇治山田(阪伊)間、名古屋～宇治山田(名伊)間、および中川～宇治山田間に設けられ、10000系、6431系、2250系、6421系が使用された。また2250系のサ3020形の3024～3029の6両が制御車ク3120形

主要駅停車の準特急で新たな活躍を始めた6431系
津新町～久居　昭37.5　写真／高橋　裕

3121～3126に改造された。当面は中川～宇治山田間の準特急列車に充当されたが、将来の急行用への格下げや名古屋線での運用を考慮して制御車にしたものである。

その後ノンストップ特急は甲特急、準特急は乙特急と呼ばれるようになった。また特急の種類が増えて、乗客のまぎらわしさをなくすためか、これまでの特急愛称名は本改正より廃止された。

昭和35年1月改正から名阪特急はノンストップ運転となり、新ビスタカーを投入。近鉄の花形特急へと成長をしていく
上本町　昭40.4.24　写真／兼先　勤

登場時の準(乙)特急の内訳

区間	本数	所要時間	停車駅
名阪間	1往復	2時間50分	上本町、八木、中川、津、四日市、桑名、名古屋
阪伊間	5往復	2時間05分	上本町、八木、中川、松阪、伊勢市、宇治山田
名伊間	5往復	1時間35分	名古屋、桑名、四日市、津、中川、松阪、伊勢市、宇治山田
中川・宇治山田間	2往復	26分	中川、松阪、伊勢市、宇治山田

ク3120形3122　準特急設定に当たり、制御車が不足するため、
サ3020形からク3120形に改造をおこなった
　　　　　　　　　伊勢市　昭35.5.21　写真／藤原　寛

◎ 中川短絡線の完成

　中川の線路配置は、大阪～伊勢、名古屋～伊勢方向の配置となっており、大阪～名古屋方向へは、中川で方向転換（スイッチバック）の必要があった。時間のロスとともに、乗客も座席方向を転換しなければならないなどの不便があった。

　このような方向のいきさつは、参急の伊勢・名古屋進出の項で述べたが、近鉄としては大阪・名古屋線の直通化は当然計画しており、昭和34年3月の路線免許により、中川より

伊勢中川でのスイッチバックを解消するため、全長420mの短絡線が完成した（左）　　　昭43.3.10　写真／田淵　仁

大阪側へ1駅目の大阪線川合高岡より分岐して東北方向の名古屋線久居に至る4.7kmの短絡線を計画していた。

　しかし用地買収が進まず、また早期に短絡化が必要なことから、この計画をあきらめ、新たに中川から500mほど大阪寄りの中村川堤防付近の宮古分岐から北方向へR160mの左急カーブの中村川橋梁を渡って中川から名古屋寄り500mの雲出川分岐で合流する全長420mの単線の短絡線が昭和36年3月に完成した。

　これにより念願の本格的な名阪ノンストップ特急列車の運行が始まり、新たに上りのみ鶴橋停車となった。運転士は始発の上本町・名古屋で二人乗務し、この短絡線上で交代して、上本町～中川短絡線、中川短絡線～名古屋間をそれぞれ運転した。

◎ 単線区間の複線化を促進

　大阪線の名張～中川間の41.7kmや名古屋線の一部が未だ単線であったが、これらの複線化が着手され、名張～伊賀上津間13.3kmが昭和34年12月から昭和36年8月にかけて完成している。名古屋線の津新町～津間は沿線の神社移転が建設当初から難航し単線を余儀なくされたが、約30年を経て昭和36年8月に複線化された。

　そして残る単線区間は、大阪線の青山トンネルをはさむ伊賀上津～中川間28.4kmと名古屋線雲出川橋梁部分の中川～雲出川分岐間と、国鉄紀勢本線をオーバークロスする津～江戸橋間となった。

◎ 乙特急の強化、エースカー10400系

　昭和35年内に10100系4編成が増備され、一部は乙特急の運用に入ったが、乙特急の需要が増えたため、ビスタカー並みの乙特急専用車、10400系エースカー8両が昭和36年9月に登場した。

　モ10400形(奇数)Mc車＋モ10400形(偶数)Mc´車2編成4両と、増結用ク10500形4両で、需要に応じ2～4両編成が組める。また10100系との併結も可能である。増結時の基本編成は、大阪方よりク10501＋ク10502＋モ10401＋モ10402、ク10503＋ク10504＋モ10403＋モ10404である。

　車体は停車駅が多くなるため、2階構造

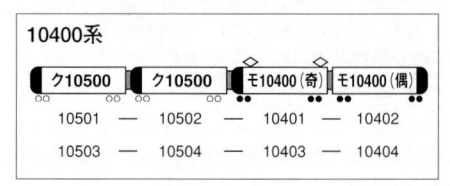

10400系

ク10500	ク10500	モ10400(奇)	モ10400(偶)
10501	10502	10401	10402
10503	10504	10403	10404

モ10400形（偶数）　電動車は2両ユニットとなった。前面スタイルは10100系貫通形と同じく運転台部のみ高窓の非対照タイプ
伊勢中川　昭40.1　写真／奥井宗夫

ク10500形10503　10400系のTc車。1～2両を増結することによって編成を増減することができた
高安区　昭36.11.1　写真／藤原　寛

では階段の昇り降りは乗客に不便なため、10100系の前面丸妻貫通タイプのモ10100形、モ10300形を20mにしたもので、平床構造の特急車両の原形となった。前面の車掌側の窓が縦に長い展望窓となっているモ10400形（奇数）は大阪方運転台で2パンタグラフ、モ10400形（偶数）は宇治山田方先頭、ク10500形は大阪方先頭である。3形式とも座席数は10100形と同じ64席で、座席のピッチも同じ920mmである。

停車駅が多いので、乗降時間の短縮を図るため、客用扉は各形式とも2枚折戸が2ヵ所となっている。冷房装置は集中式のAK4A型がMc′車に2基搭載され、1基は自車、1基はたわみダクトを通してMc車に送風され、Tc車には1基搭載されている。冷房装置は床下に圧縮装置、凝縮装置、天井に調和装置が装備されている。便所、洗面所はMc車、Tc車の連結面側に、Mc′車の連結面側に車

内販売控室とラジオ室が設けられた。座席はシートラジオ付の2人掛回転クロスシートで、座席の色がグリーンの車両とレッドの車両の2種類を交互に編成している。

制御装置、制動装置、主電動機は10100系に準じた機器が装備されており、ABFM型電動操作カム軸スイッチ式、HSC-D型電磁直通電空併用ブレーキ式、125kW主電動機である。台車も10100系の2次車に装備されたKD-41型板プレス溶接組立式空気バネ付シュリーレン台車となり、Mc、Mc′車はKD-41B型、Tc車はKD-41C型が装備された。電動発電機・電動圧縮機はモ10400形（偶数）、ク10500形に装備されている。

◎ 国鉄の白紙大改正

国鉄では昭和36年10月に約10年ぶりに白紙大改正がおこなわれ、全国で特急が18本から52本、急行が126本から226本に大増発された。特に東海道本線の151系電車特急

10400系は固定電動車2両に制御車1～2両と組むことができ、自由な編成を組むことから、エースカーと呼ばれた。写真のようにオールM4連で組むこともあった
伊勢中原～松ヶ崎
昭43.8.4
写真／田淵　仁

119

新ビスタカー6連による名阪ノンストップ特急　　安堂～河内国分　昭35.3.5　写真／中林英夫

名伊間の特急網が飛躍的に拡充され、特急列車の増発、特急専用車両の増備がおこなわれ、その上、折から高度経済成長時代に入り、鉄道も通勤・商用、行楽などの旅行客が増加していく時代でもあった。

は登場以後も強化され、「こだま」、「つばめ」、「はと」、「富士」の7往復が出揃った。電車急行は8往復、そして国鉄の名阪間の主力電車準急は「伊吹」2往復(所要時間2時間25分)、「比叡」8往復(2時間35分)の計10往復となり、国鉄の名阪間の主役は、関西本線から東海道本線の電車特急と準急に移された。

近鉄はこの国鉄のダイヤ改正直前の9月21日にダイヤ改正を実施した。中川短絡線の完成と複線区間の延伸により、名阪ノンストップ特急は2往復増の11往復となり、所要時間は下り2時間18分、上り2時間19分と、9～11分短縮した。国鉄の最速準急「伊吹」より速くなり、電車特急の2時間11～14分にあと数分に迫ってきた。

乙特急列車は名阪が3往復、阪伊が6往復、名伊が7往復に増発され、名阪甲・乙特急列車は上下とも鶴橋停車となった。

◆好調の名阪ノンストップ特急

名古屋線の改軌による大阪・名古屋・伊勢間の直通化は、営業的に大きな意義を持つとともに、各路線に特急列車が新設されて、今日の特急列車網の基盤ができ上がったといえる。

◎国鉄より時間優位に立つ

改軌後の昭和30年代後半は名阪、阪伊、

大阪～名古屋間の直通は、これまで述べてきたように、大軌・参急グループの創業時からの目標であり、昭和13年6月の名古屋進出以来23年越しの悲願であった。かつ国鉄東海道本線との対抗上の大前提でもあった。

昭和36年10月の国鉄白紙大改正で、近鉄名阪ノンストップ特急列車と国鉄東海道本線のがっぷり四つに組んだ競争が展開された。増発とスピードアップによる所要時間短縮の結果、昭和38年度には近鉄が約70％のシェアを押さえ、ビスタカーの独壇場となった。

国鉄では東海道新幹線が昭和34年4月に起工され、数年後に完成予定で建設中であり、また東海道本線のこれ以上の増発・スピードアップは線路容量上限界で、昭和36年10月改正後は東海道本線の増発やスピードアップはおこなわれなくなった。

一方、近鉄は昭和38年3月、9月とダイヤ改正をおこない、増発と国鉄の電車特急より早い到達時間で国鉄に優位な体制を築いていった。

昭和38年3月のダイヤ改正では、名阪ノンストップ特急列車が12往復に、乙特急も阪伊が8往復、名伊が10往復に増発された。名阪乙特急3往復はこれまでの中川停車から中川短絡線経由となり、新たに上本町～四日市間1往復が設定された。

昭和38年の11400系の30両、10100系の4編成12両の増備により、昭和38年9月のダイヤ改正では、名阪ノンストップ特急は14往復に増発されるとともにスピードアップされて2時間13分となり、4年を経て国鉄の電車特急の名阪2時間14分より1分短縮した。また乙特急も増発され、名阪4往復、阪伊9往復に増発され、名阪乙特急は2時間34～35分と準急「伊吹」と同時間となった。

　また伊勢神宮の年間参拝者は、昭和28年の式年遷宮以後の昭和30年代前半は400万人強で推移していたが、昭和35年になると480万人と式年遷宮時の人出となり、昭和37年には500万の大台に乗って、近鉄の業績改善にも貢献した。

◎ 団体専用車「あおぞら号」と臨時特急

　国鉄では昭和34年4月に首都圏、関西圏の中学生対象の155系修学旅行専用電車「ひので」、「きぼう」が東京～大阪間に登場して話題を呼び、昭和36年には中京圏の中学生を対象に159系「こまどり」が登場した。

　関西圏・中京圏からお伊勢参りへの修学旅行が定番となっている近鉄に、専用電車の製造の要望が出され、伊勢・奈良方面への修学旅行を中心とした団体専用電車「あおぞら号」20100系ビスタカー3両編成×5本が昭和37年2～4月に登場した。

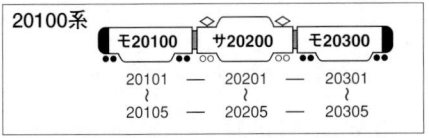

　「あおぞら号」は近鉄特急列車のシンボルである2階建て構造が採用され、モ20100形＋サ20200形＋モ20300形の全20m車体の3両1編成ではあるが、10100系ビスタカーのような連接構造ではなく3両各車ともボギー車となり、両端のモ20100形、モ20300形は台車間が2階建構造の客室となり、中間車のサ20200形は1階部にモ20100形、モ20300形の制御装置等の機器類が搭載され、2階部は客室となった。国鉄特急と同じクリームと赤のツートン塗色となった。

　ここで「あおぞら号」を取り上げたのは、本業の運用もさることながら、特急列車本数がダイヤ改正のたびごとに増加するなかで、「あおぞら号」は年末年始の特急「越年号」、「迎春号」や、乙特急の週末、祝祭日の臨時増発特急に充当されたことである。

　「あおぞら号」による臨時特急列車の運用は、特急専用車の余裕が出来る昭和40年代半ばまで見られた。特急列車運用の場合、3人掛は窮屈であり、座席も固定クロスで特急用の回転クロスより劣るが、特急料金はそのままであった。特急券は一般特急券の空色硬券と区別され、黄土色に赤字で「あおぞら特急券」と表記されたものであった。

```
20100系
 モ20100   サ20200   モ20300
 20101  ―  20201  ―  20301
   ～        ～        ～
 20105  ―  20205  ―  20305
```

ビスタカーで培われた2階構造が採用された団体専用電車「あおぞら号」20100系。3両1編成で、従来とは異なるクリームと赤の2色塗装となった
　　　　　　　　　　　　明星区　昭40.3.14　写真／丹羽　満

臨時特急「迎春号」に運用された20100系の6連
東松阪〜櫛田　昭44.1.3　写真／田淵　仁

◎ 汎用特急専用車、新エースカー 11400系の大量増備

　好調の続く乙特急の増備車両として、昭和38年には10400系の改良形、11400系新エースカーが一挙に30両製造された。大阪寄りからク11500形＋モ11400形（奇数）Mc＋モ11400形（偶数）Mc′の基本3連で10編成製造され、電動車2両編成も可能である。昭和40年には5編成12両（3連2本、2連3本）が増備され、昭和44年には2連3本のTc3両が増備され、総勢45両となった。

　車体の寸法は10400系と同一であるものの、前面の窓が左右対称となり、客用の側窓は10100系より100mm大きくなり1600mm幅となった。車内の内装は10400系に準じているが、座席のピッチが950mmと30mm拡大され、シートの中央部に折りたたみ式の肘掛が設けられた。冷房装置は、天井取付けのユニットクーラーが1両に6台取り付けられ、10100系、10400系ののっぺりしたシンプルな屋根と異なってクーラーキセが屋根上に6基並べられたものの、キセの厚みが薄いのですっきりした外観となっている。

　制御装置、制動装置は10400系に準じた機器が装備されており、M

モ11400形11406　乙特急の増発用として新製された11400系の電動車。空調方式が分散式となった
明星区　昭38.5.12　写真／丹羽　満

ク11500形11503　11400系のTc車で、モ11400形とともに3両編成を組む　明星区　昭38.5.12　写真／丹羽　満

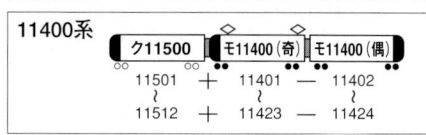

```
11400系
ク11500 ─ モ11400(奇) ─ モ11400(偶)
11501  ＋  11401  ─  11402
  〜         〜         〜
11512  ＋  11423  ─  11424
```

ク11500形を先頭にした新エースカー11400系4連の宇治山田行特急
東松阪〜櫛田　昭42.10　写真／田淵　仁

M´方式のABFM電動操作カム軸スイッチ式、HSC-D型電磁直通電空併用ブレーキ式である。主電動機は145kWに出力アップされたが、この主電動機は昭和36年9月に登場した奈良線の大型高性能車900系の115kWと同じ主電動機の1500V版である。とくに145kWの主電動機のため、33‰の連続上り勾配での釣合速度は基本3連で10100系と同等の100km/hの走行性能を持ち、さらに出力に余裕があるのでTcTcMcMcの4連も可能であり、乙特急やビスタカーと併結による甲特急としても運用された。

台車はKD-41系の空気バネ付シュリーレン台車となり、Mc・Mc´車はKD-47型、Tc車はKD-47A型が装備された。電動発電機・電動圧縮機はモ11400形（偶数）、ク11500形に装備されている。

◎ 旧型特急専用車の引退

新ビスタカーの登場による昭和35年1月のダイヤ改正により、旧型特急専用車の急行用への格下げがおこなわれ、増結用のモ2227形、6401系、ク6471形の全車、そして2250系モ2250形5両（2251、2252、2254、2255、

格下げされて急行に運用中の6401系モ6401
桑名　昭40.4.25　写真／兼先　勤

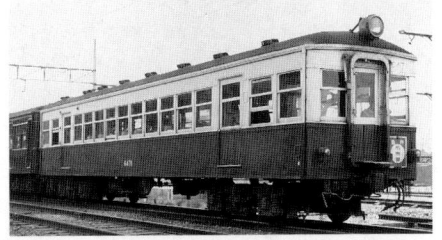

格下げされ、2色塗装のまま急行に運用中のク6471形6471
塩浜区　昭35.6.8　写真／丹羽　満

2257）、サ3020形3両（3021、3022、3023）の計8両と6421系も一部格下げされた。

格下げされた車両は名古屋〜伊勢間の直通化に伴う直通急行の新設や、大阪線、名古屋線の全体需要増に対応する増備車に充当された。

「EXPRESS」のマークもそのままに区間運転の普通に使用されるモ2250系モ2253ほか
宇治山田　昭34.11　写真／中野本一

> 京都と奈良
> 古都を結んだ
> 特急電車

"奈良電"のあゆみと特急運転

津川佳巳

写真／中村靖徳

奈良電気鉄道は、通称"奈良電"と呼ばれていた。昭和3年11月15日に京都〜西大寺間が全通し、昭和38年10月に近鉄と合併して近鉄京都線となった。

現在の京都線沿線は、京都市南部や、近郊の宇治、城陽、京田辺市の市街地化も進み、大規模な住宅団地も開発されて人口も飛躍的に伸びた。伊勢、奈良、橿原神宮前方面へは特急も頻繁に運行され、さらに京都市営地下鉄と国際会館〜竹田間で相互乗入れを行い近鉄の幹線となっている。また京阪奈丘陵に広がる関西文化学術研究都市へのアクセスとしても、今後の発展が期待されている。

ここに近鉄京都線の前身である"奈良電"について、計画、建設、開通から特急運転に至るまでのあゆみを振り返ってみることにする。

■ あゆみ ■

◎会社設立

大阪を中心とした電鉄事業は、大正初期までに現在の5大私鉄の路線はほぼ完成させていた。しかし京都〜奈良間には非電化・単線で、明治40年に関西鉄道を国有化した国鉄奈良線があるのみで、運行回数も少なく、所要時間も要していた。そこで、地元の有力者には、この区間を発展させるためには、電気鉄道設置が必要との機運が高まった。

大正8年11月3日、「奈良電気鉄道」が京阪電鉄中書島から京都府大久保村、田辺町、木津町などを経て、大軌奈良付近へ至る29.7km.軌間1435㎜の地方鉄道法による電気鉄道敷設申請を行った。この頃、競合として関西電気軌道がほぼ同じルートで奈良から京都市七条に至る電気軌道の敷設免許申請を行い、2社競願となったが、協議の結果、合併契約を結び関西電軌は免許申請を取り下げ

大正13年における奈良電鉄の計画変更路線図

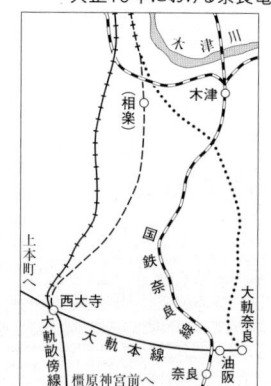

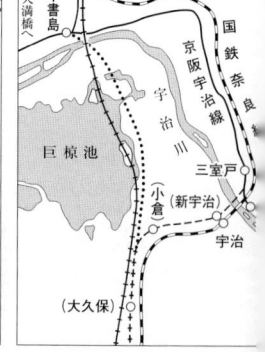

++++ 変更しない既免許区間　……… 変更による計画廃止区間
──── 変更による新免許区間　┼┼┼ 現 在 線

たため、大正11年11月16日にその敷設免許を取得した。免許は取得したが、不況であったので、建設費を押さえるため、路線を京阪電鉄宇治付近から大軌西大寺に変更することにした。これにより既免許線より4.3km短縮でき、かつ大軌畝傍線(現・近鉄橿原線)にも連絡できるようになる。京阪電鉄とは宇治〜中書島間、大軌とは西大寺〜奈良間への乗入れ契約を結んだ。大正13年5月24日、路線25.4kmとなる路線変更許可を申請し認可された。そして大正14年5月14日、「奈良電気鉄道」とし会社が設立された。

◎ 伏見支線の計画

京阪電鉄宇治線経由による大軌奈良—京阪三条間は国鉄奈良線より6.5km長いため所要時間と運賃両面にメリットはない。そこで宇治経由の計画を再び変更して、当初の計画通り小倉から一路北進し、京阪電鉄伏見桃山で京阪電鉄に乗入れ、京阪三条〜大軌奈良間を最短線とする小倉〜伏見間5.6kmの支線敷設免許を大正15年2月9日に申請した。

◎ 京都延長線の計画

伏見支線の免許も得て、伏見桃山で京阪電鉄に乗入れ、京阪三条〜大軌奈良間の直通運転を行う計画であったが、京阪電鉄は、線路容量の余裕が少なく乗入れ困難と判断し、自社線で京都まで延長することとした。この延長線は京阪伏見桃山(伏見町)から京都七条郵便局前(京都市)に至6.9kmで、国鉄旧奈良線廃線敷と国鉄伏見貨物線を利用する計画であった。再三の計画変更により最終計画は大軌西大寺〜京都(七条郵便局前)間34.5kmの路線となった。

◎ 建設と開業

昭和3年11月、京都御所で昭和天皇即位の御大典が挙行されることになり、急遽それまでに竣工させることになった。小倉〜西大寺間は、ほとんどが田園地帯で、途中、木津川を横断する全長457.1mの鉄橋はあったものの、特に困難な工事はなく、予定通り工事は進み昭和3年9月に完成した。

■ 伏見支線

伏見支線小倉〜京阪伏見桃山間は、工事施工上の難問題が多々あった。澱川鉄橋は橋脚6本を立て、ガーダー橋を架橋する計画であったが、架橋地点に京都師団工兵16大隊の架橋演習場があり、橋脚建設は認められなかった。そこでスパンの長さ164.6mの無橋脚トラス鉄橋を架けることとなった。昭和3年4月1日着工し、わずか半年あまりの突貫工事で、同年10月16日に完成させ、当時東洋一のトラス橋としてその長さを誇っていた。さらに、京都府からは、桃山御陵参道と線路の平面交叉は許可

戦前の奈良電。出発を待つ開通一番電車。桃山御陵前
昭3.11.3　写真提供／近鉄資料室

大正10年8月〜昭和3年9月までの伏見付近

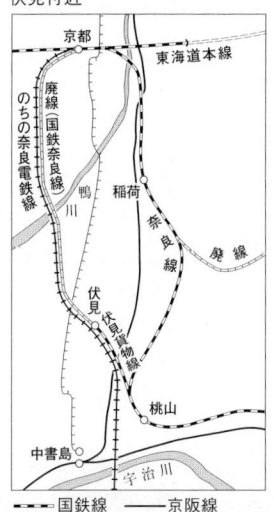

『京都・滋賀「鉄道の歴史」』および『奈良電鉄社史』より作図

現在の澱川橋梁　　　　平15.7.25　写真／津川佳巳

現在の濠川右岸堤防〜桃山御陵前間の高架線
平15.7.16　写真／津川佳巳

が得られず、地下線に変更することにしたが、伏見酒造組合から醸造用地下水に悪影響を及ぼす心配があるとして反対運動が展開された。そのため濠川から桃山御陵前までの800mを鉄筋コンクリートの高架橋として建設した。これは京都における最初の高架橋であった。

■京都延長線

当初は京都駅を、国鉄京都駅の北側に地下駅で建設する計画であった。そのためには国鉄京都駅構内を地下線でクロスしなければならず、昭和天皇即位の大典に間に合わすことは不可能であった。結局、国鉄京都駅南口側に仮設駅を設けることになり、昭和3年10月中旬に完工した。その後国鉄京都駅北側への延伸はなく、当時の仮設駅の場所が奈良電・近鉄京都駅となって現在に至っている。

桃山御陵前〜伏見間は奈良電が高架線建設する条件で、国鉄貨物線を廃止し払下げを受けることになった。高架橋は延長1,008m、突貫工事で同年11月12日に完工した。

昭和天皇即位の大典は、昭和3年11月10日に御即位礼が挙行された。工事は、これに間に合うように進められ、桃山御陵前〜西大寺間28kmは11月3日にすでに開通していたが、全線の京都〜西大寺間34.5kmは、まさにすべての儀式が終わった昭和3年11月15日に全通した。

現在の旧国鉄伏見貨物線跡の高架線（伏見駅より丹波橋方面を望む）
平15.7.16　写真／津川佳巳

■特急運転

1202＋603の京都行の特急。油阪〜奈良
昭29.11.20　写真／高橋　弘

戦後になって昭和22年ごろ、通勤や食糧の買出しなどにより乗客は増加しピークに達したが、昭和27年には不況のため最盛期の約60％と、最低の乗客数となった。これを挽回するために、奈良〜京都間の観光客や通勤、通学客の誘致策として、昭和29年10月23日より最新鋭車デハボ1200形車両を導入して京都〜奈良間を35分で走る、料金不要の特急を新設した。

この特急の新設について、関係の深い京阪電鉄、近鉄と比較すると、京阪電鉄では、戦後は昭和25年9月より天満橋〜三条間の特急を始めていたが、近鉄は当時、大阪・名古屋線の有料特急「すずか」「かつらぎ」などはすでに運転していたものの、奈良線・橿原線には、まだ特急はなかった。

奈良電が特急を新設した2年後の昭和31年12月21日から奈良線上本町〜奈良間に高性能車モ800・ク700形車両による"鹿"特急を走らせている。中小電鉄であった奈良電は、近鉄特急が一般的になるより早くに特急運転を行い、特に当時スピードでは関西で2位であった。これに敬意を表するものである。

◎運　行

京都〜奈良間（39.0km）の特急運転を昭和29年10月23日から開始し、1日当たり朝夕で上下5往復運転した。その後、以下述べるように増発を行っている。

昭和31年5月23日からは、朝夕で上下6往復に増発した。

京都発　7:44　8:44　9:44　16:44　17:44
　　　　18:44　(朝夕1時間ごとに運転)
奈良発　7:46　8:46　9:46　16:46　17:46
　　　　18:46　(朝夕1時間ごとに運転)

昭和32年3月21日からは、さらに増発して上下12往復とした。

京都発　7:50　8:20　8:50　9:20　9:50
　　　　10:22　16:22　16:52　17:22
　　　　17:52　18:22　18:50
　　　　(朝夕30分ごとに運転)
奈良発　7:35　8:05　8:35　9:05　9:35
　　　　10:05　16:35　17:05　17:35
　　　　18:05　18:35　19:05
　　　　(朝夕30分ごとに運転)

この運転本数は、昭和38年1月20日まで続いた。

昭和38年1月21日のダイヤ改正では、京都〜奈良間を12往復から11往復に減らし、京都〜橿原神宮間の特急2往復が新設された。

奈良電最後のダイヤ改正である昭和38年9月21日からは、京都〜橿原神宮間の特急を6往復に増発し、京都〜奈良間の特急を7往復とした。

所要時間は京都〜奈良間を35分で結び、最高時速105km、表定速度66.8km(京都〜奈良間39.0km)で、当時では阪神電鉄の特急(表定速度71.5km、梅田〜元町間32.2km・所要時間27分)に次ぎ、スピードでは関西第2位の地位を確保した。ちなみに、区間最高表定速度は奈良電丹波橋〜西大寺間で73.9km、阪神電鉄梅田〜

三宮間で75.1kmであった。特急停車駅は、京都—奈良間は丹波橋、西大寺で、京都—橿原神宮間は丹波橋、西大寺、八木であった。

西大寺駅は奈良電の京都行と、近鉄の大阪(上本町)行のホームが同じであった。大阪行を待つ大勢の乗客を尻目に、奈良から来た最新鋭のデハボ1200形の京都行特急のゆったりとしたクロスシートに座り、ちょっといい気分になって、大きな窓から優越感を感じながら京都へ向かったことを思い出す。

◎ 車　両

特急用の車両として、昭和29年製、最新鋭の新車デハボ1200形を2両(1201、1202)と、昭和15年に導入された初の制御車であるクハボ600形の3両のうち2両(602、603)を特急用に改造して充当した。編成はクハボ600＋デハボ1200(奈良方)の2両で2編成が当てられた。

・デハボ1200形

外観的には、車体塗装は上半分はクリーム色、下半分はライトグリーン色のツートンカラー塗装で、窓部が広く明るく軽快な感じで、全体としては整った美しさを誇っていた。

そして、特急用として高速性、乗り心地を重点的に配慮して設計されていた。主電動機は、従来のデハボ1000形の75kW×4個より容量をアップさせて110kW×4個とした。

窓部は幅1150mmと広く、上下2段式で、上窓は固定、下部は上昇式開閉窓。座席はドア間が対面式4人掛固定クロスシートで、シートはエンジ色。

制動は時速15km以上では電気ブレーキ方式で減速し、それ以下では自動的にエアブレーキに切り替わる、電気・エア併用ブレーキ方式である。乗心地に大きく影響する台車はシュリーレン型台車で、WN駆動装置を備えた防音防振高速軽量台車である。従来の台車より35〜40%軽減されたもので、このシュリーレン型台車の第1号は昭和29年6月製造された近鉄名古屋線用ク1560形車体を利用した大阪線高性能試作車モ1451に採用されているが、

京阪との共同駅である丹波橋を出発する「鹿」マーク付の特急
603＋1202　　　　昭34.2.27　写真／沖中忠順

デハボ1200形への採用はほぼこれに続くもので、新しい技術・機構を採用しようとする奈良電の意欲が伺われる。

京都駅で待機中の特急602＋1201。制御車のクハボ600にもパンタグラフを装備していた　　昭31.11.4　写真／藤原　寛

・クハボ600形

橿原神宮で行われた紀元2600年祝典の参拝者等の輸送用として昭和15年10月に新造された奈良電初の制御車で、かつ初の18m級車でもある。外観は窓丈は大きく窓面積が広く、2段上昇窓、幕板幅が狭く見た目はスマートな車両で、京浜電気鉄道(現・京浜急行)83形、101形などの車両によく似ている。また前面屋根左右にベンチレーターを備えた独特な"顔"をしているのが特徴である。その後、窓面積が大き過ぎるため車体の剛性不足により歪みが生じアングル鋼で補強し、窓は小さい2段上昇式に改造した。

昭和28年8月、特急用としてデハボ1200形と組むため602、603の2両の座席をロングシートから2人掛14脚転換式のクロスシートに改造し、車体塗装は連結相手のデハボ1200形と統一させ、上半分はクリーム色、下半分はライトグリーン色のツートンカラーとした。

・その後の特急車両

奈良電の車両は、昭和38年10月1日の近鉄との合併で改番されて近鉄車両称号となった。

昭和39年10月1日より、京都〜橿原神宮間を1日6往復、また同年12月1日より京都―奈良間を1日5往復の近鉄の有料特急が運転された。

この車両としては、旧奈良電デハボ1200形の改番モ680形(681・682)2両を特急車用に改造し、その連結相手として旧奈良電デハボ1350形の改番モ690形(692・693)電動車2両を、ク580形(581・582)制御車に改造し、2編成の特急車両、すなわちモ681＋ク581編成と、モ682＋ク582編成を充当させた。

残る旧奈良電クハボ600形の改番ク580形2両と、旧奈良電デハボ1350形の改番モ690形の残り1両は改造・改番を行い3両編成の特急予備車モ683＋ク583＋モ684となった。

"奈良電特急"は消えてしまったが、この特急が京都特急、京伊特急に成長し、近鉄特急網の一翼を担う基礎を作ったのである。また奈良電が生んだ近鉄京都線は見事に育ち、その発展ぶりを大変うれしく思う。今後ますます発展することを期待するものである。

昭和12年生まれ、京都府宇治市在住
近鉄各線の歴史の調査、研究を行う
同志社大学鉄道同好会OB会

デハボ1350形1351。昭和32年製で車体はデハボ1200形と同じ。近鉄になってから特急予備車となった　　写真提供／近鉄資料室

塗り替えられ近鉄特急の一員となった元奈良電のモ581＋ク681
西大寺区　昭42.10　写真／藤本哲男

第 4 部
特急列車網の拡大・整備
昭和39年(1964)～昭和51年(1976)

東海道新幹線という大きなライバルが出現した。
しかし、近鉄は特急網の拡大、増発で、新幹線客を特急へ誘致、
ピンチをチャンスに変えていく。
その後も車両の増備、特急の増発をはかり、
特急ネットワークの拡大をはかっていく。

12200系　　　　　　　　　　　写真/田淵　仁

I 脅威の東海道新幹線と特急路線の拡大
昭和39年（1964）

◆ 名阪特急の凋落と起死回生策

昭和39年10月、日本国民は2つのことで沸いた。東京オリンピック開催と、夢の超特急、東海道新幹線の開業である。

◎ 東海道新幹線の開業

東海道新幹線は、開業時、最高速度210km/hであったが、路盤が安定化していないことから、超特急「ひかり」は東京～新大阪間を4時間、特急「こだま」は同5時間の所要時間であった。1年後の昭和40年11月1日からは、「ひかり」3時間10分、「こだま」4時間、そして名古屋～新大阪間は「ひかり」1時間8分、「こだま」1時間19分の所要時間となった。名古屋～新大阪間の列車本数は、開業時で「ひかり」、「こだま」とも各14往復で合計28往復、昭和40年11月には43往復となった。

新幹線は、近鉄名阪ノンストップ特急に比べ、所要時間は半分となり、運行本数も約3倍の本数、編成は25m車両の12両であるので、時間的・量的に近鉄ノンストップ特急を凌駕してしまった。

近鉄も同じ10月1日にダイヤ改正をおこない、名阪ノンストップ特急列車を1往復増やして15往復としたが、新幹線開業の影響は大きく、以後急速に輸送シェアは減少していった。

◎ 新幹線客の取り込み

東海道新幹線による影響は予想していたことであり、近鉄は、逆にこの新幹線を利用する策に出た。

つまり、新幹線の開通によって東京～名古屋間は2時間、東京～京都間は3時間弱と非常に便利になった。近鉄沿線には伊勢志摩、

近鉄ノンストップ特急と東海道新幹線との比較

	所要時間	本　数	料　金
近鉄 ノンストップ特急	2時間13分	15往復	750円
新幹線 ひかり こだま	1時間 8分 1時間19分	24往復 19往復	1030円 930円

京都、奈良、飛鳥、吉野などに豊富な名勝地や社寺などの観光地を抱えており、首都圏のお客を新幹線の名古屋・京都・大阪から近鉄沿線に誘致しようという策であった。具体的には、①特急列車路線の新設、②特急列車ネットワークの充実、③名古屋、京都駅の改装・改築、④近鉄特急列車のPR強化により、利便性を図るものであった。

積極的に近鉄特急のPRに乗り出し、特にビルの大屋上看板が、東京では秋葉原や銀座近鉄ビル、大阪・淀屋橋、名古屋近鉄ビルに立てられ、ネオンに輝く「近鉄特急」の文字を見られた方もたくさんおられよう。テレビのCMや週刊誌のグラビア宣伝もおこなわれた。

昭和39年10月1日のダイヤ改正では、新しく京都特急が新設され、続いて奈良特急、吉野特急、湯の山特急が新設された。これらの特急列車群は高速路線ではないので、名古屋・大阪・伊勢間の幹線特急列車のよ

銀座で人目を引いた近鉄大飯店屋上の広告塔。現在でも名古屋近鉄ビルのように新幹線からも、「近鉄特急」のビッグなネオンを目にすることができる

うに高速走行による時間短縮ではなく、停車駅の限定による所要時間の短縮化をはかった。

◆京都・奈良・橿原・吉野・湯の山線に特急新設

◎京都(橿原)特急、奈良特急
　　―ユニークな改造特急車でスタート

　京都～橿原神宮前間に京都特急が6往復設定され、八木で阪伊乙特急と相互に接続して京都～伊勢間の特急列車サービスが開始された。京都からは国鉄の準急「鳥羽」と姫路快速の2往復よりは近鉄特急の方が便数が多く優勢と見られたが、近鉄の割高な特急料金に比べて、乗換えのない国鉄の利便性がよかったようで利用者は少なかった。

　そこで、新たに昭和39年12月1日から、京都～奈良間の奈良特急列車5往復が登場した。京都特急の間合い運用によるもので、下りは京都～奈良間ノンストップで39.0kmを34分、上りは西大寺に停車して36分で結んだミニ特急であった。

◎新幹線との共同駅、京都駅

　東海道新幹線京都駅ホームは3階にあり、近鉄京都駅は2階にあって、新幹線に直結しているが、これは歴史的には偶然の賜物であった。

　京都線の前身、奈良電は国鉄京都駅の表側(北側)に駅を設ける予定であったが、昭和3年の昭和天皇の御大典に間に合わせるため、国鉄京都駅の裏側(南側)に仮駅が設けられ、以後そのまま奈良電京都駅となっていた。ところが国鉄京都駅の南側に新幹線京都駅が建設されることになり、国鉄と奈良電の協議の結果、幅40m、長さ500mの3階構造の2階西側が奈良電京都駅となったのである。

　昭和37年5月に着工され、従来の2面3線が3面3線となり、奈良電が近鉄に合併される直前の昭和38年9月に完成した。国鉄京都駅を含めた南口は八条通りに面した広い近代的な駅前広場に一新し、近鉄系のシティーホテル「新・都ホテル」も進出した。

◎京都・橿原・奈良線用680系

　京都～橿原神宮前間用の特急専用車両には、旧奈良電の車両で、京都～奈良・橿原神宮前間の料金不要の特急専用車であったデハボ1200形など4形式7両が改造されて新680系となり、昭和39年10月1日のダイヤ改正より、6往復運行された。停車駅は京都、西大寺、八木、橿原神宮前で、58.2kmを所要1時間で結んだ。

　680系は2種類の編成からなっており、橿原神宮前寄りからモ680形＋ク580形の2連固定2編成とモ680形(683)＋ク580形(583)＋モ680形(684)の3両固定1編成の予備編成の合わせて3編成が用意された。予備編成は「予備特」と呼ばれており、本編成の定期検査時や緊急時の代役用のためほとんど運用さ

奈良電時代の京都駅。のちに新幹線京都駅が直上に建設される　　写真提供／近鉄資料室

新幹線京都駅の下に新しく設置された京都駅
昭42.7.16　写真／田淵　仁

れず、そのため本格的な特急専用車としての仕様がなされなかった。

京都・橿原線は奈良線と同様架線電圧が600V区間であるうえ、車両の最大寸法も最大長15～19m、最大幅2.65mの中小型車しか走行できない。これらの7両は、製造年が浅く、クロスシート車であり、京都線車両の中では高速性能である。内装をエースカー並みに特急専用車両として改造の上、格上げされたが、とりあえず用意された車両とみることができる。

- **● 本編成680系**

  モ681＋ク581、モ682＋ク582

  奈良電は昭和29年10月に初の新性能車両デハボ1200形2両を新製し、デハボ1200形＋クハボ600形の2両編成2本が登場、京都～奈良間の特急列車に投入された。昭和32年にはデハボ1200形と同じ車体であるが、電装品や台車はデハボ1000形の流用品によるデハボ1350形が3両造られた。

  モ680形(681、682)は旧奈良電のデハボ1200形で、近鉄に合併されてモ680形に形式変更されたものである。ク580形(581、582)は旧奈良電のデハボ1350形が近鉄に合併されてモ690形となったが、電装解除されてク580形(2代)となり、モ680形とは同形の車体である。特急専用車としての風格と設備の充実がなされ、張上屋根化改造されて近代的な外観となったうえ、片運転台化、ユニットクーラーの装備と固定窓化、オール転換クロス化、M車に車販室、T車に便所・洗面所が設けられた。ク580形には新たにKD-54Aシュリーレン台車が装備された。

  デハボ1200形はナニワ工機製であるが、制御装置はABF型、制動装置はAMA-RD型電空併用式ブレーキ、台車はコイルバネのKD-10型シュリーレン台車、WNカルダン式さらに主電動機はビスタカーと同じMB-3020型で600V用110kWなど走行装置は近鉄仕様の車両である。近鉄最初の新性能車両1450形の登場直後に新造されており、近鉄系新性能車両の元祖の1形式であり、のちに登場した奈良線の800系にも影響を与えている。

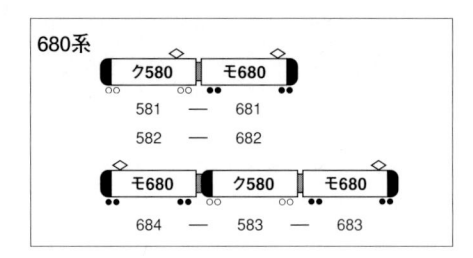

- **● 予備特編成680系**

  モ683＋ク583＋モ684

  モ683、モ684の形式名はモ680形ではあるが、本編成のモ680形とは別物である。モ683は、昭和32年製の旧奈良電のデハボ1350形1351なので、モ681と車体は同じであるが、同じ改造仕様を受けていない。モ684、ク583は昭和15年製の旧奈良電のクハボ600形602、603が前身であり、近鉄に合併されてク580形(初代)となった。

  電装関係は、モ683の制御装置・制動装置は新造当初のままであり、モ684は前身がクハボ602なので680系の2代目ク581、582

680系

ク580	モ680
581	681
582	682

モ680	ク580	モ680
684	583	683

京都～橿原神宮間の特急専用車両として、旧奈良電の特急車を改造した680系。ク581＋モ681　尼ケ辻～西ノ京　昭44.4.29　写真／田淵 仁

になった旧デハボ1350形1352、1353の電装品が流用され、モ683と同じ電装となっている。両車とも昭和3年製の旧デハボ1000形の流用品で、制御装置はTDKの初の国産総括制御装置であるES150型系列のES155A全電気式カム軸型、制動装置はAMA型、吊掛式の主電動機は75kWであった。しかし台車は新造のKD-54シュリーレン台車が装備され、乗り心地の向上がなされている。ク583は当初からの住友KS33Lイコライザー式であった。

　3両とも約18m、2扉車で、全車張上屋根に改造されたものの、予備のためこれ以上の整備はおこなわれず奈良電時代の仕様のままで、座席も車体中央部が転換クロスシート、客用扉付近はロングシートで、冷房化はされなかった。運転台もモ683は両運転台、モ684、ク583は片運転台のままで、モ684とク583との連結面のモ684側には車販室、ク583側には便所・洗面所が設けられた。

　予備特が3両になったのは、683、684の主電動機が75kWのため、2M1Tとして、本編成並の出力に近づけたことと、3両ともオールクロスシートにされなかったので、3両で本編成並みのクロスシート数にしたと思われる。

構内改良工事が進む西大寺駅を発車した京都行特急。モ682＋ク582
昭40.4.11　写真／吉川文夫

奈良行特急で走行中の予備特モ684＋ク583＋モ683。旧奈良電車両を塗り変え、非冷房、室内の一部はロングシートのままで特急に使用された
上鳥羽口〜竹田　昭43.10.27　写真／田淵　仁

141

◆ 南大阪・吉野線と吉野特急

昭和40年3月18日から大阪阿部野橋～吉野間に16000系新造特急専用車による吉野特急が6往復新設された。

◎ 吉野特急─新鋭特急の投入で一級観光地に

停車駅は、阿部野橋、橿原神宮前、下市口、大和上市、吉野神宮、吉野で、65.0kmを所要1時間10分であった。橿原神宮前で全6往復が、京都特急の全6往復と接続していた。

当時はまだ飛鳥は注目の中心観光地ではなく、下市口～吉野間が吉野特急の目指すところだった。メインは千本桜と南朝ゆかりの吉野で、あと下市口からバスに乗り換えて秘境大台ケ原や修験行者の聖地大峯山などへの登山客などの輸送であった。

◎ 南大阪線用16000系

南大阪線・吉野線系統は、16000系McTc2連2編成が新造された。阿部野橋寄りからモ16000形＋ク16100形である。6000番代の形式は軌間1067㎜、架線電圧1500V区間の車両を指す形式で、名古屋線が広軌化されてからは、新規に6000番代の形式が与えられるのは、この南大阪線系統の車両のみとなった。

16000系は11400系新エースカータイプの車両であるが、細部では種々異なっており、本線の車両定規により、最大幅が2740㎜、屋根の巻き上げ部の曲線半径を小さくした断面形状で、網棚は空間面積を大きくしてリュックサックなどの収容に考慮されており、側窓の幅は11400系より少し大きめの1620㎜、高さは50㎜小さく700㎜となっている。当初は先頭の前面部の塗り分けがエースカーとは少し異なり、窓まわりのダークブルーの下端が一直線であった。冷房装置はユニットクーラーが6基で、座席等の内装は11400系に準じている。シートラジオは付いていない。

南大阪線はほとんど平坦線であり、吉野線は山間部があるものの単線で高速走行で

```
16000系          ┌─モ16000─┐ ┌─ク16100─┐
                  16001  ─  16101
                    〜         〜
                  16007  ─  16107
                  16009  ─  16109

        ┌─モ16000─┐ ┌─サ16150─┐ ┌─モ16050─┐ ┌─ク16100─┐
         16008   ─  16151   ─   16051   ─   16108
```

吉野特急の出発式。阿部野橋
昭40.3.18 写真提供／近鉄資料室

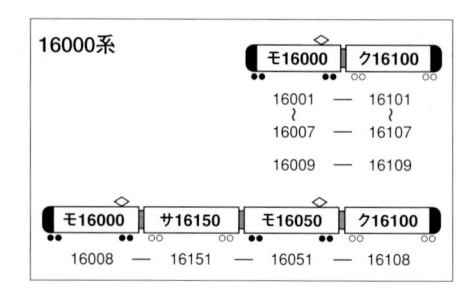

吉野駅を発車、阿部野橋へ向かう16000系4連
昭54.3.23 写真／兼先 勤

ないことから、16000系は、昭和38年5月に登場したラビットカーの増備車6900系（のち6000系に改番）とほぼ同じ電装機器が装備され、McTc編成とされた。制御装置は日立製のMMC型電動カム軸スイッチ式で、広軌線特急車の高速運転・低速運転の切替方式は導入されず、主回路は主電動機4個が永久直列とされた。

また南大阪線車両としては初めて抑速用電制が装備された。制動装置はHSC-D型電磁直通電空併用ブレーキ式で、主電動機は狭軌用台車装架式としては大出力の135kWの主電動機で、歯車比は6.13など同じ仕様である。平坦線における釣合速度は125km/h、33‰勾配で71km/hの走行性能を有している。

主電動機は狭軌サイズには少々大型であったので、台車内に容積を確保するため大阪線などの幹線特急専用車の車輪径880㎜、軸距2200㎜より大きくなり、M台車は車輪径が910㎜、軸距2300㎜となった。T台車のサイズは幹線車両と同じである。M台車はKD-52型、T台車はKD-52A型で、シュリーレン型鋼板溶接構造台車で新たにベローズ型の空気バネとなった。電動発電機・電動圧縮機はTc車に装備されている。

16000系は特急需要の増加に伴い、昭和52年まで、同一形式で12年間にわたって、2連8編成、4連1編成の20両が増備された。

◎ 大阪鉄道と吉野鉄道

大阪阿部野橋〜吉野間は、阿部野橋〜橿原神宮間の南大阪線と橿原神宮〜吉野間の吉野線からなっている。

古市駅付近を行く河南鉄道の蒸機列車
写真所蔵／田中鎧市

南大阪線は国鉄天王寺駅と隣り合わせのターミナル阿部野橋から橿原神宮間39.8kmの路線で、明治31年4月に開業した河陽鉄道をルーツとしている。現・道明寺線、長野線を主体とする、河陽鉄道柏原〜道明寺〜古市〜富田林間9.8kmのうち、道明寺〜古市間が南大阪線に当たり、当時は蒸機列車であった。近鉄路線の中で河陽鉄道の開業区間は、最古の路線である。開業した河陽鉄道は沿線が過疎であり、まもなく業績不振となり、再建のため河陽鉄道は解散となり、明治32年5月に債権債務を引き継いだ新設会社、河南鉄道の経営となった。

河南鉄道は経営打開のため、当初計画の

南大阪線初めての特急専用車として造られた16000系。当初McTc2連2編成が新造された。
営業前日の試運転中のシーン　　大和上市〜吉野神宮　昭40.3.17　写真／田中鎧市

日本初の直流1500V電車となった大阪鉄道デイ形
古市　昭12.5　写真／田中鎹市

初代の吉野駅（現・六田）に停車中の吉野鉄道の電車
写真提供／近鉄資料室

昭和初期の大阪鉄道阿部野橋駅
写真提供／近鉄資料室

河内長野への延長と大都市大阪への進出を策定し、明治35年12月に富田林～長野間6.8kmが開業した。大正8年3月には大阪進出にふさわしい社名として商号を「大阪鉄道」に変更した。大阪鉄道の商号は、先に明治33年に関西鉄道に合併された大阪鉄道とは全く別の会社である。大阪への進出は大正9年2月より着工され、大正12年4月に道明寺～天王寺間16.5kmが複線、わが国初の1500Vの電気鉄道として開業した。道明寺～古市～長野間は大正12年8月、柏原～道明寺間は大正13年5月に電化された。大正13年6月には天王寺は阿部野橋に改称された。

大阪鉄道はさらに西の吉野鉄道との接続を目論んだが、既に富田林～大峯山の大峯鉄道、堺～古市・天王寺～桜井間の南大阪鉄道が路線免許を取得していた。しかしこの2社は資金難により未着工であったので、大阪鉄道は大峯鉄道の全株式の取得に成功し、南大阪鉄道とは合併により路線免許問題を

大正15年には解決し、古市～久米寺間が昭和4年3月に開業し、吉野鉄道に乗り入れ、阿部野橋～吉野間の直通運転が開始された。

大阪鉄道は、前述のとおり、昭和18年2月に戦時の合併により、関急に合併された。

吉野線、橿原神宮前～吉野間26.4kmは吉野軽便鉄道が国鉄和歌山線吉野口～吉野（現・六田）間11.2kmを大正元年10月に開業したことに始まる。大正2年に商号を吉野鉄道と変更し、大正12年12月に吉野口～橿原神宮前間10.0kmが開業し、橿原神宮前で大軌畝傍線（現・橿原線）と接続した。大阪鉄道、神戸姫路電気鉄道に続いてわが国3番目の1500Vの電気鉄道となり、同時に吉野口～吉野間も電化された。さらに大正13年11月には橿原神宮前～国鉄桜井線畝傍間3.0kmを開業した。

さらに昭和3年3月には吉野から吉野川を渡って吉野の中心、金峯山寺の麓に到達し、終点を吉野とし、旧吉野は六田と改称した。これにより畝傍～吉野間28.6km全線が開通した。ところが大軌は直後の昭和3年10月に畝傍線橿原神宮前より吉野への延長線の施設免許を受けるにおよび、昭和4年8月吉野鉄道は大軌と合併となり吉野線となった。

昭和15年の紀元2600年奉祝の記念式典開催のため、橿原神宮の拡張整備計画により、畝傍線の移設と共同使用の久米寺が新しく橿原神宮前として造られた。大軌橿原神宮前、大阪鉄道橿原神宮は廃止された。

南大阪線の形成

◎ 不定期特急「かもしか号」

南大阪線の特急列車の嚆矢は大鉄時代の昭和15年の紀元2600年の大輸送時に、阿部野橋～橿原神宮前間に大鉄主力の500系、後の近鉄6601系による特急が登場した。

南大阪線に戦後初めて走った初詣特急「かしはら」。6801系が名阪特急と同じ塗装で登場した
阿部野橋　昭26.1.2　写真／奥野利夫　所蔵／近鉄資料室

戦後昭和26年のお正月3が日には、南大阪線の戦後初の新造車6801系、のちの6411系による阿部野橋～橿原神宮前間の初詣特急「かしはら」が登場、6801系は側窓より上半分はクリーム色、下半分はダークブルーの特急色に塗装されたがロングシートであった。さらに昭和26年4月には桜の名所、吉野の花見用に阿部野橋～吉野間に特急「さくら」が6601系により運行されている。こ

れらの特急は特急料金を取らない速達タイプであり季節限定的な特急列車であった。

昭和34年8月になると、吉野や大台ケ原、大峯山などへの行楽・登山客の便宜をはかるため阿部野橋～吉野間に日帰りダイヤの快速「かもしか」が運行された。大鉄創業時のデイ形が昭和31年に鋼体化され、前面が湘南タイプのモ5805、5806が充当された。

昭和35年2月からは不定期の有料特急となり、昭和35年8月には当時としては画期的な改造の専用車モ5820形4両が投入された。しかし1年後の昭和36年9月には料金不要の快速「かもしか」となり、2往復に増便され、所要時間1時間19分であった。そして昭和40年3月の16000系吉野特急登場により快速「かもしか」は消滅した。

◎ 旧伊勢電の特急車を改造

モ5820形は先述のとおり旧伊勢電が昭和5年の伊勢開業時に登場させたモハニ231形で、参急合併後はモニ6231形となり、その後電装を解除されてクニ5421形となった4両を改造したものである。

モハニ231形は昭和10年には桑名～大神宮前間に登場した特急「初日」、「神路」に使用され、参急合併後も、特急、急行に使用された高速車両であった。ところがこの車両には使い勝手の悪さがあった。荷物室・客室の合造車であること、両運転台に乗務員扉がないことであった。

伊勢への参宮・観光客を合造車の荷物室

モニ6231形の時代。6233　塩浜　写真／田中鎰市

には乗せられないうえ、運転台や最後部に乗務員扉がないのは、客用扉の開閉の取扱いやホームの安全確認上不都合で、まさに近代化に遅れた車両であった。同様の車両が同じ昭和5年製の参急のデニ2000形8両で、平坦線用として伊勢平野の宇治山田〜津・江戸橋間用に投入された。一時は急行運用もされたが、結局合造車であるがゆえに、名古屋線の各停中心運用の一生で終わってしまった。

よくモハニ231形は悲運の電車といわれるが、それは被合併会社の車両であったことではなく、この車体構造が要因であった。今から40年近く前に2200系の3扉化が盛んな頃に高安工場で、車体の改造では3扉化が一番工事費がかかると伺った。したがって、戦前に231と238は事故に遭い、モ6301形と同様の扉配置で復旧したものの、モニ6231形全車両の扉配置を改造するのは近鉄としても躊躇されたものと思われる。しかしモニ6231形は高速用車両であったため、主電動機の出力が、モ6301形の112kWについで大きい104kWなので、これを生かし昭和33年車体新造

5820形の引退を機に「かもしか」の復活運転がおこなわれた
阿部野橋　昭45.11.29　写真／田中鎰市

の名古屋線用の3扉の通勤車6441系MT2連5編成が造られた。制御装置、制動装置、台車そして主電動機はモニ6231形の機器が流用され、モニ6231形はTc化されクニ5421形となった。

昭和35年には6441系がさらに5編成増備されて、主電動機のみが流用され、クニ5421形、クニ6481形となり、モニ6231形は全廃された。

「かもしか」号の代替車として白羽の矢が養老線に所属していたクニ5421〜5424の4両に立ち、昭和35年5月に南大阪線に回送された。古市工場で改造工事を受け、荷物室の撤去と2乗務員扉と1客用扉が新設され、片運転台、オールクロスシート、内装はアルミデコラ化された。冷房装置はなく、側窓より上半分はオレンジ色、下半分はダークブルーの特急色に塗装された。

モ5821＋モ5822、モ5823＋モ5824の2連2編成で、MM'ユニット方式でMc車の奇数車にはパンタグラフがM'c車との連結面寄りに装備されている。75kWの主電動機は大鉄の古典車デロ形であるモ5621形5621〜5624が廃車されて流用され、台車は名古屋線の改軌による余剰のD-16B型が使用された。

昭和35年から走り始めた不定期の有料特急「かもしか」。車両は数奇な運命をたどった5820形が使用された
六田　昭35.8.20　写真／小林庄三　所蔵／近鉄資料室

「かもしか」はのちに料金不要の快速となった
阿部野橋　昭36.7
写真提供／近鉄資料室

◎ 湯の山特急─珍しい、ナローから標準軌に改軌による特急乗入れ

　昭和40年7月15日より、湯の山線に乙特急列車の上本町～湯の山間、名古屋～湯の山間各2往復が新設された。

　湯の山線は四日市から分岐して湯の山まで15.4kmの路線で、四日市～湯の山間は無停車で所要時間17分であった。終点湯の山は昭和45年3月に湯の山温泉と改称されている。

　三重県の北部、滋賀県との県境には南北60kmにわたる鈴鹿山脈がある。標高1212mの主峰、御在所岳の東麓の谷合に三重県では数少ない、いで湯の里、湯の山温泉があり、名古屋・四日市からの登山者、ハイカーや保養客に親しまれていた。

　湯の山線は、軌間762mmの軽便鉄道、四日市鉄道が四日市の中心諏訪より、湯の山まで大正2年9月に開業し、大正5年3月には諏訪～国鉄四日市駅が開業した。昭和19年2月に戦時の三重県下の軽便鉄道やバス路線が統合され、北勢線、内部・八王子線、松阪線、神都線、志摩線とともに湯の山線は三重交通となったが、統合された路線はすでに参急系列であった。

　昭和39年2月には三重交通と近鉄との鉄道再編により、まず三重交通より分離して三重電鉄に譲渡の上、昭和39年12月に松阪線が廃止され、その他4線による三重電鉄は昭和40年4月には近鉄に合併されて近鉄線となった。

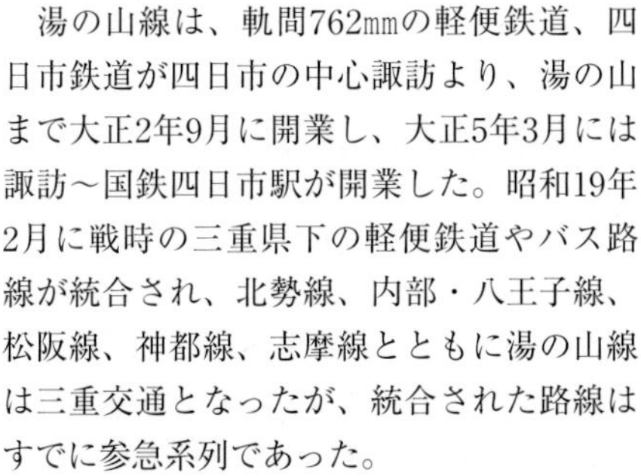

762mm時代の湯の山駅で発車待ちするモ240ほかの電車
昭34.9.20　写真／高橋 弘　所蔵／近鉄資料室

　湯の山線は、戦後重化学工業都市として発展する四日市市のベッドタウンとして沿線の人口が増える一方、昭和34年4月に三重交通により湯の山温泉～御在所岳山頂間に循環式の延長2161mの御在所ロープーウェイが建設され、これが大当たりとなって一級の観光地となり温泉宿も充実された。このため湯の山線だけは、近鉄合併直前の昭和39年3月に1435mmへの改軌と1500V昇圧がおこなわれ、特急列車が新設された。

　新設当初の特急列車は、名阪乙特急列車3往復が廃止となり、代わりに湯の山直通の乙特急列車がそれぞれ上本町、名古屋間に2往復設定されたが、3年後には名阪乙特急列車との併結運用に変更されている。

　湯の山線は改軌当初、2200系の列車もみられ、重量級車両の入線も可能である。

◎ 京都・橿原線用特急車18000系

　昭和40年3月18日のダイヤ改正では、新幹線との接続を考慮して、奈良特急を1往復増の6往復とし、京都発を毎時45分として橿原特急と奈良特急を交互発とした。下り奈良特急も西大寺停車として、西大寺以遠はそれぞれ急行などに乗り換えてもらうことで、利便性を向上した。この改正により予備特を含めた3本の運用となった。

　しかしながら予備特では特急専用車とし

上本町駅でおこなわれた湯の山特急の出発式
昭40.7.15　写真／白澤靖博

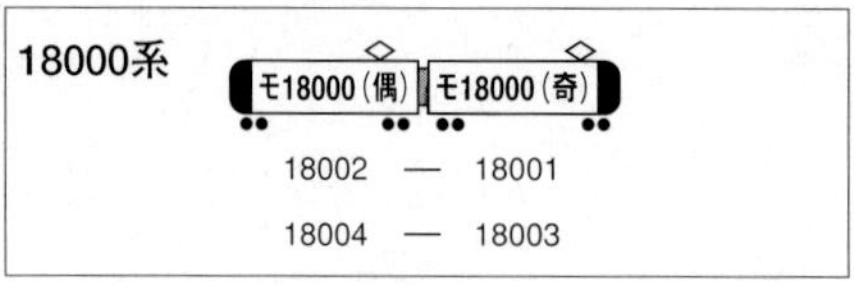

```
18000系
 ┌─モ18000(偶)─┬─モ18000(奇)─┐
      18002  ─  18001
      18004  ─  18003
```

ての設備に差がありすぎるので、新たに18000系1編成が昭和40年6月に新造された。橿原神宮前寄りから18001＋18002のMcMc2両編成で、昭和41年3月には第2編成が新造された。8000番台は、軌間1435mmで架線電圧600V区間の奈良・京都・橿原線用であった。

18000系は外観や内装は直前に登場した16000系と同じで、前頭部の塗り分けは、窓まわりのダークブルーの下端は一直線であった。車両定規により最大長が680系並みの18640mm、最大幅2590mmとエースカーより一回り小さな車体で、近い将来昇圧計画や車両限界の拡大計画があることや、京都・橿原線はあまり高速走行ではないことから、電装機器は第1編成が奈良線用(600V区間用)600形623、635の電装解除による流用品である。第2編成は同じく631、633の流用品が使用された。ただこの形式はMM′ユニット方式ではなく、単独Mの1C4Mの2両方式であり、パンタグラフは各車とも橿原神宮前寄りに装備された。

制御装置は三菱製HLF型手動加速式、制動装置はAMA-R型で電制はなく、主電動機は135kW、吊掛式である。台車は第1編成はシュリーレン式コイルバネのKD-55型であるが、第2編成は空気バネのKD-59型であった。

◎乙特急が名張、榊原温泉口に停車

昭和40年3月18日のダイヤ改正で、名阪、阪伊の乙特急の一部が名張、榊原温泉口に停車となった。名張は近鉄が開発中の桔梗が丘団地や伊賀地区への特急列車サービスの提供、佐田を改称した榊原温泉口は近くの榊原温泉やゴルフ客の利便を図ったものであった。

◆ 特急路線の充実

名阪間の近鉄の輸送シェアは昭和41年度にはついに19％までシェアが落ちていった。しかし特急の全体需要は、特急路線の新設や既存特急路線の増発により、新幹線開業の昭和39年度の129％増と利用客が伸びて、対策の成果が表れてきた。しかし、いまだ特急ネットワークは形成過程にあり、より充実させるべく数々の諸施策が取り組まれていった。

京都・橿原線用として昭和40年に製造された18000系。単独Mの2連で機器は旧型車から流用された　　上鳥羽口〜竹田　昭43.10.27　写真／田淵 仁

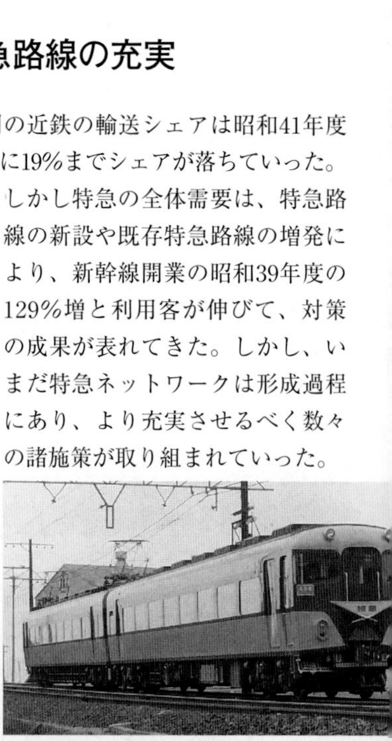

新幹線に押され、近鉄特急の看板ともいえる名阪甲特急は乗客が減少、2連の短編成が行き交うこととなった　海山道〜塩浜　昭44.3.1　写真／田淵 仁

◎ 名古屋・伊勢特急の増発

　昭和40年10月1日のダイヤ改正では、名古屋・伊勢(名伊)特急が一気に倍増されて25往復となり、東海道新幹線の東京～名古屋間28往復に対応したものとなった。このうち名伊甲特急2往復が新設され、伊勢市のみ停車で所要時間1時間18分、名伊乙特急は13往復から23往復に増発されて、特急の便利さ快適さにより、急行利用客の特急へのシフトが増加した。榊原温泉口には阪伊、湯の山の全乙特急が停車となった。

　新幹線開業と近鉄特急体制に呼応するかのように、伊勢神宮の参拝者数は昭和39年度よりさらに増加傾向を示した。昭和37年度に500万人に達したが、昭和39年は560万人、昭和40年は590万人そして昭和41年には610万人と、600万人の大台へと急速な伸びを示した。

◎ 名伊乙特急と近距離利用客の増加

　名古屋線の改軌により、名古屋～伊勢間は、阪伊、名阪に続く第3の直通化となったが、名伊間では2つの意義があった。

　一つは、東京に繋がる名古屋と伊勢が直通化されたことで、東京、名古屋から伊勢への利便さが増し、伊勢志摩への訪問客が増えたこと。二つ目は、特に三重県は名古屋から入って、伊勢平野の海岸沿いに桑名市、四日市市、津市、松阪市、伊勢市とほぼ20kmおきに10万人以上の都市があり、三重県の主要地帯を形成している。これらの沿線各都市の人々にも特急列車を気軽に利用してもらう特急列車として、乙特急が登場したことである。

　名古屋からの国鉄(省)線は亀山経由であり不便であったが、昭和13年6月の名古屋線全通により伊勢平野を名古屋線・山田線が縦断したものの中川で乗換えのため、乗客は行き先によって近鉄か国鉄を選んでいた。例えば四日市～伊勢間では乗継ぎのない国鉄線を利用、四日市～津間では近鉄利用などと区別していた。しかし名古屋直通化により、近鉄線一本で名古屋～伊勢間が利用できるようになり、利便性が向上して沿線客の交通活性化につながった。

　この利便性に拍車をかけたのが乙特急の登場である。従来の特急は大阪、名古屋、伊勢の拠点間輸送をめざしたもので、中川停車は乗換えのためであり、途中の三重県の都市には縁のない特急であったが、乙特急はこれら沿線客にも特急列車サービスを提供したものであり、経済の活況により特急利用が徐々に一般客にも受け入れられてきた。

主要駅をこまめに停車していく乙特急は、気軽に乗れる特急車として歓迎され、次第に本数を増加させた。11400系2連
新正～海山道　昭43.12.8　写真／田淵　仁

　以後乙特急は増発され、車両も新性能特急専用車が増備され、旧型車は引退していった。この乙特急の発想は近鉄の先見性の功績であり、その後の国鉄や他の私鉄特急の運用にも影響を与えている。

◎ 第3の伊勢特急の新設

　これまでの八木乗換えによる京都・伊勢ルートの不人気を挽回すべく、昭和41年12月20日より京都～宇治山田間に2往復の伊勢直通特急が登場した。

　八木での乗換えを廃した直通特急は利用客より大いに好評を得ることとなり、その後ダイヤ改正ごとに増発されて、阪伊特急、名伊特急に続く第3の伊勢特急(京伊特急)

京都から伊勢へ新たなルートを走る特急は昭和41年から運転を開始した　京都　昭41.12.20　写真提供／近鉄資料室

18200系		
モ18200	—	ク18300
18201 〜 18205	—	18301 〜 18305

に成長した。名阪直通時と同様、やはり目的地までの直通化がベストである適例であろう。

同年1月20日には、特急料金体系が対キロ制となり、乗継ぎに関係なく利用区間距離による単一料金となり、利便性が増した。

京伊特急の新設にともない第2世代の新型特急専用車のさきがけともいうべき、18200系が新製された。京都線・橿原線は、架線電圧が600V、車両定規も小型で大阪線の規格と異なるので、どちらの車両も相互に入線不可能であったため、相互区間の運行が可能な特急車として新たに開発された。架線電圧1500V、600Vでの両用可能な複電圧車両で、車両定規は京都線・橿原線に合わせた最大長18640㎜、最大幅2670㎜と大阪線車両より一回り小さい車体となったので、京都・奈良線用の形式番台である18200系となった。居住性や走行性能を大阪線車両並みとするため、さまざまな工夫がなされるとともに、10000系以来の構造を脱皮した新機軸も盛り込まれており、近鉄特急列車史上エポックメーキングな車両である。

◎ 近鉄特急第2世代のさきがけ 18200系

10000系より11400系に至る主力の特急車はMM′方式であったが、18200系は、新幹線0系の主電動機185kWに次いで、当時在来線や私鉄では最大出力の180kWの主電動機MB-3127A型を装備することにより、MM編成より経済的なMcTc編成となった。宇治山田寄りからモ18200形＋ク18300形の編成で、大阪線での釣合速度は平坦線で160km/h、連続33‰急勾配で100km/hとビスタカーや新エースカー並みの性能を有するもので、以後約20年に渡り大阪線の特急車はこの大出力主電動機によるMT編成が基本となった。車体は従来タイプであったが、この走行装置は、新系列第一番手の車両となった。

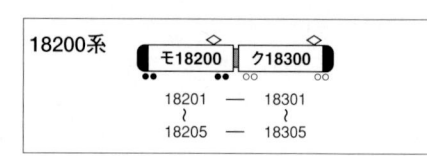

◎ 正面デザインに変化

車体は新エースカーを一回り小さく、18000系とほぼ同じであるが、途中駅での解併結を考慮して正面の特急マークや行先の表示が変更されて、新たに向かって右側の運転台窓下に照明式の「特急」表示板、左側窓下に「行先」表示板、そして貫通扉に従来の逆三角の特急マークの下部のクロス部がステンレス製で取り付けられて、前面の雰囲気が変わっている。1Mであるがパンタグラフは2基搭載されるとクーラースペースに余裕がないのでM車の先頭側とT車の連結側に設置され、またパンタグラフの高さの確保のため取付部の屋根の高さが切り欠き状に240㎜下げられるなどユニークな配置、屋根形状となった。

座席はビスタカー並みの幅を確保するために、側構の厚みを従来の70㎜から60㎜に薄くし、通路幅を460㎜とし、方向転換時にスペースをとらない転換クロスシートとした。さらに座席ピッチは930㎜のため着席座席の前の座席下の蹴込み板を外して足先を伸ばせるようになった。新エースカーまで装備されていたシートラジオは本形式

京都からの伊勢特急の新設に当たり製造された18200系。複電圧装置を始め数々の新機軸が盛り込まれた　　上鳥羽口〜竹田　昭43.10.27　写真／田淵 仁

より廃止されている。

制御装置はABFM型複電圧電動操作カム軸スイッチ式、制動装置はHSC-D型電磁直通電空併用ブレーキ式で、基本は従来のビスタカーや新エースカーと同様の装置であるが、1C4Mと複電圧機構となるので、1500V区間では2個の主電動機の永久直列の2群を手動切替により直列・並列接続して抵抗・界磁制御がおこなわれ、600V区間では2個の主電動機の並列の2群を手動切替により直列・並列接続して抵抗・界磁制御をおこなうものである。したがって電圧の切替スイッチは2個の主電動機を直列、並列接続への切替でおこなわれる。また1500V区間では勾配区間抑速用の電気ブレーキが可能であるが、600V区間は平坦線であり、回路の簡易化により電気ブレーキは不要とされ機能しない。

主電動機の出力は1500V区間では180kWであるが、600V区間では144kWで、釣合速度は平坦線で120km/h、連続25‰勾配で80km/hの性能である。

◎ 新型空気バネ台車の採用

台車はMc車、KD-63型、Tc車KD-63A型で、従来車と異なった新型台車が採用された。シュリーレン式の空気バネ台車であるが、空気バネは新開発の特殊ダイアフラム式が採用され、その横剛性の特徴から安定した左右動となり、下ゆれ枕を廃した車体直結方式となり、また蛇行動防止のため全車体荷重を側受で支持する方式により心皿が廃止され、さらに前後動の防止のためボルスタアンカが取り付けられた。特急車両用の台車は10000系のKD-26型、10100系2次車からのKD-41型についでこのKD-63型が第3番目の標準台車となり、コストダウンと保守費の簡易化も図られた台車となった。電動発電機・電動圧縮機は16000系と同様Tc車に装備されており、以後の新形式特急車もTc、T車に装備された。

KD-63型台車

18200系は昭和41年11月に2編成、1年後の昭和42年12月に3編成の計5編成が製造された。昭和42年の3編成は台車が、Mc車KD-63B型、Tc車KD-63C型となっている。

◎ 八木短絡線の新設

電圧の切換は、八木西口(*)で切換スイッチによりおこなわれる。京都を発した列車は地上線の橿原線八木に到着後、約400m橿原神宮前寄りの八木西口に停車し、ここで1500Vへ切換スイッチを投入、ここから大阪方向へ向かう連絡線へスイッチバックで進入し大阪線下り線に入り、さらにスイッチバックで高架の大阪線八木のホームに入る。大阪線から600V区間に入る場合はこの逆で、大阪線八木停車後1500Vの状態で上本町寄りの連絡線ポイントまで前進し、スイッチバックで大阪・橿原連絡線へ進入して八木西口に停車し、ここで600Vへ切換スイッチを投入し、地上の橿原線八木に至っている。

八木西口でスイッチバックして大阪線への連絡線に入る特急
昭41.12.14　写真/藤井信夫

［＊八木西口は変則的なユニークな駅で、橿原線八木駅の約400m橿原神宮前寄りにある別ホームの乗降所であるが、八木駅と一体として扱われている。特急列車は八木西口には停車しないが、その他の全列車が発着する。八木西口は大正12年3月の橿原線開業当初の八木であったが、昭和4年1月の八木〜桜井間の開業時により、桜井線が橿原線をオーバークロス位置に八木駅が移転したため、旧八木のホームは八木西口として存続したものである。八木西口から大阪線への連絡線は大正14年3月に布施〜八木間の八木線の一部として完成したもので、開業当初、八木線は旧・八木（現・八木西口）が終点であった。］

しかし、列車の乗換えやスイッチバックの不便さが名阪間で身にしみている近鉄は、1年後の昭和42年、大阪線八木から橿原線の八木の1つ北の駅、新ノ口の手前の間に単線の短絡線を新設してスイッチバックを解消した。

八木でのスイッチバックを解消するため設けられた新ノ口の短絡線（右）

◎ スナックカー12000系の投入

名阪間の輸送シェアを挽回するため、到達時間ではかなわないものの、豪華仕様など車内サービスを充実させた新型特急専用車12000系2連10編成が昭和42年12月に登場した。

名阪ノンストップ運転で軽食の供食サービスをおこなうため、モ12000形の運転室の後方にスナックコーナーが設けられた。

12000系

モ12000	ク12100
12001	12101
～	～
12010	12110

スナックコーナーには電子レンジや冷蔵庫などの調理設備と車販基地の機能も兼ねられた。供食サービスは名古屋都ホテルが営業をおこなったので「みやこコーナー」と呼ばれ、乗客のオーダーした軽食は座席まで運ばれて食事をしてもらう方式であった。12000系には「スナックカー」の愛称が与えられ、スナックコーナー部分の車体の外側上部には「Snack car」のステンレス製のロゴ板が表示された。

◎ 名阪特急専用車のモデルチェンジ

12000系は上本町寄りからモ12000形＋ク12100形のMcTc編成で、MT編成の順序は18200系と逆である。車内は木目調の壁面となり、座席は新幹線0系の転換クロスシートよりは上等の近鉄初のリクライニングシートが採用され、モケットは暖色のレッドとなった。座席ピッチはエースカーより30mm拡大されて980mmとなったが、リクライニング時に座面が前方に滑り出す「スライドリクライニング」方式と、18200系に採用された足元の前座席シート下の蹴込み板を斜めにして足先を伸ばせる方式を採用して実質ピッチの拡大を図り、リクライニングシートの採用にかかわらず従来のエースカー並みの64席を確保している。また食事の際には座席のアームレスト内から引き出して使用できる折りたたみテーブルが各座席に設けられた。

◎ 車体デザイン一新

車体は新エースカーの発展形であるが、新エースカーの先頭形状からは全く一新され、70年代の新たな近鉄特急の顔となった。貫通幌は車体に埋め込まれて、左右の2枚折りのカバーで塞がれて従来の幌や幌枠が露出しないという他の私鉄や国鉄には見られ

スナックコーナーなど車内サービスを充実させた12000系。近鉄特急の新たなスタイルを確立した　伊勢中原〜松ヶ崎　昭45.12.23　写真/田淵　仁

ない機構を持ち、しかも連結解放が容易な仕組みとなっている。正面のおでこ部の前照灯は埋め込み形式となり、下部には前部標識灯・尾灯と新規の行先表示灯が一体となって左右に取り付けられ、また新たに羽根デザインの特急マークが貫通扉に取り付けられた。踏切事故による保安度強化のため大きな排障器が取り付けられた。

客用の側窓の幅が新エースカーよりさらに10mm拡大されて1700mmのペアガラスが採用され、客用扉は従来の2枚折戸でMc車は1ヵ所、Tc車は2ヵ所ある。内張は木目模様の化粧板となり、従来便所・化粧室は連結面側に設置されていたが、この車両では初めてTc車の運転台後方に設置されたが、便器が斜めに設置され、M車とT車の貫通路にはマット式のマジックドアー、Tc車内の客室と化粧室間のドアーはタッチ式のマジックドアが設置された。

スナックカーロゴが映える前頭部
塩浜区　昭42.12.17　写真/兼先　勤

走行装置は18200系と同じで、大容量の180kW主電動機によるMcTc編成でビスタカーや新エースカー並みの走行能力を持ち、33‰の連続上り勾配を約100km/hの高速走行が可能なもので、制御装置はABFM-254-15MDHA型電動操作カム軸多段スイッチ式で、1C4M方式なので、永久直列の主電動機2個、2群を手動選択により直列あるいは並列接続して抵抗・界磁制御方式など、18200系の1500V仕様と同じであり、以後20年間にわたって新登場する新型特急車にもこの制御装置が用

スナックカーのロゴ

12000形運転室の後方にスナックコーナーが設けられ、座席への供食サービスもおこなった
写真提供/近鉄資料室

モ12000形12002　塩浜区　昭42.12.17　写真/兼先 勤

いられた。

　制動装置は定番のHSC-D型電磁直通電空併用ブレーキ式である。台車は、Mc車はKD-68型、Tc車はKD-68A型で最新タイプの18200系のKD-63型の改良型で、シュリーレン式ボルスタアンカ付きの車体直結形特殊ダイアフラム形横剛性空気バネ台車である。

電動発電機・電動圧縮機はTc車に装備されている。パンタグラフはMc車の連結面に1基装備されたが、昭和45年3月には2パンタグラフ化された。

◎10100系にもスナックコーナー設置

　10100系もまだ名阪ノンストップ運用に充当するので、12000系と同様10100系10編成にも軽食の供食サービスをおこなうスナックコーナーの設置工事が昭和42年10月までにおこなわれ、サ10200形の階下の電話室と電話機器室を撤去して、スナックコーナーと電子レンジや冷蔵庫などの調理設備が設置された。サ10200形の1、2、4～7、12～14、17が改造された。

ATS・アイデントラの設置

●ATS

　信号の誤認による事故を回避する自動列車停止装置(ATS)は昭和42年に奈良線、昭和43年より他の主要線区に導入されたが、新製特急車は12000系より装備された。既存の車両にも事前に取付工事がなされた。
　近鉄型ATSは、連続急勾配が多い特殊性を考慮して、車上連続速度照査の地上点制御多変周方式である。地上装置は信号現示に従って車上装置に制限速度情報を伝え、車上装置はこの制限速度情報を受けて、運転台にその情報を表示するとともに、次の地上装置(信号)まで情報を記憶し、照査速度と速度計を連続して比較し、制限速度をオーバーすると自動的に非常制動が動作する仕組みである。照査速度は、0・30・45・65Km/hおよび「制限なし」の5段階である。
　以上のATSは、基本的な「信号機用ATS」で、その他設置個所、用途に応じて、計3つのATSがある。
　速度制限用ATS：急曲線区間や分岐器設置個所にあり、先の5段階の制限速度以外に任意の制限速度を設定するものである。2個の地上子間の通過速度をチェックする地上照査型ATSである。

終点用ATS：終点端での確実な停止をおこない、冒進事故を防止するため、地上照査型ATSにより45・30・20・10・0Km/hのきめ細かいチェックをおこなう。

●アイデントラ(列車種別選別装置)

　昭和43年より導入されたもので、踏切における警報時間や遮断時間は、高速で通過する特急列車とあまり速度の出ていない普通列車また駅に停止直前の列車などでは、速度が異なるため、均一の時間ではない。均一時間にして通行人・車両の安全と列車事故の防止のために、列車の送信機から列車に応じた周波数の信号を発信し、地上の受信機でその信号を受信して列車の種別を確認して、踏切作動をする。例えば特急列車の通過時は、その踏切の1500m手前で警報機が鳴り、普通列車の通過時は800m手前で警報機が鳴るといった具合である。
　列車は搭載されている「列車種別設定器」に始発駅で当該列車の種別を設定しておく。
　このシステムは、踏切以外にも駅停車列車表示灯、連動駅での自動進路設定、駅の自動放送などにも活用されている。

増設された名古屋駅5番ホームに到着した10100系の特急
昭46.3 写真／牧野 滋

◎ 名古屋駅拡張と名古屋ターミナルビル

　昭和13年6月に開業した名古屋駅も、名古屋市の発展に伴い乗降客は開業当時の6倍以上の1日平均10万人を超し、列車回数も4倍となって手狭な状態となってきた。また東海道新幹線開通による関東方面より伊勢志摩への観光受入れの玄関口として特急列車の本数の増発のため、従来の3倍以上の面積に拡大され、昭和42年12月に完成した。

　元々名古屋駅は一部国鉄名古屋駅の地下部分にかかっているが、今回の拡張工事によりさらに国鉄東海道本線上りホームの地下部分にもホームを造るため、国鉄線の運行に支障を与えないように3期に分けた大工事となり、従来の2面3線から4面5線となった。さらに国鉄名古屋駅前の中心街の名鉄百貨店と名鉄バスターミナルビルの間の一等地に、近鉄の名古屋の玄関としてふさわしい地上10階地下3階の名古屋近鉄ビルが建設され、1階及び中地階が改札・出札口となり、またこのビルや地下ホームの改札口から名古屋地下街や地下鉄に通じる通路が新設された。さらに直接国鉄名古屋駅のホームに通じる通路も拡張され、四方から近鉄名古屋駅への利便性が高められた。

　現在の名古屋駅の1・2番線ホームは昭和13年開業以来のホームであり、3・4・5番線の四角いクリーム色の支柱とは対照的に、建設当初の丸い支柱のままで印象深い。

◎ 昭和42年12月20日ダイヤ改正

　特急列車の運行線区の拡大と充実対策が実施された、昭和42年12月のダイヤ改正は、39年10月1日以来の大増発改正となり、特急網の充実と利用客の拡大が成果として表れてきた。

　八木短絡線の完成と18200系の増備によ

京都・伊勢特急は八木～宇治山田間で阪伊乙特急と併結となった。多様な形式の組合せが見られ、両数も本数も次第に増加していった
長谷寺～榛原 昭44.11.18 写真／涌田 浩

り京都・伊勢(京伊)特急は2往復から5往復に増発され、かつ八木～宇治山田間は上本町・宇治山田(阪伊)乙特急と併結運行となり、京伊特急は宇治山田側に連結された。阪伊乙特急も好調で5往復増の18往復となった。

名古屋駅の拡張工事完成により発着ホームが3線から5線に増えて、特急の増発が可能となった。6月のダイヤ改正で名阪乙特急は、湯の山特急の登場時に消滅して以来2年ぶりに2往復が復活し、湯の山特急はこの乙特急に併結運用となったが、乙特急列車は一挙に14往復に増強され、甲特急と合わせ名阪間は30分ヘッドとなった。名阪甲特急は6月に15往復から13往復に減少のままとなったが、「スナックカー」が投入され、軽食サービスが開始された。名伊特急も甲特急は2往復の据置であるが、乙特急は6往復増の29往復となり30分ヘッドとなった。

京都線関係も大幅増発となり、橿原特急が2往復増の8往復、奈良特急は6往復から1時間ヘッドの14往復となった。南大阪線吉野特急も3往復増の9往復となった。

八木駅での解結　　　　　　昭43.1.14　写真／田淵　仁

名古屋・湯の山併結特急
　　　　安堂～河内国分　昭43.10　写真／早川昭文

地上時代の四日市駅に進入する上本町、湯の山行併結特急　昭44.3.23　写真／田淵　仁

「迎春号」で活躍する10100系　　　　　　　　東松阪〜櫛田　昭44.1.3　写真/田淵　仁

国鉄参宮急行の終焉

昭和40年代初頭には、後述のように快速列車は気動車準急に格上げされ、無煙化により蒸機の重連快速は姿を消した。

戦後復活した3ルートの快速のその後の状況は次のとおりである

① **名古屋快速（湊町〜名古屋間）**：名阪間の主役が東海道本線に移ったのちの準急「かすが」は、昭和34年12月の名阪特急の直通化や東海道新幹線の開業により、さらにダメージを受けた。昭和41年3月に急行「かすが」となったものの、昭和48年10月には湊町〜奈良間の電化もあり、奈良〜名古屋間に区間短縮され、昭和60年3月には1往復となり、現在に至っている。

姫路快速の格上げとなった準急「志摩」。「くまの」「平安」と併結となり、長大編成で関西本線を駆けた。
加太〜中在家（信）　昭41.12.29　写真／福田静二

② **参宮快速（姫路〜鳥羽間）**：関西方面から直通で伊勢に行けるため相変わらず好評で、昭和40年3月には気動車準急に格上げされ、準急「鳥羽」から改称した「志摩」と統一されて京都〜鳥羽間の準急「志摩1号」、「志摩2号」の2往復となった。しかしながら、昭和41年に近鉄の京都〜伊勢間の直通特急の登場により、次第に押され昭和61年10月に廃止、ついに京都〜伊勢間の直通列車はなくなってしまった。

③ **参宮快速（名古屋〜鳥羽間）**：昭和34年11月の近鉄名古屋線の改軌による名古屋〜伊勢間の直通化により、ますます近鉄の独壇場となった。他の快速が気動車化されるなかで、この名古屋快速の気動車化は一番最後となり、昭和41年3月に気動車急行「いすず」に格上げされ、1往復は岐阜発で岐阜・名古屋〜鳥羽間に2往復が登場した。名古屋〜伊勢市（山田を昭和34年に改称）間の所要時間は2時間6〜24分で快速時代とあまり差がなかった。

しかし近鉄が特急を名古屋〜宇治山田間所要時間1時間20〜30分、20往復以上、急行も30分ヘッドという優勢のなかで、急行料金を取りながら、本数も少なく所要時間がかかる国鉄では、全く太刀打ちできなく、さらに岐阜発も増客の要因とはならず、結局2年半の短期間で昭和43年10月に廃止となった。

II 万博を機に悲願の難波・志摩乗入れ
昭和45年(1970)

◆ 万国博と特急路線の拡大

　昭和45年に大阪の北部、千里丘陵を会場に、世界77ヵ国の参加による日本万国博覧会(EXPO '70)が開催された。テーマは「人類の進歩と調和」。世紀のお祭りということで全国から3000万人の入場者が予測された。

◎ 好調の万博輸送

　近鉄は、「全国からの万博来場者に京都・奈良・伊勢志摩も見ていただこう」との誘致策を立て、特急ネットワークのさらなる充実に乗り出した。具体的には、難波線建設による大阪の都心乗入れと、鳥羽新線建設と志摩線の改軌による、大阪・京都・名古屋から志摩への直通化を主体とした特急網の整備で、600V区間の1500V化や特急車両の大量増備もおこなわれた。

　東海道新幹線から近鉄特急への接続は、名古屋から伊勢志摩へのルートと、京都・大阪から奈良・飛鳥・吉野へのルートがあるが、志摩・賢島への直通により、この2ルートを結んだ東京〜名古屋〜伊勢志摩〜奈良・飛鳥・吉野〜京都・大阪〜東京の回遊ルートの完成が目指された。

　志摩では賢島を格調高いリゾートゾーンとするため、近鉄グループによりホテル・旅館の増改築、別荘地・ゴルフ場の開発、志摩マリンランド・スポーツランドの開設、観光船の新造、そして国立公園にふさわしい環境整備がおこなわれた。また上本町駅の整備第I期工事、近鉄奈良駅の地下化などが、昭和45年春完成に向けて工事がおこなわれた。

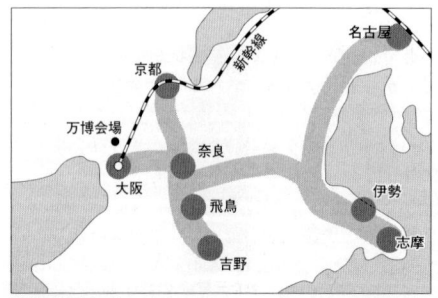

　日本万国博覧会は、昭和45年3月15日から9月13日までの半年間開催された。当時日本の人口は約1億人であったが、当初の予想を大幅に上回る6422万人という驚異的な入場者となった。近鉄は万博会場内に「近鉄レインボーロープウェイ」の建設運営をおこない、期間中約250万人が利用した。

　期間中の近鉄線沿線からの万博見学客も好調で、予想より50％オーバーの350万人となった。近鉄全社をあげての沿線客への宣伝とセールスが効を奏し、特に各駅で募集する駅主催の団体旅行が好成績を収めた。

6500万人が訪れた万博

近鉄が万博で運営したレインボーロープウェイ
写真提供／近鉄資料室

近鉄の観光回遊ルート

志摩電時代の終点、賢島　昭31.6　写真/髙橋 弘　所蔵/近鉄資料室

◎ 志摩への直通化

　当時、近鉄の終点宇治山田から先の鳥羽へ行くには、国鉄伊勢市より参宮線で終点鳥羽へ行くか、近鉄系列のバスで行くことになる。さらに鳥羽から志摩へは近鉄志摩線が志摩半島を縦断して南部奥志摩の賢島まで達していた。

　国鉄参宮線は明治44年7月に山田（現・伊勢市）より志摩の玄関口、鳥羽まで開業したが、以南の志摩半島が鉄道の恩恵に浴するのは、志摩電気鉄道（以下、志摩電）による昭和4年7月23日の鳥羽～真珠港間25.4kmの開業であった。全線単線、所要時間は53～55分を要した。賢島～真珠港間0.3kmは魚介類輸送の貨物線で、電車牽引の客貨列車が広軌化直前まで走っており、貨車は鳥羽で国鉄線へ受け渡ししていた。

　伊勢志摩と呼ばれるように、参急が、伊勢より先にある志摩を目指したのは当然のことである。大正15年の志摩電の創立当時の株主は圧倒的に地元の出資者が占めていたが、昭和2年には、電力の供給元である三重合同電気が筆頭大株主となり、大軌も株を所有しており、すでに志摩電は参急の延長線であることを自認していた。また建設はされなかったが、昭和3年6月には鳥羽から神都線の二見までの軌道線を出願していた。昭和15年には志摩電鉄は神都交通の系列会社となって、実質参急の傘下会社となった。その後昭和40年4月に近鉄線となった。

◎ 念願の鳥羽線

　しかしながら、宇治山田～鳥羽間は近鉄路線の中でも空白区間で、伊勢志摩観光を標榜しても、観光客の大半はお伊勢参りと近鉄傍系の神都電車が通じている二見ケ浦見物が主体であった。

　昭和21年に伊勢志摩国立公園が指定され、近鉄は伊勢志摩を観光開発の最重点地域としたものの、鳥羽が本格的に観光地となったのは、昭和29年に近鉄資本による志摩観光汽船の鳥羽湾めぐり開始やイルカ島の開発以後である。奥志摩では昭和26年に賢島に近鉄系の超一流の志摩観光ホテルが開業した。

　近鉄による志摩への連絡を強化するため、昭和36年4月1日からは宇治山田の1・2番線ホームを3・4番ホームと同様に6両編成の発着が可能なホームに延伸し、同時に地上から1番ホーム横に直接乗入れられる高架のバスターミナルが設けられた。

　近鉄と三重交通が共同出資した三重急行の賢島行直通の空気バネの最新型の特急バスが、特急車と同じオレンジとダークブルーに塗色された。1・2番線に到着した特急列車の乗客は、ホームで待機の特急バスに直接乗車できるシステムとして乗換えの便の改善がなされた。しかし、途中の道路が狭く、未舗装で所要時間がかかるうえ、バスの輸送力では小さいなど交通手段の不十分さにより、奥志摩の観光の大衆化はスローテンポであった。

高架の宇治山田駅に乗入れた三重急行の賢島行バス
（社内誌「ひかり」より転載）

近鉄は昭和42年8月に伊勢志摩総合開発計画を策定。万博開催に合わせて念願の宇治山田～鳥羽間の延長線、鳥羽線の建設と、志摩線の改良・改軌による賢島への特急列車直通化が決定された。昭和42年12月には鳥羽線の新設免許が、昭和43年2月には志摩線改良の認可が得られ、昭和43年5月に宇治山田駅で起工式がおこなわれた。

鳥羽線は昭和44年12月15日に宇治山田から南東方向に1.9km、1駅先の五十鈴川間が先行開業し特急の一部列車と普通が乗り入れた。五十鈴川駅前の御幸道路は南2kmの内宮に通じている。ここから内宮ゆかりの五十鈴川を渡ると東に向きを変え最短距離で鳥羽をめざすべくまっすぐに朝熊山麓を抜け、リアス式海岸の池の浦に出て、国鉄参宮線と並走して近鉄鳥羽で志摩線に接続した。

近鉄鳥羽駅は従来の志摩線鳥羽駅に代わり、同じ国鉄鳥羽駅の北の海側の国鉄貨物ヤード跡地に国鉄ホームに平行して島式2面4線、橋上式の駅が新設され、新しいターミナルが出現した。

昭和45年3月1日に志摩線の工事完成と同時に残り五十鈴川～鳥羽間が開業した。全線13.2kmの単線で途中五十鈴川のほか朝熊、池の浦の各駅と四郷信号所で上下列車の交換が可能であったが、近い将来に複線化するため用地は複線分確保され、トンネルや主要な橋梁や切取・盛土区間も複線幅で造られ、道路とはすべて立体交差となっている。宇治山田は山田線の下り上り3・4番線がそのまま直線で鳥羽線につながっている。

筆者が小学生のころ宇治山田駅に行くたびに、正面玄関側の3・4番線は終点にもかかわらず、上本町と同じような頭端式ではなく、線路端の先、南の内宮方向はなんとなく先が造られそうな雰囲気が感じられた。当初は内宮までの延長を目論んでいたが、畏れ多いと反対されとりやめとなった。そして鳥羽進出も考慮したものであろう。

◎ 志摩線の改軌・大型車両化工事

志摩線は軌間1067mm、架線電圧750V、単線、電動車7両、制御車3両で車体長13.4～18.0mの小路線である。また志摩半島は海岸線まで山が迫っているリアス式海岸地形のため、平野部が少なく、志摩線はほとんど山間を走るので、建設資金の節約のため近鉄部内では「志摩線の九十九曲り」といわれる半径100～200mの急曲線やSカーブが連続している路線であった。

大阪・名古屋からの特急直通列車を通すためには、①標準軌1435mmへの改軌、②架線電圧1500Vへの昇圧、③大型車両乗入れのための車両定規や建築限界の拡大、線形の改良、軌道の強化などの路線改良が必要であった。急曲線の緩和など8ヵ所、延べ3.8kmの線形改良、橋梁の補強、赤崎トンネル62mの改築、全線40Nレールの採用、白木、横山変電所の新設、6両編成行違

開業当日の鳥羽駅、2面4線の新しい橋上駅として開業した　昭45.3.1　写真／高橋　裕

い駅を7ヵ所設け、特急停車駅の磯部(旧・迫間)・鵜方のホームは6両分135mに延伸され、賢島は特急列車の発着ホームが山側に新設された。そして鳥羽線を含め全線単線自動閉塞方式化、CTC化、ATS化などがおこなわれた。昭和44年12月10日からは電車による営業が中止され、代行バス営業により最後の追込み工事がおこなわれ、鳥羽線と同じ昭和45年3月1日より営業が再開された。

最大の工事は鳥羽〜中之郷間約1kmの新線建設による付替えであった。鳥羽市街もリアス式海岸地形で狭隘なため半径100mの急曲線があるので、海側に複線用地の確保と曲線が緩和された新線が三重県と鳥羽市の都市計画による国道167号の建設と合わせて建設された。

志摩線白木駅付近で進められる改軌工事
写真提供／近鉄資料室

賢島駅でおこなわれた志摩線の竣工式
写真提供／近鉄資料室

◎ 建設に難儀した難波線

近鉄の前身である大軌が、大正3年4月に上本町〜奈良間を開業したとき、鉄道経営からいえば当然大阪市南部の中心地、難波を起点に思い描いたことは想像に難くない。しかし大阪市域の交通は大阪市が一元的に運営するという、モンロー主義にはばまれて都心進出が認可されなかった。京阪の天満橋、新京阪の天神橋、南海高野線の汐見橋なども同じ理由によって都心の中途にできたターミナルであった。

大軌・近鉄はそれでも最初は大正11年とその後、昭和7〜8年頃に難波延長の申請をしたが、いずれも却下された。さらに昭和21年には阪神電鉄とともに大阪高速鉄道名により鶴橋〜難波〜野田間の高架鉄道を申請したが、これも認可されず、さらに昭和23年には改めて近鉄は上本町〜難波間、阪神は千鳥橋〜難波間の延長線が申請された。

しかし、この申請線は大阪市の計画する地下鉄千日前線と並行することもあり、昭和31年になって都市交通審議会の審議がおこなわれ、昭和34年に大阪市の千日前線と同時に近鉄・阪神の申請がやっと認可された。

難波線上本町〜難波間1.9kmは、上本町駅北側の東西の街路、千日前通(泉尾〜今里線)の地下を地下鉄千日前線と東西方向に並走する線で、途中堺筋交差点に日本橋駅が設けられた。上本町、日本橋、難波の駅部分はオープンカット工法、その他の部分は地上の交通を妨げないため世界でも初めての複線断面の大型シールドによるシールド工法が採用され、上本町〜鶴橋間にシールド基地が造られた。

昭和44年2月にシールドによる掘削が発進し、6月には日本橋まで順調に達したが、8月に難波に向けて掘削を開始してまもなく大水脈にぶつかり前進できなくなってしまった。水の汲み上げに悪戦苦闘の上、ようやく40日後に掘削が再開され、シールドが難波に到達したのは12月末となった。その後、昼夜兼行の工事がおこなわ

日本橋駅付近のシールド
写真提供／近鉄資料室

れ、ようやく昭和45年3月15日の万博開催日当日に開業に漕ぎ着けることとなった。

難波駅での祝賀列車の出発テープカット
写真提供／近鉄資料室

開業当日の難波駅コンコース、万博開催も重なり、終日大にぎわいだった
写真提供／近鉄資料室

難波線の上本町地下駅は上本町六丁目の交差点の地下2階に相対式ホームがあり、奈良線と直通する構造で、元の上本町地上駅は大阪線専用となった。

新たに難波～鶴橋間に特急列車が走るこの区間は奈良線、大阪線別別線の複々線のため、奈良線・大阪線相互の転線が必要で、難波発の下り特急列車は鶴橋発車後、奈良線下り線より、奈良線上り線を通って大阪線下り線に転線し、上り難波行の特急列車は鶴橋発車後、大阪線上り線より、大阪線下り線を通って奈良線上り線への転線をおこなった。

◎ 効果の大きい難波乗入れ

かつて、上本町から大阪の中心部に向かう交通機関は、大阪市電と市バスが主力であった。上本町で接続する近鉄電車との輸送力の不適合さは明らかで、その分国鉄大阪環状線鶴橋駅での乗換えが集中するため、上本町ターミナルを利用する乗降客は相対的に少なくならざるを得なかった。

京阪電鉄天満橋も同じような状況であったが、一足先の昭和38年4月に天満橋～淀屋橋間を開業させたので、大量交通機関の地下鉄と接続していない大阪の主要なターミナルは上本町だけとなっていた。

大阪市電はモータリゼーションの波を受け、市電路線の廃止が昭和36年11月から始まったが、近鉄上本町とのアクセスを考慮して上本町六丁目の交差点を南北に走る上町線の廃止は地下鉄谷町線東梅田～天王寺間が直通した昭和43年12月、そして東西を走る千日前線は昭和44年4月と市電最終廃止路線となった。

大阪地下鉄も万博開業に合わせて谷町線の他、昭和44年12月には中央線大阪港～深江橋間、堺筋線天神橋筋六丁目～動物園前間、昭和45年2月御堂筋線の新大阪より万博会場までの延伸線、昭和45年3月千日前線野田阪神～新深江間などが開業して現在の大阪地下鉄網の市内路線が形成された。

上本町駅前に発着する上町線の市電
昭42.9.24 写真／高田幸男

難波線は上本町(谷町9丁目)で谷町線、千日前線と、日本橋で堺筋線、千日前線と、そして難波で御堂筋線、四つ橋線、千日前線と接続して、万博会場、国鉄大阪駅、新大阪駅などへは1回の乗換で行けるようになり、近鉄線は大阪市内各地さらには阪神間や神戸方面からの利便性が飛躍的に向上し、通勤時間の短縮により通勤圏が拡大さ

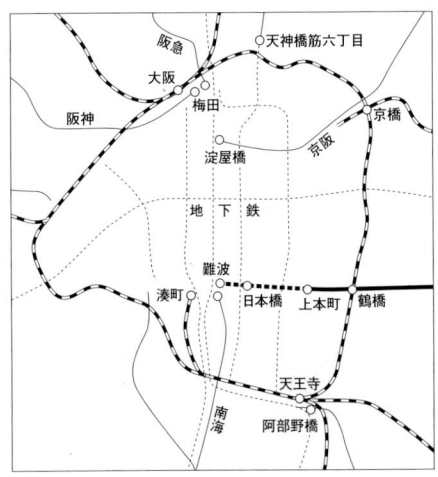

難波線開通前の大阪市内の鉄道網

れるとともに、上本町・鶴橋での乗換え混雑が緩和された。また近鉄特急の難波乗入れにより特急の利用度を高めることができ、難波線の開業は名古屋線改軌による名阪ノンストップ特急運転開始に次ぐ一大転換・飛躍の幕開けであった。

折しもオリンピック不況を抜け出した日本経済は高度経済成長期に入り、大阪市内も急速なビル化が始まり、近鉄では、難波線の開業により上本町を再開発してターミナル機能の強化やビルなどの一新を図るため、昭和42年に上本町ターミナル整備計画が策定され、昭和44年11月には第1期工事として旧大軌ビルの上本町駅ビルの南側に新ターミナルビルが建設され、近鉄百貨店上本町店が拡張された。

◎ **1500Vへの昇圧**

昭和44年9月21日より奈良線、京都線、橿原線、支線の生駒線、田原本線、天理線の116.4kmの電車線の電圧が600Vより、大阪線、名古屋線と同じ1500Vに昇圧された。

これらの各線の輸送力の増強に対応するには、変電所の増強が必要であるが、奈良、橿原線などは歴史の古い路線のため、変電所は建設以来の回転変流機の変電所が7ヵ所あった。しかし1500Vへの昇圧により既存のシリコン整流器や水銀整流器では600Vから1500Vに昇圧すると、出力が1.5倍～2倍に増加するため、回転変流機の変電所を廃止しても2～3ヵ所の増強で済んだ。

また従来の600V区間、1500V区間の併存による複電圧車両も不要となり、特急ネットワークの充実に大いに寄与するものとなった。前年の昭和43年10月には京都線の大型車化のための軌道中心間隔拡大工事が完成しているが、同時にこの日から橿原線に直通しない京都線の列車は900系などの大型車による運行も開始された。

この昇圧により、京都線用の特急車群も、昇圧改造工事が実施されたが、18000系、680系は従来通り京都～奈良・橿原神宮前間の限定運用とされた。

18200系は、複電圧切換装置や600V区間の走行機能を取り外し、1500V専用車となった。

18000系は、制御装置が三菱電機のAB型自動加速式、MM'ユニット方式に変更され、主制御器は18001、18003に装備された。主電動機出力は昇圧により140kWにアップされた。昭和49年には制御装置がHSC型電磁直通ブレーキに改装されたが、平坦線のため発電ブレーキは装備されなかった。連結運転のため、貫通幌、幌枠などが取付けられた。

680系本編成は制御装置が三菱電機のAB型自動加速式に改装され、主電動機出力は昇圧により125kWにアップされた。連結運転のため、貫通幌、幌枠などが取り付けられた。予備特はMMユニット化されて、モ683＋モ684＋ク683に編成替えとなった。

◎ **奈良駅の地下化**

奈良線の油阪～奈良間の700mは、創業時より併用軌道区間で、徐行運転を余儀なくされてスピードアップ化を阻んでいた。戦前から奈良駅の地下化の計画はあったが、

奈良市内の併用軌道を行く18400系の特急　　　　　　　　油阪〜近鉄奈良　昭44.12.9　写真／白井 健

戦争により挫折。しかし自動車の増加により、元々道路幅が狭い併用軌道区間や駅手前の高天交差点での混雑が激しくなったため、昭和35年に地下化計画が再浮上し、昭和42年12月に万博関連事業として地下化および駅前の整備、阪奈道路と奈良駅前間を直結する大宮通りの拡幅整備が決定した。

通常工期3年を必要としたが、昭和44年12月9日に奈良地下駅が開業した。同時に油阪駅は廃止され、上本町寄り約1kmの所に地上の新大宮駅が開業した。新しい奈良駅は地下2層構造で地下1階にはコンコース、出改札口等、地下2階は大型10連停車可能の4面4線構造となった。万博開幕直前の昭和45年3月11日には駅の直上に奈良近鉄ビルが完成し、大和路の「歴史教室」や奈良ホテル別館も入る、古都にふさわしい奈良駅に変身した。

近鉄奈良駅地下1階の東改札口

地下線開通のテープカット　写真提供／近鉄資料室

地下線に切替えの直前の近鉄奈良駅　写真提供／近鉄資料室

◎ 昭和45年3月21日白紙ダイヤ改正、難波〜志摩・賢島直通運転開始

難波線、鳥羽・志摩線の開業、奈良駅の地下化が完成して、万博対応の白紙改正がおこなわれた。

改正の特徴は難波や賢島などの始発・終着の変更で、同じ系統の列車でも発着先の異なる列車が設定された。そしてダイヤ改正前の1年間に約90両の特急専用車が増備されて、路線延長による列車運用増や増発

そして編成両数増に充当された。

- 「名阪甲特急」は13往復全列車難波発着となり、途中停車駅は上本町、鶴橋で、上本町〜難波間延長により2〜3分延びて、所要時間は2時間15〜16分となった。
- 「名阪乙特急」は12往復が上本町発着となり、1往復増発されて3往復が難波発着となった。
- 「阪伊甲特急」は難波〜賢島間1往復が新設され、約10年ぶりに特急愛称名が復活、「パールズ」(真珠)号と名付けられた。停車駅は上本町、鶴橋、宇治山田、鳥羽、鵜方で所要時間は2時間32分であった。土曜には上本町発鳥羽行1本、日曜日には難波発賢島行、鳥羽行各1本、鳥羽発上本町行が2本増発された。
- 「阪伊乙特急」はこれまでの18往復から22往復と4往復増発され、発着先の異なる6種類の列車が設定された。難波〜賢島間10往復、難波〜鳥羽間1往復、難波〜宇治山田間4往復、上本町〜鳥羽間3往復、上本町〜五十鈴川間1往復、上本町〜宇治山田間3往復で、従来通り中川で名伊乙特急に接続した。
- 「名伊甲特急」は2往復から名古屋〜賢島間5往復に増発された。「パールズ」号の愛称が付き、停車駅は宇治山田、鳥羽、鵜方で所要時間は2時間7分であった。日曜日には賢島発が1本増発された。
- 「名伊乙特急」はこれまでの29往復から32往復と3往復増発され、発着先の異なる3種類の列車が設定された。名古屋〜賢島間6往復、名古屋〜鳥羽間15往復、名古屋〜宇治山田間11往復となった。
- 「湯の山特急」は上本町〜湯の山間が1往復増の3往復、名古屋〜湯の山間は2往復で、名阪乙特急列車に併結運行。
- 「京伊特急」は2往復増の7往復が京都〜賢島間に、1往復が奈良〜賢島間に新設され、それぞれ八木〜賢島間は阪伊乙特急に併結して運行。京都〜賢島間は196.0kmとなり難波〜名古屋間189.7kmを抜いて近鉄特急最長路線となり、停車駅は西大寺、八木、中川、松阪、伊勢市、宇治山田、五十鈴川、鳥羽、磯部、鵜方で所要時間も3時間4〜15分と近鉄特急最長時間となった。八木での併結は、京伊特急が賢島寄り、阪伊特急が上本町よりの編成となり、行先の違う乗車車両を乗客が間違えないように、号車番号が京伊特急はA、B、Cのアルファベット、阪伊特急は通常の算用数字であった。
- 「京都特急」(京都〜橿原神宮前間)は1往復増の9往復、奈良特急(京都〜奈良間)は8往復増の22往復となった。
- 「吉野特急」は3往復増の12往復となった。

なお鳥羽線の五十鈴川駅は宇治山田、伊勢市に続く第3の伊勢神宮(内宮)への乗降駅として、全乙特急の停車駅となった。また上下2本のホームと追越設備を有するので、大阪・名古屋からの特急列車の折返しにも利用されるようになった。

また鳥羽・志摩線は単線であり需要上からも大阪・名古屋からの特急はそれぞれ11往復、1時間ヘッドとなった。

◎ **特急座席予約システム**

座席指定特急券の発売は、昭和35年にコンピュータ化されたが、特急の大幅増発や新規路線への乗入れ、編成両数の増大などに対処するため、新たなリアルタイムの座席予約システムが昭和45年3月21日より導入され、沿線の主要駅のみならず東京、名古屋、大阪そして万博会場等にも端末機が設置された。

コンピュータによるオンラインリアルタイム処理となった特急券発売端末機
写真提供/近鉄資料室

III 第2世代特急専用車の大量増備
昭和44年（1969）

◆12200系グループ

　難波線、鳥羽新線建設と志摩線に対応して、特急列車の輸送力を、現状の2倍程度にする計画が立てられ、昭和42～44年度の3年間で115両もの特急専用車が新造され、昭和41年3月末の在籍特急車122両の約倍増の増備となった。新線開業直前の1年間には87両が一気に増備され総勢237両となった。

　特に12200系はこの間に42両新造され、以後昭和51年12月までの7年間に合計168両大量増備され、当時や現有でも最大の両数となっている。名阪ノンストップ特急列車だけでなく、乙特急列車にも運用され、従来のビスタカー、エースカーに代わる新しい第2世代の特急専用車となった。

昭和44年2月～昭和45年3月間の増備車内訳

・12200系新スナックカー	20編成	40両
・12200系（スナック設備なし）	12編成	24両
・18400系	8編成	16両
・16000系	2編成	4両
・ク11520形		3両
	計	87両

◎12200系1次車 新スナックカー

　スナックカー 12000系の改良増備形として、昭和44年3～9月に新スナックカー12200系、モ12200形＋ク12300形、McTc 20編成40両が登場した。基本的な車体外観や走行装置は、12000系に準じているが、スナックコーナーの仕様が変わるなど12000系の改良形である。

　スナックコーナーや便所・洗面所を充実させるため、Mc車、Tc車とも座席1列4人分が減少され、60席となり、客用側窓は1700mm幅が7窓と975mm幅が1窓となった。Mc車は運転室が30mm広がり、その後方のスナックコーナー部も12000系より拡大されて、カウンターが2355×1770mmと12000系の1595×1200mmより大きくなりさらに客用側窓と同じサイズの窓が両側に新たに設けられた。海側の窓は物資の搬入のため開閉式窓となり、山側の窓は乗客が立って窓外が見られるように窓の位置が200mm高くなっている。

　「Snack car」のステンレス板のロゴが、海側のスナックコーナー部の窓の外側の下部に、山側は上部に表示された。車体側面の行先表示が12000系の差込式から表示器に自動化された。12216編成からは車体の不燃化のA基準仕様となった。

　便所・洗面所はエースカー同様Tc車連結面側に設置され、初めて洋式トイレが新設されて従来の和式とともに2ヵ所となり、化粧室は客用扉側に向けて設けられた。さ

スナックカー12000系の改良形として昭和44年から増備が続けられた12200系。McTcの基本編成がまず20編成登場した。スナックコーナーは窓付きとなり新スナックカーと呼ばれた
江戸橋　昭49.4　写真／高橋　裕

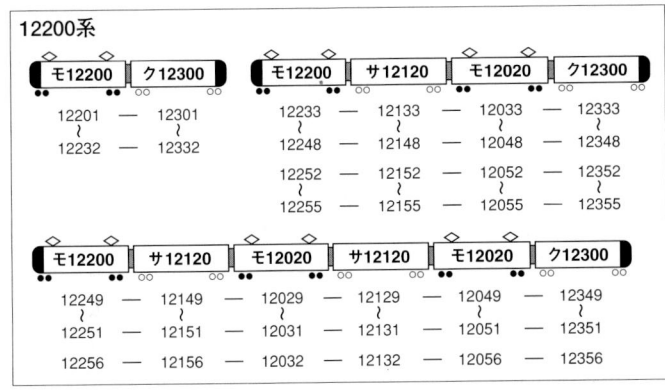

```
12200系
┌─────────┬─────────┐   ┌─────────┬─────────┬─────────┬─────────┐
│ モ12200 │ ク12300 │   │ モ12200 │ サ12120 │ モ12020 │ ク12300 │
└─────────┴─────────┘   └─────────┴─────────┴─────────┴─────────┘
  12201  ─  12301         12233  ─  12133  ─  12033  ─  12333
   〜          〜           〜         〜         〜         〜
  12232  ─  12332         12248  ─  12148  ─  12048  ─  12348
                          12252  ─  12152  ─  12052  ─  12352
                          12255  ─  12155  ─  12055  ─  12355

┌─────────┬─────────┬─────────┬─────────┬─────────┬─────────┐
│ モ12200 │ サ12120 │ モ12020 │ サ12120 │ モ12020 │ ク12300 │
└─────────┴─────────┴─────────┴─────────┴─────────┴─────────┘
  12249  ─  12149  ─  12029  ─  12129  ─  12049  ─  12349
   〜         〜         〜         〜         〜         〜
  12251  ─  12151  ─  12031  ─  12131  ─  12051  ─  12351
  12256  ─  12156  ─  12032  ─  12132  ─  12056  ─  12356
```

らに客室デッキ、便所、化粧室部分との間には、国鉄仕様と同様の近鉄特急初めての仕切と仕切戸が設けられ、客室の保温性や静寂性が高められた。

　先頭形状や座席等の内装、そして制御装置、主電動機など装置は12000系と同じである。パンタグラフはMc車に当初より2基装備された。

　制動装置には新たに非常制動ブレーキ時の速度制御装置、制御圧切替装置が開発された。自動的に速度の変化に応じたブレーキ力として、車輪の滑らない最高のブレーキ状態にするもので、さらにTc車には10000系のTc車、T車に装備されて以来の高速からのブレーキ効果の高いディスクブレーキ式が採用され、これらの機能により110km/hからのブレーキ停止距離が約100m短縮された。以後の特急車にはこの速度制御装置とTc車、T車にはディスクブレーキ式が装備されている。台車は12000系と同様の仕様で、Mc車はKD-71型、Tc車はKD-71A型である。電動発電機・電動圧縮機はTc車に装備されている。

　列車編成の増解結時に地上での人手作業をなくし、容易に増解結をおこなうため、本形式より電気連結器が新設された。車両の連結器下部の電気連結器は連結器と一体となって電気、空気関係が連結されるものである。また汚物タンクが新製時から装備された。

◎ 18400系ミニスナックカー

　12200系と同時期に、京伊特急用18200系の増備車で、車体デザイン・設備が12200系スナックカーと同じ仕様の18400系ミニスナックカーが新造された。京都寄りからモ18400形＋ク18500形2両編成で編成の向きが18200系と逆になった。大阪線特急車と併結の際にパンタグラフの接近を避けるため12200系と同じMT編成方向に揃えられたことによる。

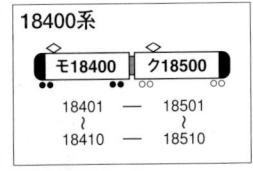

　橿原線の曲線改良がおこなわれたので、車体長は同じ20mとなったが、12200系との最大の相違点は橿原線の軌道中心間隔がまだ拡大されていないので、最大車体幅が2670mmと

```
18400系
┌─────────┬─────────┐
│ モ18400 │ ク18500 │
└─────────┴─────────┘
  18401  ─  18501
   〜         〜
  18410  ─  18510
```

京伊特急用18200系の増備車として、スナックコーナー付きで登場したのが18400系。車体幅はスリムなままで、ミニスナックカーと呼ばれた　モ18402－ク18502　西大寺区　昭44.5.18　写真／田淵 仁

18400系・12200系・18200系の相違点

車体寸法(mm)		18400系	12200系	18200系
車体寸法(mm)	最大長	20640	20500	18640
	車体長	20000	20000	18000
	最大幅	2670	2800	2670
パンタグラフ		Mc1基・Tc1基	Mc2基	Mc1基・Tc1基
座席数		Mc・Tc60	Mc・Tc60	Mc56・Tc60
座席様式		偏心回転式リクライニングシート	回転式リクライニングシート	転換クロスシート
座席幅(mm)		1015	1090	1015
通路幅(mm)		460	480	460

スリムな車体であり、車体の裾はストレートであった。このためミニスナックカーと称された。

また18200系と同様パンタグラフの取付け部の屋根が一段低くされ、Mc車の先頭側とTc車の連結側にそれぞれ1基、計2基搭載されている。車体の不燃化のA基準仕様となった。車体の側面の行先表示は12200系同様表示器となった。

Mc車、Tc車の座席定員は60名で、車内の仕様も12200系に準じて窓、扉、スナックコーナー、便所、化粧室と仕切戸などは同様の仕様となっているが、狭い車体幅にリクライニングシートが導入されたので12200系のシートより少し小さめのシートとなり、通路の幅も460mmと狭くされた。またシートの回転を可能にするため、一度通路側に寄せて回転させる偏心回転機構が採用された。

昭和44年3月、12200系と同時に第1・第2編成が竣工したが、同年9月に1500Vへの昇圧が予定されていたので、奈良線の新鋭通勤車8000系と同様、簡単に切り換えできる複電圧車として登場した。車内切換装置はなくむしろ昇圧に即応した仕様のため、9月21日の昇圧時までは、600Vの京都・橿原線で運用され、昇圧後は1500V専用に切り替えられた。

昭和44年9月に2編成、10月に3編成、昭和45年3月に1編成の合計8編成はミニスナックカーとして登場した。第1・2編成の制御装置は18200系と同じABFM-254-15MDH型であるが、昭和44年9月登場の第3編成以降は、1500V昇圧後の登場のため、1500V専用となりABFM-254-15MDHC型に変更された。制動装置はHSC-Dで12200系の速度制御装置は装備されていない。台車も18200系と同様のシュリーレン式のダイヤフラム型横剛性空気バネ台車で、Mc車がKD-63D型、Tc車がKD-63E型である。電動発電機・電動圧縮機はTc車に装備されている。

昭和47年9月の第8編成、第9編成の2編成からはMc車にはスナックコーナーがなくなり、車販室が連結面側に設置されて、座席が64席となった。

スナックカーは12000系10編成、10100編成10編成、12200系20編成、18400系8編成の合計48編成が揃えられ、賢島直通時は難波・京都・名古屋からの甲特急でも供食サービスをおこなう予定であった。しかし2～3時間の乗車時間では食事ニーズの時間帯は限

薬師寺の横を走り抜ける18400系。パンタグラフの取付け部の屋根が低くなっている。最終の2編成はスナックコーナーなしのMc車となった。　西ノ京〜九条　昭54.5.3　写真／木村弘和

昭和44年12月以降製造の12200系からはMc車のスナックコーナーはなくなり、第2世代の標準形車両となった。
東松阪～櫛田　昭45.7.25　写真／田淵　仁

られているためか、結局供食サービスの営業は当初からの名阪ノンストップ特急のみとなった。

◎ 第2世代の特急車12200系2次車

　昭和44年12月に新造された7編成のモ12221＋ク12321以降製造のMc車からスナックコーナーが廃止された。通常であればスナックコーナーの有無で形式が変更されるところが、本車両はモ12200形が継続された。18400系ミニスナックカーのスナックコーナーなしの車両の登場時も同様に形式が変更されなかった。

　Mc車は運転室の後に客用扉が設けられ、客用側窓は1700mm幅が1窓増えて8窓と975mm幅が1窓となった。座席定員は68席となり、客用扉のデッキ部と最初の座席に間には低

い衝立が海側、山側に設けられ、衝立の客用扉側には折りたたみ式の簡易シートが収納されている。Tc車は1次車と変わりない。台車はモ12233～12250がKD-71B型、モ12251～12256がKD-71D型、ク12333～12250がKD-71C型、ク12351～12256がKD-71E型に変更されている。車体の不燃化はA―A基準仕様に強化された。

　しかし前述の通り、この12200系2次車は5年後の昭和49年12月までにMcTc編成が36編成72両、中間MT車が昭和51年12月までに56両、合計128両製造され、1次車を含めた12200系は168両と12200系が登場する前の特急在籍車両数160両を超える量産車となった。

　12200系の主力を占める第2次車は、第2世代の標準特急車であるといえる。

◎ 4両固定編成化

　名阪ノンストップ特急は万博開催中は全国からの大量の来場者もあり増加したが、その後は相変わらず低調であった。日中は12200系2連やビスタカー3連という状況であった。一方、国内の人の移動は活況が続き、従来にも増して商用・行楽旅行が増加した。さらに近鉄線内では急行利用客の特急への移行もあって特急需要は上昇して、大阪・名古屋・京都からの伊勢特急列車や名阪乙特急列車については全列車4両編成以上と

名阪乙特急や伊勢特急の乗客増加に対応して、12200系では中間MT車を新造し、4両固定編成化がおこなわれた
三本松～赤目口　昭63.10　写真／西村洋一

169

乗客減少の続く名阪ノンストップ特急にも12200系2連が運用された 恩智 昭44.7.7 写真/田淵 仁

なっていた。さらに昭和48年には20年に一度の伊勢神宮の式年遷宮の需要増加が予定されていた。

このような背景のなかで、昭和46年12月には12200系の中間MT車、モ12050形＋サ12150形3ユニットが新造され、モ12200形＋サ12150形＋モ12050形＋ク12300形の4両固定編成が登場した。

当初は末尾の番号に関係なくMcTc編成の中間に組み込まれていたが、その後の増備で50番台では不足するので、昭和48年5月、この中間MT車はモ12020形、サ12120形に形式変更された。全28ユニットは、末尾51～55、41～50、56、38～40、31～37、29～30番の順で製造され、末尾番号が揃った編成となった。

モ12020形はモ12200形2次車の運転室部が車販準備室となり、座席は同じ68席で台車はKD-71D型となった。サ12120形はク12300形の運転室部に客用扉と座席が1列増やされ、座席は64席となり、客用側窓は連結面寄りの975mm幅窓が1700mm幅窓となり8窓となり、台車はKD-71型となった。

◎ 6両固定編成化と変遷

伊勢特急が盛況になる中で、6両固定編成が登場した。その編成の変遷をたどる。

①昭和50年6月にモ12038、サ12138、モ12039、サ12139の中間MT車が新造され、初の6両固定編成、2編成が登場した。
 （48編成）モ12248＋サ12148＋モ12038＋
  　　　　　サ12138＋モ12048＋ク12348
 （49編成）モ12249＋サ12149＋モ12039＋
  　　　　　サ12139＋モ12049＋ク12349

②昭和51年12月、モ12029、サ12129、モ12030、サ12130の新造に伴い、新編成が組成された。（48編成）は4両編成化され、2両編成の（38編成）、（39編成）も4両編成化された。
 （新49編成）モ12249＋サ12149＋モ12029＋
  　　　　　　サ12129＋モ12049＋ク12349
 （50編成）モ12250＋サ12150＋モ12030＋
  　　　　　サ12130＋モ12050＋ク12350

③平成8年2月、モ12031、サ12131の車体更新時に（51編成）の第3編成が登場。
 （新49編成）、（50編成）、
 （51編成）モ12251＋サ12151＋モ12031＋
  　　　　　サ12131＋モ12051＋ク12351

④平成8年4月、モ12032、サ12132の車体更新時に（56編成）の第4編成が登場。
 （新49編成）、（50編成）、（51編成）、
 （56編成）モ12256＋サ12156＋モ12032＋
  　　　　　サ12132＋モ12056＋ク12356

⑤平成15年6月、モ12049、サ12149、モ12051、サ12151が廃車され、（新49編成）、（51編成）は4両編成となり、6両編成は2編成となっている。
 （50編成）、（56編成）

6両編成は当初より、富吉検車区に所属して名古屋～伊勢志摩間を中心に投入されている。

◆ 他形式の動向

◎ 16000系の増備

昭和42年12月新造の第4編成からは18200系KD-63系の特殊ダイヤフラム形の台車、Mc車がKD-69型、Tc車がKD-69A型が装着された。昭和45年1月新造の第6編成からは車体の不燃化はA-A基準仕様となった。

昭和49年3月新造の第8編成は4両固定となり、モ16008＋サ16151＋モ16051＋ク16108の編成となった。中間M車はモ16050

形で両車端に客用扉が設けられその間はすべて座席で、近鉄特急車最大の76席である。中間T車はサ16150形で阿部野橋寄りに便所・洗面所があり、68座席、電動発電機と電動空気圧縮機を装備している。台車はMc車がKD-69B型、Tc車がKD-69C型である。16000系中4両固定編成はこの第8編成のみであるので、中間MT車の車両番号は末尾1である。

11400系の増備Tc車ク11520形は、同時期のク12300形と同じスタイルとなった　　　名張　昭56.2.25　写真／兼先 勤

戸で区切られた。座席はク11500形と同じ64席となり、リクライニングシートである。電動発電機と電動空気圧縮機を装備している。

◎ 10000系ビスタカーの引退

　昭和33年6月に華々しく登場した10000系は試作車のため1編成のみで、上本町～宇治山田間に限定運用されていた。昭和45年3月の新しい特急券の発券システムの導入によりこの編成の座席定員数のみが以後登場の特急車の1車両60人ベースとは異なっているため、発券取扱い上敬遠され、さらに12200系が大量増備されたこともあり、昭和45年、登場12年目で引退、解体となった。

16000系の増備車のうち第8編成は4両固定編成となった
　大和上市～吉野神宮　昭55.12　写真／藤井敏明

◎ ク11520形

　11400系15編成中、昭和40年9月新造の最終3編成はMcMcの2両編成となり、Tc車は製造されなかったが、昭和44年5月にク11520形3両が新造されて3両固定編成化された。
　編成は上本町寄りから
　　　ク11521＋モ11425＋モ11426
　　　ク11522＋モ11427＋モ11428
　　　ク11523＋モ11429＋モ11430
である。従来のク11500形とは異なり、同時期のク12300形に準じた車体デザインとなり、客用扉は運転室側の1ヵ所となり、連結面側には便所・洗面所が設けられ仕切

世界初の2階建電車10000系も試作車ゆえの制約を多く受け、昭和45年5月の記念運転を最後に、12年間の短い生涯を閉じた
写真提供／近鉄資料室

◎式年遷宮に対応してダイヤ改正

　東海道新幹線の開業の影響により上昇していた参拝者数は、昭和42〜43年は不況の影響か、600万人台を割り込んだが、昭和44年からは万博開催もあり610万人台に盛り返して昭和47年まで推移した。戦後2回目の第60回式年遷宮のおこなわれた昭和48年は一気に860万人、翌昭和49年も810万人の参拝者となり、昭和48年秋の石油ショックにもかかわらず高度経済成長時代の観光を象徴するような式年遷宮の人出となった。その後、昭和50年代も630万人台の参拝者数が続いて、伊勢特急に好調をもたらした。

　式年遷宮の人出に対応するため路線の強化、特急専用車の増備そして増発のダイヤ改正がおこなわれた。

　昭和46年12月には鳥羽線宇治山田〜五十鈴川間1.9kmが複線化され、昭和47年には名古屋線の中川北方の雲出川橋梁が新しく複線橋梁に架け替えられて、名古屋線の全線複線化が完了した。特急車両は昭和45〜48年の4ヵ年で12200系76両、16000系2両が増備された。

　ダイヤ改正は昭和47年11月7日におこなわれた。上本町〜鳥羽間、難波〜松阪間、上本町〜松阪間が各1往復増され、阪伊乙特急は4往復増え27往復となったものの発着先が8種類と複雑になった。名伊乙特急は3往復増えて40往復となり完全30分ヘッド化された。

　京伊特急は奈良発が廃止されて、京都〜賢島間が3往復増発の10往復に、京都〜鳥羽間が1往復新設され、京都特急も2往復増えて11往復となった。吉野特急も車両の増備により、昭和47年11月7日のダイヤ改正で2往復増の14往復、昭和48年9月21日には17往復となった。

　昭和47年7月の夏季ダイヤより八木〜鳥羽間で京伊特急4両編成、阪伊特急6両編成の併結で最大10両編成、名古屋線の名伊特急で最大8両編成が登場した。

◎奈良線特急を新設

　昭和31年12月に超軽量新性能800系による料金不要の特急列車が奈良線に登場したが、新生駒トンネルが開通し全線の大型車両化がなった昭和39年10月からは新鋭8000系となった。しかし昭和47年11月7日のダイヤ

昭和48年3月からは奈良線にも難波〜京都間の有料特急が登場した。特急停車駅となった学園前に到着した開業初日の特急　　　　　　　　昭48.3.1　写真提供／近鉄資料室

昭和47年7月から、八木〜鳥羽間で、京伊4両、阪伊6両の併結運転が実施され、最大10両編成の特急運転となった
　　　　　　　　　　　　　　長谷寺〜榛原　昭51.3.14　写真／竹田辰男

昭和48年9月からは難波～奈良間にも特急が新設され、奈良線を全線通して特急が運転されるようになった。12200系2連の奈良行
富雄～学園前　昭52.3.24　写真／兼先　勤

改正により、従来の奈良線特急は列車種別が快速急行に変更されて新たに生駒、学園前に停車となり特急の種別はなくなった。

　昭和48年3月1日に難波～京都間の特急が新設され、奈良線難波～西大寺間にも有料特急列車が運行されることになった。3往復設定されて、停車駅は上本町、鶴橋、生駒、学園前、西大寺で所要時間は59分であった。国鉄、阪急、京阪に続く第4の京阪間の特急という人もいたが、時間もかかり、難波～西大寺間の停車駅は新設の快速特急並みであり、京阪直通よりもむしろ沿線用の楽々座席指定の高級列車の趣きが第一義であるように思われる。西大寺では配線上スイッチバックとなっている。

　半年後の昭和48年9月21日には奈良線全線直通の難波～奈良間特急が4往復新設された。停車駅は上本町、鶴橋、生駒、学園前、西大寺で所要時間は32分と料金不要時代の特急30分より停車駅が1減2増で実質同じであった。

◎ **標準軌全線で大型車両の運行が可能に**

　橿原線は創業時の奈良線と同じ軌道中心間隔が3050mmであったため、車体の最大幅が2670mmの制限を受けていたが、昭和48年9月21日に軌道中心間隔の拡大工事が竣功し、大阪・名古屋線用の車体最大幅2800mmの大型特急車の運行が橿原線を含めた標準軌の特急列車運行線区の全線で運用が可能となった。

　具体的には京都～八木間での京伊特急や京都～橿原神宮前間の京都特急に12200系なども充当されるようになった。ただ、18200系、18400系は相変わらず京伊特急の主力として運用され、680系、18000系は性能上京都特急・奈良特急で引き続き限定運用された。

　昭和46年12月8日、四日市駅高架工事により、湯の山特急は線内運転5往復となっていたが、昭和49年9月20日に高架工事が完成し、2往復の線内運転と上本町から2往復、名古屋から1往復の湯の山直通特急が再開された。

橿原線を走る12200系。車体幅2800mmの大型特急車が全線で運用可能となった　　田原本　昭53.3.27　写真／兼先　勤

IV 特急ネットワークの総仕上げ
昭和51年(1976)

◆ 大阪線の完全複線化

　大阪線は参宮線開通時、名張～中川間41.7kmは山岳区間であり建設費がかさむため単線で開業された。

◎ 複線化への推移

　昭和13年4月には名古屋開業や紀元2600年祭を控えた列車需要に対応するため、東青山～佐田(現・榊原温泉口)間に垣内信号所が設けられた。この信号所には延長1.1kmの複線区間が設けられたので列車は走行しながら上下交換が可能で、東側と西側の結節点は垣内西ポイント、垣内東ポイントと呼ばれた。さらに垣内東ポイントの北側には引上げの待避線が1本設けられ、主に朝夕の通勤ラッシュ時に2連の普通電車が特急・急行の通過待ちに使用されスイッチバックで出入りしていた。

　戦後、名張方から複線化が徐々におこなわれ、昭和34年12月の美旗～伊賀神戸間の複線化に始まり、昭和36年8月には名張～伊賀上津間が複線化された。昭和42年11月には三軒家信号所～西青山間、大三～亀谷信号所間、高野信号所～川合高岡～宮古分岐間が複線化されて、残存の単線区間は青山トンネルを中心とする山岳区間の15.8kmとなった。

　特急ネットワークを張る近鉄のダイヤでは、メインの大阪線の単線区間は輸送上の最大の隘路であり、上下列車の待合せ時間を少なくして効率良く青山トンネルを通過させるため、まず青山トンネルからダイヤのスジが引かれ、名阪甲乙特急、阪伊甲乙特急のスジが決まってから、以後接続する

木製の架線柱が並ぶ単線時代の大阪線を行く10400系の宇治山田行特急
東青山～榊原温泉口　昭43.9.29　写真／早川昭文

名伊特急、京都特急、奈良特急、そして吉野特急のスジが引かれて全体のダイヤが決まっていった。

◎ 新青山トンネルの建設

　万博開催時のダイヤでは、この残存単線区間を日中、名阪甲・乙特急、阪伊乙・京伊併結特急の3往復と急行、普通の各1往復、合計5往復10本の列車が1時間に青山トンネルを行き来していた。さらに朝夕の通勤時には特急・区間急行が加わって最大8往復となり限界の状況で、昭和46年当初にはこの区間の線増計画が検討されていた。

　ところが昭和46年10月25日に東青山～榊原温泉口間の総谷トンネル内で下り名阪乙特急4連が上り難波・京都行の阪伊乙・京伊併結特急7連と正面衝突する事故が発生

旧線時代の東青山駅を通過する上本町行10100系特急　　昭49.11　写真/高橋　裕

旧線時代の西青山駅。新駅は1.1km上本町寄りに設置された
写真提供/近鉄資料室

して死者25名、重軽傷者218名の大惨事となった。

近鉄は事故の重大さと将来の輸送力増大に対処するため、直後の11月に「昭和50年末までに残存の単線区間を複線化する」という計画が急遽決定された。この事故により名阪乙特急列車4連のモ12001、ク12101、モ12202、ク12302が昭和46年11月30日付で廃車となった。また昭和44年9月30日付でモ12007、ク12107が中川付近での事故により廃車にされている。

複線化に当たって、連続する急勾配や急曲線の緩和改良、防災対策の徹底、施設保守の合理化の3点が基本方針とされ、昭和47年8月中川で起工式がおこなわれた。上津～伊勢石橋間の12トンネル中、青山トンネルを含む10トンネルは廃止、2トンネルは継続使用、そして複線7トンネル、単線2トンネルが掘削され、複線5橋梁が新設される大工事となった。

上津～西青山間は宮下・北山・谷奥・三軒家の4トンネルが廃止されて南側に平行して複線の新宮下・新北山・新三軒家の3トンネルが新設されて半径503mの急曲線が半径2000mの新線となり、昭和48年12月10日に上津～三軒家信号所間が複線化された。

垣内信号所～大三間4.2kmは総谷・梶ケ広の2トンネルは廃止されて南側に曲線が半径1000mに緩和された複線の新総谷・新梶ケ広の2トンネルが掘削され、従来の寒谷トンネルは上り線用に充当され、下り線用の単線の新寒谷トンネルが

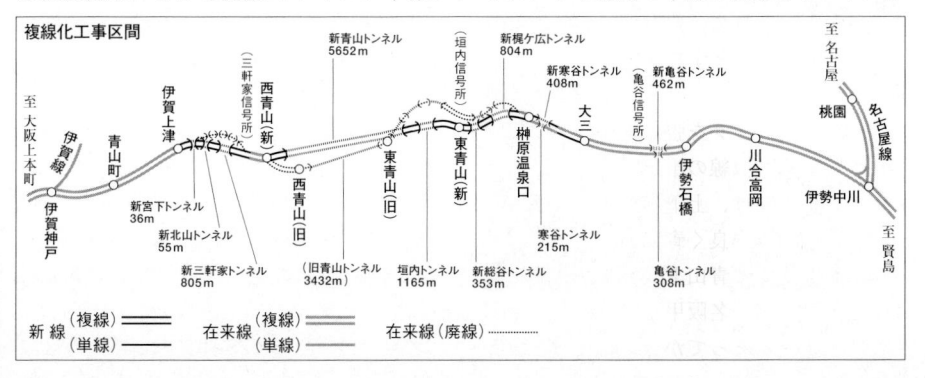

新青山トンネル東坑口と滝谷川橋梁の建設工事現場
写真提供/近鉄資料室

複線化工事区間

新線（複線）／（単線）　在来線（複線）／（単線）　在来線（廃線）

175

掘削され、新寒谷トンネル～大三間は腹付け線増されて昭和48年12月18日に複線化された。

宮古分岐～中川間0.5kmは中村川橋梁の複線化と中川までの腹付け線増により昭和48年12月22日に複線化された。

亀谷信号所～石橋間1.5kmでは従来の亀谷トンネルは上り線用に充当され、下り線用の単線の新亀谷トンネルが掘削され、かつ腹付け線増により昭和49年5月19日に複線化された。

石橋～高野信号所間0.6kmは単線の雲出川橋梁が昭和49年8月9日に複線化された。以上の各区間は複線化と同時に供用が開始された。

最大の難関、青山峠越えの西青山～東青山～垣内信号所間は33.3‰の急勾配と半径500m急曲線とが連続し、さらに谷間にある東青山駅は過去に度重なる出水被害を受けているため、単線トンネルの増設は断念され、新たに延長5652mの当時私鉄では最長となる新青山トンネルと延長1165mの垣内トンネルが掘削された。この新設トンネルのため、西青山駅を西に1.1km、東青山駅を東に2.7km移設し、両駅の標高が下げられた。3年の工期を要して土木工事が昭和50年7月26日に完了し、昭和50年11月23日より供用が開始されて、上津～中川間の単線区間が複線化され、昭和5年12月に開業以来、45年ぶりに大阪線は全線複線化された。

西青山～東青山間約8kmはほぼ直線となり勾配は新青山トンネルは大阪方より下り勾配22.8‰、垣内トンネルは同じく下り勾配28‰となり、半径503mの急曲線や33‰の急勾配は解消した。その他の区間は新設トンネルにより曲線は半径1000m以上に改良されたものの、勾配はトンネルが短いことや腹付け線増のため、最急勾配は33‰のままとなった。

従来難所であった上津～榊原温泉口間では、30‰以上の急勾配区間が従来の80.7%から32.7%に減少、半径1000m未満の曲線が従来の31.7%から4%に減少し、急勾配・急曲線が大幅に改良された。近鉄がめざす高速路線形が山岳区間でも実現し、複線化と合わせて特急列車運転時間の短縮と輸送力の向上、運転保安度の向上に大いに寄与することとなった。

◎ 剛体架線と連続するガントリー 7kmのロングレール

上津～石橋間の11のトンネルには「コンパウンドカテナリー合成式電車線」が採用された。この架線は難波線・奈良地下線でのカテナリー剛体架線の実績に高速集電性能を加味し、新寒谷トンネルで実験がおこなわれたもので、架線の吊架方法をコンパウンド形式に改良されたものである。170㎜²の電車線を10×50㎜の銅帯にはりつけた構造で、一見帯状の太い電車線に見える。断線の心配がないので保安度が高く、維持保守のフリー化に優れ、高速運転に適したものである。一方明かり区間も従来の110㎜²のコンパウンドカテナリー式より170㎜²のヘビーコンパウンドカテナリー式に強化された。

このトンネル内の剛体架線と明かり区間

現在の新青山トンネル東口に入る上り特急

単線区間は別線複線で建設された区間が多く、今でも旧線時代の橋脚が残るほか、線路跡も多くが痕跡をとどめている　伊賀上津～西青山　平15.7.11

参急のルーツともいえる名車2200系の急行も昭和51年3月改正をもって完全に姿を消した。モニ2300形2302を先頭にした宇治山田行急行　東松阪〜櫛田　昭44.4.30　写真／田淵　仁

の架線とを切り替えるため、トンネルの出入口には重厚な剛体架線とヘビーコンパウンド架線を支える約6m間隔のガントリー（鉄製の門型架線柱）が数本立ち並んでおり、他の鉄道線では見られない、まさに山越えのための重装備の特異な情景が見られる。

　軌道も保守量の低減を図り、特にトンネル区間は温度変化が少ない、できるだけレール継ぎ目をなくすロングレールが採用され、西青山〜東青山間は新青山トンネルと垣内トンネルがほぼ連続しており約7kmの超ロングレールとなった。

山間区間のトンネル出入口には剛体架線を支持する、ガントリーが密集して建植され、近鉄ならではの特異な光景が展開する

◎ 鳥羽線の複線化

　前述の通り、昭和46年12月に宇治山田〜五十鈴川間1.9kmが複線化されたが、残りの五十鈴川〜鳥羽間11.3kmについても、鳥羽線の新設工事時に複線分の用地が確保されていた。さらにトンネルや切取・盛土区間も複線分で造られていたので、高架橋、橋梁とトンネル1ヵ所が新設されて、全区間腹付け線増され、昭和50年12月20日に鳥羽線全線の複線化が完成した。

　同時に、全線単線の志摩線の線路容量を増やすため、白木駅に通過線が増設され、上之郷・志摩神明駅には行違い設備が新設された。

◎ 昭和51年3月18日白紙ダイヤ改正

　大阪線、鳥羽線の完全複線化に対応する白紙ダイヤ改正が昭和51年3月18日よりおこなわれた。線路容量が大幅に増えた大阪からの伊勢志摩への阪伊特急の改善が重点的におこなわれ、列車の増発とともに賢島行は速達タイプの甲特急の増発強化がおこなわれ、乙特急は沿線重視となり発着先の

異なる列車は8種のものが、3種類にまとめられた。

- 「阪伊甲特急」は難波～賢島間が5往復増の6往復となり、難波～鳥羽間が1往復新設されて強化された。所要時間は2時間29～33分と変わらなかった。
- 「阪伊乙特急」は8系統あったが、上本町～鳥羽間16往復、上本町～宇治山田間11往復そして難波～松阪間4往復の3系統となり、合計で4往復増えて31往復となり完全30分ヘッドとなった。

　このダイヤ改正で名張～中川間の普通がなくなり、同時に開業以来の名車2200系、2227系が完全に姿を消した。普通は名張～青山町間と東青山～中川間に分割され、代わりに上本町～宇治山田間の急行が名張～中川間（美旗は無停車）各駅停車となった。所要時間は複線化でスピードアップしたため2時間12分は変わりなかったが、大阪側の通勤事情とはいえすでに車両は2200系から4扉の通勤車となっていた。さらに今回の一部各駅停車化は、伝統の参宮急行の終焉であり、大阪～伊勢間の利用客は、特急を選択せざるを得なくなった。

- 「京伊特急」は阪伊乙特急との併結から単独運行となり、最大編成は4両から6両となった。京都～賢島間は10往復のままで京都～鳥羽間が1往復増えて2往復となった。八木～松阪間82.6kmを無停車とし従来より10～16分短縮して、京都～賢島間の所要時間は2時間54～59分となった。

　八木では名阪乙特急と下り同士、また上り同士が接続するようになった。大阪から名阪乙特急に乗り八木で京伊特急に乗換えて伊勢志摩方面へ、また京都から京伊特急に乗り八木で名阪乙特急に乗換えて津・四日市・名古屋方面へ、そしてこの逆の利用が可能となった。

- 「名阪甲特急」は相変わらず利用客の減少が続き3往復減の10往復となった。難波発は毎時58分発、名古屋発は30分発となっていたが、本ダイヤ改正より難波・名古屋ともに毎時00分発となった。所要時間も難波開業時は2時間16分が2時間20分にスローダウンしていたが、特に上りは6分程度スピードアップした。
- 「名阪乙特急」は3往復の難波～名古屋間が廃止され、「阪伊甲特急」は上本町～名古屋間が12往復となり、新たに難波～津間1往復が新設されたものの全体で2往復減となった。
- 「湯の山特急」は四日市～湯の山間の線内特急列車が1往復増やされて3往復となり、上本町からの2往復、名古屋からの1往復を合わせて6往復となった。
- 京都～橿原神宮前間は2往復減の15往復に、難波～京都間は2往復減の15往復に、京都～奈良間は2往復増の22往復に。難波～京都間は当初の3往復から半年後には4往復となったが、今回1往復減の3往復に戻った。難波～奈良間は4往復から一気に11往復と大幅増発となった。
- 「吉野特急」は1往復増の18往復となり、新たに阿部野橋～橿原神宮前間2往復が新設された。

◎ 特急ネットワークの完成

　以上のように、志摩線を除く、大阪線の青山トンネルを中心とした山岳区間および鳥羽新線の複線化・高速化を最後に、特急走行路線の整備が成り、あわせて増発や長編成化された特急列車が運転されて、特急ネットワークは完成の域に達した。

　しかしながら、この頃より自動車の増加と道路網が整備され始め、さらに航空機の発展による観光の多様化の波が押し寄せてきている。近鉄特急も新しい対応を迫られてきており、さらなる特急専用車の充実・多様化が課題となってきた。

複線化が成った真新しい築堤上を快走する12200系の特急。大阪線の完全複線化により特急列車はさらに増発、車両も増備されて現在に見られる特急ネットワークが完成した　　　　　　　　　　　　東青山～榊原温泉口　昭52.1.3　写真/田淵　仁

近鉄特急のあゆみ 昭和7年(1932)〜52年(1977) (上巻掲載事項)

作成：鹿島雅美

昭和年月日	記　事
5.12.20	参宮急行電鉄による桜井〜山田間が開通し、大阪〜伊勢間が電車によって結ばれる
6. 3.17	山田〜宇治山田間が開通し、全線開業となる
7. 1. 1	大軌・参急による特急列車、上本町〜宇治山田間に運転。所要2時間00分、1日2往復、大和八木・名張・伊勢中川・山田に停車
7. 3.30	津支線の開通にともない特急増発、4往復となる。停車駅に松阪・外宮前が加わる
8.10. 7	特急停車駅、鶴橋・高田・大和八木・名張・伊賀神戸・伊勢中川・松阪・外宮前・山田となり、所要2時間20分前後となる。津行きの併結特急も設定
11. 9.15	伊勢電鉄を合併、桑名〜津〜大神宮前間が参宮伊勢線となり、特急2往復も継続運行される
12. 5.24	上本町22：00発臨時特急「神風号」運転、所要上本町〜宇治山田間2時間01分
12. 5.25	上本町6：31、7：31、8：31の定期特急を「神風号」と命名。1日3往復
13. 6.26	関西急行電鉄により名古屋まで開業。名古屋〜伊勢大神宮前間に4往復の特急を運転、関急1形がデビュー
13.12.26	戦局の悪化にともない、上本町〜宇治山田間、名古屋〜大神宮前間の特急が全廃される
22.10. 8	上本町〜名古屋間に座席定員制の特急を運転。上本町発「すゞか1・2号」名古屋発「かつらぎ1・2号」、所要4時間03分。停車駅は鶴橋・伊勢中川。使用車両はモ2227形(2228・2230・2235・2237・2246)及びサ3000形(3001・3009)の7両でMTM・MMTM・MTMTM等乗客の増減により編成を組み替えた。名古屋線ではモ6301形(6301〜6303)、ク6471形(6471・6472)の5両でMTM・MTTM・MTMTMにて運転
23. 3.30	上本町〜名古屋間、所要3時間55分にスピードアップ。モ2236・2238を特急用に格上げ改装
23. 7.18	大阪線の特急を上本町〜伊勢中川間から上本町〜宇治山田間に延長。所要2時間40分、上本町発7：40、15：40、宇治山田発8：42、17：02
23.12〜24.4	大阪線モ2227形(2227・2229)、サ3000形(3002)を特急に格上げして改装。代わりにサ3009が急行用に格下げされる
24. 1. 1	お伊勢参り臨時特急が運転され、以後恒例となる
24. 8. 1	上本町〜名古屋、宇治山田間特急3往復運転となる。所要上本町〜名古屋間3時間25分、上本町〜宇治山田間2時間30分。6月25日から座席定員制から座席指定制に変更される。名古屋線モ6301形(6304)、モ6311形(6320)、ク6471形(6473)を特急用に格上げ、改装。モ2235が急行用に格下げされる。モ6311形(6316〜6319)もダークグリーンの外部色ながらオールクロスとなり、特急運用に入る
24.10	大阪線モニ2300形(2303)を特急用に格上げし、改装、手荷物室・区分室を特別室(サロン風)に改装
25. 5	名古屋線に特急専用車(新車)登場。モ6401形(6401〜6403日車)、ク6551形(6551・6552近車)計5両。初めて蛍光灯採用
25. 9. 1	上本町〜名古屋間所要3時間05分。上本町〜宇治山田間所要2時間9分にスピードアップ。モニ2303は宇治山田側先頭に連結され、レクリエーションカーと銘打って宣伝される
26. 9	大阪線サ3000形(3003)特急用に格上げ、改装
27. 3.20	上本町〜名古屋(宇治山田)間特急4(5)往復運転となる。所要上本町〜名古屋間2時間55分。上本町〜宇治山田間2時間01分にスピードアップ(戦前の状態にもどる)。愛称は午前中の上本町・名古屋発をそれぞれ「すずか」・「かつらぎ」、午後を「あつた」・「なにわ」と改称。名古屋連絡なしの上本町〜宇治山田間1往復は「いすず」と呼ばれる
27.12	貴賓車2600がサ2600形(2600)として特急用に改造、代わりにサ3003が急行用に格下げされる
28. 3. 9	大阪線初の特急用新造車が登場。モ2250形(2251〜2254)、サ3020形(3021〜3024)、McTTMc×2。同時に名古屋線にもモ6421形(6421〜6423)、ク6571形(6571〜6573)計6両が登場した。特に2250系は先輩モ2200形の流れをくむ窓配置で電車ファンをうならせる。モ2250形・サ3020形は近車。モ6421形・ク6571形は日車
28. 4. 1	ダイヤ改正、上本町〜名古屋(宇治山田)間いずれも6往復となり、「いすず」は廃止、モニ2303は「すずか2号」・「なにわ2号」に使用される

昭和年月日	記　　　　事
28. 9	大阪線用としてモ2250形（2255・2256）、サ3020形（3025・3026）計4両。名古屋線用としてモ6421形（6424・6425）、ク6571形（6574・6575）計4両が登場。前後してモ2230・2238・2246・サ3001が急行用に格下げされる
29.	1月にサ3002、6月にモ2227が急行用に格下げされる
30. 1.17	ダイヤ改正。上本町～名古屋(宇治山田)間特急7往復となる。下り(上本町発)は「すずか1・2号」・「あつた1・2号」・「おわり1～3号」上り(名古屋・宇治山田発)は「かつらぎ1・2号」・「なにわ1・2号」・「あすか1～3号」となる
30. 8.29	上本町～名古屋間所要2時間48分、上本町～宇治山田間所要2時間00分にスピードアップ
30. 9	大阪線用としてモ2250形第3次(2257～2260)、サ3020形(3027～3029)、名古屋線用としてモ6421形第3次(6426)、計8両が増備される
31. 7. 1	上本町～名古屋間所要2時間42分、上本町～宇治山田間所要1時間57分にスピードアップ
31. 8	大阪線モ2237が急行用に格下げ。10月には2231が特急用に格上げ、改装
31.12.21	上本町～名古屋間所要2時間35分、上本町～宇治山田間所要1時間54分にスピードアップ。(名古屋線四日市～諏訪間のショートカット、上本町～布施間の複々線化によるもの)
32.1～2	大阪線モニ2303・モ2228が急行に格下げされる
32. 4	大阪線モ2241が特急用に格上げ、改装される
32. 6.20	大阪線モ2250形・サ3020形、名古屋線モ6421形・ク6571形の冷房開始(集中式)
32.10. 1	大阪線モ2250形(2257～2260)に電話室設置。上本町～伊勢中川間で列車公衆電話営業開始
32.12.25	全特急車（モ2227形の格上げ車2229・2231・2236・2241とサ2600を除く）にシートラジオを設置
33. 6.25	ビスタカー10000系固定7連の試運転が上本町～榛原間で行われる。同時に名古屋線にも最後の吊掛駆動の特急専用車モ6431形(6431・6432)、ク6581形(6581・6582)計4両が登場。また、名古屋線ク6561形(6561)が特急用に格上げ、改装され、サ6531形(6531)となり、冷房工事が実施される
33. 7.11	ダイヤ改正。上本町～名古屋(宇治山田)間特急9(7)往復となる。10000系、モ6431形、ク6581形が特急運用に入る
34. 7.25	新ビスタカー10100系モ10101＋サ10201＋モ10301第1編成(A編成)が近車で完成。8月22日高安～榛原間で公式試運転。同年11月までに末尾02～04(A)、05～08(B)、09～12(C)編成が完成
34. 9.26	伊勢湾台風により名古屋線各所で被害。Mc 17両、Tc 8両が塩浜以北各所で水没
34.11.27	弥富～名古屋間の広軌化を最後に名古屋線伊勢中川～名古屋間78.8kmの改軌工事完成
35. 1	大阪線モ2229・サ2600、名古屋線6401系ク6471形が急行用に格下げされる。大阪線モ2250形(2251・2252・2254・2255〔2247に改番〕・2257〔2248に改番〕)、サ3020形(3021・3022・3023)計8両が3扉化され、急行用に格下げされる。残ったサ3020形6両はク3120形に改造される。同時に6421系も順次急行用に格下げ、3扉化される
35. 1.20	ダイヤ改正。名阪直通特急運転開始される。名阪(甲)特急上本町～名古屋間所要2時間27分(9往復)となる。同時に主要駅に停車する準特急(のちの乙特急)として上本町～名古屋間に1往復、所要2時間50分。上本町～宇治山田間に5往復、所要2時間05分。名古屋～宇治山田間に5往復、所要1時間35分。伊勢中川～宇治山田間に2往復、所要26分が設けられる。使用車両は10100系が特急(甲)に、10000系・6431系・2250系(残存の2扉車)・6421系(残存の2扉車)が準特急運用につく
35.9～12	大阪線モ2227形(2231・2236・2241)が急行用に格下げされる。10100系第2次増備として末尾05(A)、10(B)、15・16(C)編成、計12両が出場。旧05→09、09→13、10→14に改番。この時期に準特急は乙特急と呼ばれる
36. 3.29	伊勢中川駅の短絡線完成。名阪甲特急は上本町～名古屋間鶴橋のみ停車のノンストップとなる
36. 9.21	ダイヤ改正。名阪甲特急上本町～名古屋間所要2時間18分にスピードアップ。9往復から11往復運転となる。乙特急は、10400系(旧エースカー) Mc Mc Tc Tc×2計8両新造。上本町～名古屋間は3往復。上本町～宇治山田間6往復。名古屋～宇治山田間7往復になる。南大阪線にはモ6231形→クニ5421形→格上げモ5820形(オールM)の特急「かもしか号」が阿部野橋～吉野間に1往復運転され、将来の吉野特急の布石となる

昭和 年 月 日	記　　　　　　事
37.2～4	修学旅行専用車20100系「あおぞら号」McTMc×5計15両登場
38. 3.21	ダイヤ改正。名阪甲特急12往復。乙特急も上本町～宇治山田間8往復、名古屋～宇治山田間10往復となり、新たに上本町～四日市間に1往復新設される。この改正に先立ち10100系17・18（C）の2編成と新エースカー11400系McMcTc×6計18両が登場
38. 9.21	ダイヤ改正。名阪甲特急14往復所要2時間13分。乙特急は上本町～名古屋間4往復、上本町～宇治山田間9往復、名古屋～宇治山田間11往復、上本町～四日市間1往復（従来通り）となる。この改正に先立ち11400系McMcTc×4計12両が登場
39.10. 1	東海道新幹線開通。近鉄特急ダイヤ改正。名阪甲特急15往復、名阪乙特急4→3往復、乙特急上本町～宇治山田間12往復、名古屋～宇治山田間13往復となる。また、京都特急として680系McTc×2、同予備特急として680系McTcMc×1（ただし冷房なし）が旧奈良電の車両を格上げ改装し登場する。これによって近鉄は名古屋・京都で新幹線と連絡し、京都特急は大和八木で乙特急と接続し、伊勢志摩への観光誘致をねらう
40. 3.18	吉野特急新設。2月に完成した16000系McTc×2の4両で阿部野橋～吉野間1時間09分運転で6往復設定される。吉野特急新設にともない京都特急は全列車橿原神宮前で吉野特急と接続することとなり、同時に京都～奈良間にも6往復設定される
40. 6	京都特急としての新車18000系Mc1Mc2×1登場。ただし電気品は旧車（600形）のものを流用
40. 7.15	ダイヤ改正。湯の山特急が新設され、上本町・名古屋から各2往復が湯の山温泉まで乗り入れる。また、今回から名阪乙特急を全廃、上本町～宇治山田間乙特急は所要1時間51分にスピードアップ。名古屋～宇治山田間は16往復となる。車両は6月末に出場した11400系Mc1Mc2×2計4両が湯の山特急用として充当される
40.10. 1	ダイヤ改正。名古屋～宇治山田間乙特急は25往復、京都～奈良間9往復、吉野特急7往復に増発される。車両は乙特急用として9月に11400系Mc1Mc2TcTc×1、Mc1Mc2×2計8両が登場。また名古屋線特急6431系全車4両が急行用に格下げとなり、しばらくは2扉で使用されたが、やがて3扉に改造される
41. 3	吉野特急16000系McTc×1、京都特急18000系Mc1Mc2×1登場
41.12.20	京都～伊勢特急用として11月20日に出場した複電圧車18200系McTc×2によって京都～宇治山田間に直通特急2往復が新設される
42.12.20	ダイヤ改正が行われる。乙特急は上本町～名古屋間12往復、名阪は甲・乙合わせて30分ヘッドとなる。伊勢特急は上本町～宇治山田間18往復、名古屋～宇治山田間31往復、京都～宇治山田間5往復に増設される。上本町・名古屋～湯の山温泉間の湯の山特急および京都～宇治山田間の伊勢特急は名阪乙特急に併結され、それぞれ四日市・大和八木にて分割されることとなり、以後車体幅の異なる車両同志の編成が見られるようになる。また、吉野特急は9往復、京都～橿原神宮前間8往復、京都～奈良間14往復に増発され、京都線特急は30分ヘッド運転となる。このため18200系McTc×3計6両が、また42.10には16000系McTc×1計2両が出場。名阪甲・乙特急用として新幹線に対抗し、今後の新特急車両の基本となった12000系McTc×10計20両が登場。この車両から回転リクライニングシートの採用、窓幅の拡大、スナックコーナー（最初は、みやこコーナーと呼ばれ）の新設など趣向をこらしたものとなる
44.9.20 ～45.3.15	44.9.20、600 V区間（奈良・京都・橿原線）の1500 Vへの昇圧完成。新造車の方もこの年は45.3.15の万博開幕を前提として続々と登場。
	44.2.28　18400系　McTc×2、この車両から京都線特急も20m大型車となり、12000系と車体幅を除いて実質的に同じになる
	44.3～4　12200系　スナックカーMcTc×10、16000系McTc×1
	44.5.10　11520形　Tc 3両
	44.7.22　18400系　McTc×5
	44.9.27　12200系　McTc×10
	45.1.20　16000系　McTc×1
	45.2. 5　12200系　McTc×6（スナックコーナーなし）
	45.2.28　18400系　McTc×1
	45.3.10　12200系　McTc×5
	計85両が増備された。また、改軌工事の進められていた志摩線と新設の鳥羽線が45.3.1、難波線が万博開幕当日の45.3.15にそれぞれ開通

昭和年月日	記　　　事
45. 3.21	ダイヤ改正。万博見物の観光客を伊勢志摩・京都・奈良・吉野に誘致することに重点を置いた近鉄として空前の大改正となる。変更点は次のとおり。 ・難波～賢島間上り25本、下り23本（うち甲特急1往復を含む）、名古屋～賢島間特急5往復、乙特急上り29本、下り32本、京都～賢島間7往復、奈良～賢島間1往復、上本町～名古屋間乙特急26往復と変わる ・大阪の発駅も名阪甲特急、大和八木で京都特急を解結する賢島特急が難波発、その他は上本町（地上ホーム）発となる ・万博関連以外では、上本町～湯の山温泉間3往復、京都～奈良間23往復、京都～橿原神宮前間9往復、吉野特急12往復が増発される 改正により電算機によるリアルタイム座席予約システムとなり、1日320列車8万席分、3週間分150万座席を67台の端末機から7秒で出せるよう機械化される
45.10 ～47. 9	この間にも特急専用車は続々と増備され、躍進する近鉄特急網の充実が計られる 　　45.10. 5　　12200系　　Mc Tc ×5 　　45.11.30　　16000系　　Mc Tc ×1 　　46.12　　　12200系　　Mc T Mc ×3　Mc Tc ×1 　　47. 9　　　18400系　　Mc Tc ×2 　　　　　　　　　　　　　　　　計30両
47.11. 7	ダイヤ改正。（名阪特急を除く各特急の変更と奈良線通勤形車両による特急の快速急行への呼称変更）難波・上本町～賢島間27往復、名古屋～賢島間38往復、京都～賢島間11往復、京都～橿原神宮前間11往復、吉野特急14往復となる。奈良～賢島間は廃止
47.11～48.4	12200系Mc T Mc ×5　M T ×8　計36両増備
48. 3. 1	難波～京都間3往復新設
48. 9.21	難波～奈良間に有料特急として4往復新設、難波～京都間4往復に増発
49. 3. 9	吉野特急16000系Mc T Mc ×1　4両増備
49. 9.20	ダイヤ改正、四日市駅付近の高架完成。廃止されていた湯の山特急が復活。上本町・名古屋～湯の山温泉間各1往復計2往復となる。他に京都～橿原神宮前間14往復、名古屋～賢島間40往復、吉野特急17往復となる
49.11.25	12200系Mc T Mc ×1　4両増備。10400系（旧エースカー）Mc2Mc1Tc2Tc1×2の冷房取換改装工事完成、通勤車と同形式のクーラーを取り付けた
50. 1.21	布施駅高架完成、難波・上本町駅発着、時刻変更
50. 7	12200系 M・T 各3両の計6両が増備される
50.11.20	12200系 M・T 各7両の計14両が増備
51. 3.18	ダイヤ改正。今回の特徴として、新青山トンネルの完成とともに大阪線は全線複線となり、参宮急行時代からの夢が実現、 ・難波～賢島(甲)6往復、難波～賢島(乙)下り31列車・上り28列車、名古屋～賢島(甲)5往復、(乙)名古屋～賢島12往復半 ・名阪特急は、早朝・夜間の難波・名古屋発（発時刻は毎時00分）が廃止になり、難波発8：00～18：00、名古屋発8：00～18：00と10往復半となる。また、名阪乙特急も12往復に減少、上本町～湯の山温泉間直通特急が2往復となる ・京都～橿原神宮前15往復半、京都～奈良間下り22列車・上り20列車、難波～奈良10往復半 ・吉野特急18往復の他、阿倍野橋～橿原神宮前間にも2往復半増設される
51.12	12200系M・T 各2両計4両増備。今回で1～15次と長く続いた12000・12200系の増備が打ち切られ、次期の漸新な新車計画が着手される。この年の10月8日は指定特急運転開始30周年となる
52. 1.18	ダイヤ改正。今回の改正は奈良・京都・橿原・天理各線の改正を主体としたもので、特急関係は名阪乙特急が13往復半に、京都～橿原神宮前間が1往復半増えて16往復半となる。全線で192往復 384列車となる

著者プロフィール
田淵 仁 (たぶちひとし)

昭和23年三重県に生まれる。地元の近鉄山田線はもとより、小学校時代は大阪上本町4丁目に居住し大阪線2250系特急や2200系急行そしてビスタカーに魅入る。大学生時代は京都線でデビューまもない18200系京伊特急をもっぱら愛用する。休暇中のアルバイトでは四日市へ通い、名古屋の親戚もあって名古屋線のエースカーや6300系急行に親しむ。15年前には大阪に転勤となり奈良線で通勤する。そして近年は堺市に居住し、念願の南大阪線にも近くなり休日に探訪。このように近鉄の主要各線を生活面からも利用してきた、根っからの大近鉄ファン。同志社大学鉄道同好会OB会会員、関西鉄道研究会会員。

◎ 協力
鹿島雅美、藤井信夫、沖中忠順
近畿日本鉄道広報部、エリエイ出版部プレス・アイゼンバーン

◎ 写真提供 (アイウエオ順)
大那庸之助、沖中忠順、荻原二郎、奥井宗夫、奥野利夫
鹿島雅美、兼先 勤、木村弘和、小林庄三、権田純朗
酒井福三、櫻井俊雄、佐竹保雄、清水 薫、白井 健
白澤靖博、高田幸男、高橋 弘、高橋 裕、竹田辰男
田中鋐市、田淵 仁、津川佳已、鉄崎明生、中野本一
中林英信、中村卓之、中村靖徳、西尾克三郎、西村洋一
丹羽 満、野崎昭三、巴川享則、羽村 宏、早川昭文
福田静二、藤井 建、藤井敏明、藤井信夫、藤本哲男
藤原 寛、星 晃、牧野 滋、増田純一、三宅恒雄
村多 正、山辺 誠、吉川文夫、涌田 浩、近鉄資料室

◎ 編集　福田静二
◎ デザイン　ケーアンドティー

主要参考文献

書 名	著者・編者	出版者・発行所
大阪電気軌道三十年史	大阪電気軌道	同左
50年のあゆみ	近畿日本鉄道	同左
最近10年のあゆみ―創業60周年記念	近畿日本鉄道	同左
最近20年のあゆみ	近畿日本鉄道	同左
近畿日本鉄道80年のあゆみ	近畿日本鉄道	同左
大鉄全史	近畿日本鉄道	同左
奈良電鉄社史	近畿日本鉄道	同左
工事実例青山隧道編	参宮急行電鉄	同左
近鉄難波線建設工事報告書	近畿日本鉄道	同左
名古屋線軌間拡幅記録	近畿日本鉄道	同左
大阪線残存単線区間複線化工事記録	近畿日本鉄道	同左
各 新形車両パンフレット、テクニカルノート		
社内誌「大軌・参急」各誌	大阪電気軌道、参宮急行電鉄	同左
社内誌「ひかり」各誌	近畿日本鉄道	同左
50年のあゆみ	近畿車輛	同左
近畿車輛のあゆみ	近畿車輛	同左
近鉄観光30年史	近畿観光	同左
種田虎雄伝	高梨光司	大阪電気軌道
金森又一郎翁伝	鶴見祐輔	近畿日本鉄道
経営の風土学―佐伯勇の生涯	神崎宣武	河出書房
君よ正しく勇たれ	軒上 泊	中央公論社
鉄道ピクトリアル 各号	電気車研究会	同左
鉄道ファン 各号	交友社	同左
鉄道ジャーナル 各号	鉄道ジャーナル社	同左
鉄道ダイヤ情報 各号	交通新聞社	同左
関西の鉄道 各号	関西鉄道研究会	同左
鉄道史料 各号	鉄道史料保存会	同左
電気車の科学 各号	電気車研究会	同左
車両発達史シリーズ2 近畿日本鉄道特急車	藤井信夫 編	関西鉄道研究会
決定版 近鉄特急	寺本光照・林 基一	ジェー・アール・アール
私鉄電車ガイドブック5 近鉄	東京工業大学鉄道研究部	誠文堂新光社
私鉄の車両1 近畿日本鉄道 I	保育社	同左
近代日本と地域交通	武知京子	臨川書店
東への鉄路	本木正次	講談社
私鉄特急のすべて2	飯島 巌 監修	ネコ・パブリッシング
カラーブックス 日本の私鉄②近鉄	鹿島雅美・原田 進	保育社
カラーブックス 日本の私鉄 近鉄 I	諸河 久・杉谷広規	保育社
鉄道百年略史	鉄道百年略史編さん委員会	鉄道図書刊行会
鉄道総合年表1972-93	池田光雅	中央書院
JTB時刻表 各号	JTB	同左
時刻表復刻版 各編	JTB	同左
近鉄時刻表 各号	近畿日本鉄道	同左
時刻表でたどる特急・急行史	原口隆行	JTB
東海道新幹線	須田 寛	JTB
世界の高速鉄道とスピードアップ	住田俊介	日本鉄道図書
鉄道車両メカニズム図鑑	伊原一夫	グランプリ出版
鉄道車両ハンドブック	久保田 博	グランプリ出版
日本の鉄道車両史	久保田 博	グランプリ出版

近鉄特急 —上—
特急網の形成―70年の歴史と特急車両の変遷

JTBキャンブックス

著 者　田淵 仁
発行人　江頭 誠
発行所　JTBパブリッシング
〒162-8446 東京都新宿区払方町25-5

○本書内容についてのお問合わせは
　編集制作本部 企画出版部
　☎ 〇三-六八八八-七八四五

○図書のご注文は
　営業部直販課
　☎ 〇三-六八八八-七八九三

印刷所　日本写真印刷

©Hitoshi Tabuchi & JTB Publishing Inc. 2004
禁無断転載・複製 063474
Printed in Japan 371990
ISBN 978-4-533-05171-5 C2026
落丁・乱丁はお取り替えいたします。

http://rurubu.com/
旅とおでかけ旬情報

読んで楽しむビジュアル本 キャンブックス

鉄道

- 鉄道廃線跡を歩く
- 鉄道廃線跡を歩く Ⅱ
- 鉄道廃線跡を歩く Ⅲ
- 鉄道廃線跡を歩く Ⅳ
- 鉄道廃線跡を歩く Ⅴ
- 鉄道廃線跡を歩く Ⅵ
- 鉄道廃線跡を歩く Ⅶ
- 鉄道廃線跡を歩く Ⅷ
- 鉄道廃線跡を歩く Ⅸ
- 鉄道廃線跡を歩く Ⅹ 完結編
- 鉄道未成線を歩く 私鉄編
- 鉄道未成線を歩く 国鉄編
- 私鉄廃線25年
- 全国保存鉄道
- 全国保存鉄道 Ⅱ
- 全国保存鉄道 Ⅲ 東日本編
- 全国保存鉄道 Ⅳ 西日本編
- 海外保存鉄道
- 英国保存鉄道
- サハリン
- スイスの鉄道
- アルプス・チロルの鉄道
- 韓国の鉄道
- 韓国 鉄道の旅
- 世界のスーパーエクスプレス
- 世界のスーパーエクスプレス Ⅱ
- 世界の駅
- 駅舎 再発見
- 駅旅のススメ

- 大阪・京都・神戸 私鉄駅物語
- 世界の蒸気機関車
- 現役蒸気機関車のすべて
- 追憶のSL C56
- 遙かなり C62
- 鉄道構造物探見
- 知られざる鉄道
- 知られざる鉄道 Ⅱ
- 全国トロッコ列車
- 全国軽便鉄道
- 全国森林鉄道
- 全国鉱山鉄道
- 地形図でたどる鉄道史
- 地形図でたどる鉄道史 西日本編
- 時刻表でたどる鉄道史
- 時刻表でたどる特急・急行史
- 鉄道考古学を歩く
- 昭和を走った列車物語
- 東京駅歴史探見
- 東京市電名所図絵
- 横浜の鉄道物語
- 都電が走った街 今昔
- 都電が走った街 今昔 Ⅱ
- 玉電が走った街
- 札幌市電が走った街 今昔
- 横浜市電が走った街 今昔
- 名古屋市電が走った街 今昔
- 京都市電が走った街 今昔
- 大阪市電が走った街 今昔

- 神戸市電が走った街 今昔
- 福岡・北九州 市内電車が走った街 今昔
- 伊予鉄が走る街 今昔
- 土佐電鉄が走る街 今昔
- 広電が走る街 今昔
- 長崎「電車」が走る街 今昔
- 熊本市電が走る街 今昔
- 日本の路面電車 Ⅰ
- 日本の路面電車 Ⅱ
- 日本の路面電車 Ⅲ
- 東京 電車のある風景 今昔
- 東京 電車のある風景 今昔 Ⅱ
- 名古屋近郊 電車のある風景 今昔
- 名古屋近郊 電車のある風景 今昔 Ⅱ
- 関西 電車のある風景 今昔
- 関西 電車のある風景 今昔 Ⅱ
- 鉄道唱歌の旅 東海道線今昔
- 東北・上越新幹線
- 東海道新幹線
- 東海道新幹線 Ⅱ
- 山陽新幹線
- 東武デラックスロマンスカー
- 小田急電鉄の車両
- 江ノ電～懐かしの電車名鑑
- 京急クロスシート車の系譜
- 京急の車両
- 京急の駅 今昔・昭和の面影

- 名鉄パノラマカー
- 名鉄の廃線を歩く
- 名鉄600V線の廃線を歩く
- 近鉄特急 上
- 近鉄特急 下
- 近鉄の廃線を歩く
- 琴電・古典電車の楽園
- ことでん長尾線のレトロ電車
- キハ58物語
- キハ82物語
- DD51物語
- 国鉄急行電車物語
- 旧型国電50年 Ⅰ
- 旧型国電50年 Ⅱ
- 私鉄機関車30年
- 私鉄気動車30年
- ローカル私鉄車輌20年
- ローカル私鉄車輌20年 東日本編
- ローカル私鉄車輌20年 西日本編
- ローカル私鉄車輌20年 第三セクター・貨物専業編
- 譲渡車両 今昔 路面電車・中小鉄編
- ＜キャンDVDブックス＞ 京急おもしろ運転徹底探究

交通

- 絵葉書に見る交通風俗史
- 横浜大桟橋物語
- YS-11物語

旅とおでかけ旬情報 http://www.rurubu.com

その他、古寺巡礼・趣味・文学歴史・美術工芸・芸術・自然・食・海外ジャンルの図書も多数ございます。